KB073513

권력구조와 예산제도

한국의 재정 민주주의를 위하여

# 권력구조와 예산제도

옥동석 (한국조세재정연구원장) 지음

21세기북스

# 한국의 재정 민주주의를 위하여

예산의 헌법적 목표는 예산을 집행하는 행정부가 그 행동에 엄중한 책임을 지면서 국민들의 의견에 순응하도록 만드는 것이다. 지혜로운 국민들은 시행착오를 거치면서 예산의 책임성과 순응성을 제고하는 제도적 발전을 이룩하였다. 그 역사적 과정을 조명하며 시사점을 얻고자 이 책을 쓰게 되었다.

## 국가의 의지는 누가 결정하는가

'권력구조權力構造'란 무엇인가? 국가의 의지를 결정하는 방법이다. 전제 왕조에서는 국왕의 의지가 국가의 의지이고, 공산주의 국가에서는 공산당의 의지가 국가의 의지이며, 1인 권력자가 지배하는 독재국가에서는 그 권력자의 의지가 곧 국가의 의지가 된다. 그렇다면 민주주의 국가에서는 강제력을 가진 국가의 의지가 어떻게 결정되는가? 국회의 결정을 국가의 의지로 인정해야 하는가? 다시 말해, 민주적으로 선출된 의원들로 구성된 국회가 국가의 의지를 전적으로 결정할 수 있는가?

의원내각제 또는 내각책임제 권력구조를 가진 국가에서는 이 질문에 긍정적으로 대답할 수 있다. 현재의 국회에서 과반(다수결)에 의해 결정이 이루어지기 어렵다면, 국회를 해산하여 재구성하면서까지 국회의 의지를 절대적으로 존중하기 때문이다. 그런데 대통령제 국가에서는 이 질문에 '예'라고 선뜻 대답하기 어렵다. 왜냐하면 대통령제 국가에서는 대통령이 국회의 결정에 불복하여 '거부권'을 행사하거나 '국민투표'를 시행할 수도 있기 때문이다. 다시 말해, 대통령제 국가에서는 국회의 의지에 반하는 방향으로 국가의 의지가 결정·유지되는 경우도 허다하게 존재하는 것이다. 이 때문에 대통령제는 '권력분립權力分立의 제도'로 불리고 있다.

나는 이 단순한 사실을 2004년, 내 나이가 40대 중반에 이르러서야 비로소 깨닫게 되었다. 어찌 보면 나는 그때까지 국가의 의지를 결정하는 방법, 다시 말해 서로 다른 국민들의 서로 다른 의지를 합계 aggregation하는 방법에 대해 단 한 번도 의문을 품지 않았다. 대학에서 경제학을 가르치며 애로우Kenneth J. Arrow라는 노벨경제학상 수상자가 개인들의 서로 다른 가치를 민주적으로 합계한 사회후생기준이 효율성을 존중하면서도 일관성을 갖도록 할 수 없다는 '불가능성' impossibility을 증명하였다고 가르치면서도….

나는 그 당시의 대통령이 이전과 달리 많은 사안에서 여의도 정치권과 노골적으로 충돌하고 있다고 생각하였다. 재정운용의 측면에서 대통령이 획기적인 변화를 도모하고자 하였기에 빈번한 충돌이 있었던 것이다. 재정학, 특히 재정제도에 관심을 가졌던 나는, 재정운용의 권한이 대통령과 국회 사이에서 어떻게 배분되는가가 장차 우리 사회의 중요한 현안이 될 것으로 믿었다. 2004년 봄, 나는 풀브라이트 재단의 지원으로 미국 메릴랜드 대학에서 연구할 기회를 가졌는데, 이 주제를 본격적으로 연구하였다. 다행스럽게도, 우연히 뵈었던 한국조세재정연구원의 전승훈 전 부원장께서 나에게 연구보고서 발간을 의뢰하며 연구비까지 지원해주셨다.

## 대통령제와 미국의 예산제도

나의 초기 의문은, 미국에서는 재정운용 권한이 행정부와 의회 사이에 어떻게 배분되는지 그 현상을 살펴보는 것이었다. 몇 가지 문헌을 접하자마자 나는 1921년에 있었던 미국 예산제도의 혁명적 전환에 곧바로 주목하였다. 미국은 1776년 독립 이후 1921년까지 거의 150여 년간 의회의 주도로 예산을 편성해왔는데, 의회가 스스로 기득권을 포기하며 예산편성권을 행정부로 이관한 것이다. 왜 이러한 '전환'이 있었는가? 나는 이 전환의 논거를 추적하면 재정권한 배분에 대한 중요한 실마리를 얻을 수 있다고 생각하였다.

19세기 말 미국은 국왕이 없이 대통령을 민주적으로 선출하는 전 세계 거의 유일한 국가였다. 물론 프랑스도 국왕을 폐지한 국가였으나 이후 우여곡절을 겪은 것과 대조적으로, 미국은 권력분립의 대통령제를 안정적으로 유지하고 있었다. 그런데 독립과 함께 대통령제를 채택하고 100여 년이 흐른 19세기 말, 미국의 많은 전문가와 사회운동가들은 미국의 예산제도에 심각한 결함이 있다고 인식하였다. 그들은 전 세계 국가를 샅샅이 조사하며 대통령제 권력구조에 적합한 예산제도가 무엇인지 깊은 고민과 격정적인 논의를 시작하였다. 그때

6

에 이룩한 예산제도의 합리적 설계 덕분에 미국은 지금과 같은 세계 최고의 강대국이 될 수 있었다고 나는 생각하고 있다.

미국의 예산제도 개혁은 뉴욕시 등 도시에서 먼저 추진되었는데, 예산집행의 부정과 비리를 없애기 위해서는 무엇보다도 먼저 시장의 행정권한을 강화해야 한다는 인식이 퍼져나갔다. 국민의 통제가 가능한 예산제도를 구축하기 위해서는 경비절감, 효율성 제고를 위한 구조조정을 단행하는 행정적 리더십이 필요했던 것이다. '민주주의의 공기는 해명책임을 지는 리더십에 의해 정화되고 확산되어야 한다', 그리고 '정부 내 더 많은 기업가정신이 필요하다'는 인식이 행정부 주도의 예산제도를 요구하였던 것이다. 도시정부의 이러한 예산개혁은 주정부를 거쳐 연방정부로 파급되었는데, 특히 행정부로 예산책임을 집중시킬 때 예산에 대한 책임성이 명확하게 된다는 영국식 제도가 미국에 강한 인상을 주었던 것이다.

1921년 예산편성권이 행정부로 이관되는 과정을 이해하면서, 나는 또 다른 의문에 직면하였다. 미국은 우리나라와 달리 예산을 '법률'로 제정한다는 사실을 발견한 것이다. 미국은 'Budget'과 'Appropriation Act'를 명확하게 구분하고 있는데, 이들의 차이는 무엇인가? 나는 근본적인 차이점을 파악하기 위해 2000년대에 발간된 책과 논문들을 샅샅이 뒤졌지만 만족스러운 대답을 얻을 수 없었다. 점차 과거의 문헌을 소급 조사하면서, 마침내 1929년에 발간된 벅Arthur E. Buck의 저술에서 나는 그 명확한 대답을 얻을 수 있었다. "'Budget(예산)'은 통계표에 불과하고, 예산은 'Appropriation(지출승인, 예산항목, 예산금액)'을 규정하는 매년의 법률로만 그 실질적 효력이 발휘된다!" 아! 그때의 희열은 지금도 잊을 수 없다. 벅의 이 오래된 설명은 미국과 서구 선진국들의 예산제도를 근본적으로 이해하는데 필수불가결한 개념이다.

### 예산 법률주의 vs. 비법률주의

이제 그 차이를 파악하자 자연스럽게 또 다른 의문이 이어졌다. 왜 우리나라는 예산에 대해 'Appropriation Act'와 같은 법률을 제정하지 않는가? 그때 번뜻 수년 전 한국외국어대학교 최광 교수님으로부터 어떤 법학박사가 우리나라의 '예산 비非법률주의'를 강하게 비판한다는 얘기를 들었던 기억이 났다. 나는 곧바로 그에 관한 문헌을 찾아나갔다. 권해호 세무사가 1994년 부산대학교 법학박사 학위논문에서 예산 비법률주의의 근원을 상세하게 설명하고 있었다. 유럽에서 후발 산업국으로 강력한 행정국가를 건설하고 싶었던 프로이센이 예산 비법률주의를 처음으로 채택하였다. 그리고 이를 본받아 일본이 채택하였으며, 우리나라도 해방 이후 일본의 제도적 영향 아래에서 크게 고민하지 않고 그대로 수용하였다. 사실 예산 비법률주의는 강력한 행정국가를 지원하는 헌법적 수단인데, 만약 남용된다면 독일과 일본처럼 군국주의 국가가 될 수 있다고 권해호 박사는 엄중히 경고하고 있었다.

그렇지만 나는 예산 비법률주의가 예산 법률주의와 어떻게 다른지 결과주의consequentialism적 관점에서 설명하고 싶었다. 오랜 생각 끝에 내가 도달한 결론은 예산 법률주의가 두 가지 실질적인 효과를 갖는다는 것이다. 첫째, 예산 법률주의가 채택되면 예산은 법률과 동일하게 국회 의결, 대통령 거부권, 국회 재의결의 절차를 밟아 확정되어야 한다. 둘째, 개별 예산항목의 목표, 제약, 집행방법 등에 대해 자세한 법적 서술이 가능하고 그것이 법률의 효력을 가지게 된다.

### 우리나라의 예산 비법률주의

나는 먼저 예산이 법률과 동일한 방법으로 확정되는 것이 과연 바람직한 것인지 생각하기 시작하였다. 예산의 확정방법과 법률의 확정방법은 동일해야 하는가? 이 의문을 분석하는 과정에서 우리나라 헌법 제57조의 내용이 나의 눈을 사로잡았다. "국회는 정부의 동의 없이 정부가 제출한 지출예산 각항의 금액을 증가하거나 새 비목을 설치할 수 없다." 만약 예산 법률주의가 채택되면 국회의 입법권에는 제한이 없을 것이기 때문에 헌법의 '증액 및 신비목新費目 설치 금지' 조항은 마땅히 폐지되어야 하는가?

그런데 국회 예산심사의 이러한 제한은 영국 의회에서도 1706년 이후 채택되어 왔고, 미국에서도 1921년의 예산개혁 과정에서 이 조항의 채택을 진지하게 고민하였다는 사실을 파악할 수 있었다. 미국 연방정부는 이 조항을 채택하지 않는 것으로 결정하였지만, 주州정부 일부에서는 이 조항을 채택하기도 한다는 것을 알 수 있었다. 또한 미국 연방정부에서는 예산에 대한 대통령의 거부권이 '총체적 거부권veto in toto'이지만 주정부 일부에서는 '항목별 거부권line-item veto'을 인정한다는 사실도 알게 되었다. 결국 나는 예산 법률주의가 채택되더라도 예산은 법률과 다른 방식으로 확정될 수 있으며, 또 행정부와 의회 사이에서 예산이 확정되는 방법은 다양하게 규정될 수 있음을 알 수 있었다.

　그렇다면 예산 비법률주의와 함께 '증액 및 신비목 설치 금지' 조항을 채택하는 우리나라의 예산 확정방법은 과연 적절한가? 나는 다시 이러한 의문을 분석하기 시작하였다. '증액 및 신비목 설치 금지' 조항은 행정부가 편성한 예산을 국회가 삭감하는 데에는 아무런 제한이 없다는 것을 의미한다. 만약 여소야대의 상황이라면 국회는 대통령을 정치적으로 곤경에 빠뜨리고자 역점사업 예산을 아무런 제한 없이 삭감하기도 할 것이다. 이는 국정의 혼란을 초래할 만큼 국회와 대통령의 극한적 대립을 방치할 것이다. 나는 이 점을 우리나라 예산 권력구조의 가장 큰 맹점으로 인식하기 시작하였다. 만약 예산 법률주의가 채택되고 있다면, 대통령은 국회의 일방적 예산삭감에 대하여 거부권을 행사할 수 있기 때문에 이러한 혼란을 해소하는 절차가 구비되는 것이다. 따라서 나는 대통령제하에서 '증액 및 신비목 설치 금지' 조항을 구비하려면 예산 법률주의의 채택이 불가피하다고 생각하였다.

　예산 법률주의의 두 번째 효과, 즉 개별 예산항목에 대한 다양한 요구를 법률의 형태로 서술할 수 있고 또 여기에 법률의 효력을 부여한다는 것, 나는 이 또한 필요하다고 생각하였다. 매년도 예산에서는 개별 예산의 집행에 대해 국가는 다양한 요구를 할 수 있을 것인데, 우리나라와 같이 예산 비법률주의를 채택하면 이러한 요구의 법적 구속력이 떨어진다고 생각하였다. 더구나 예산이 통계표 형태로만 작성되고 집행방법에 대한 요구를 서술적으로 할 수 없다면, 다시 말해 예산을 뒷받침하는 법률Appropriation Act이 없다면 예산집행에 대한 유일한 법적 요구는 예산금액의 한도를 지키는 것 이상이 될 수 없을 것이다.

나는 예산 법률주의의 이 두 가지 실질적 효과 때문에 이의 도입을 강력하게 주장해왔다. 그런데 2010년경 프랑스의 예산제도를 공부하면서 이러한 나의 생각에 변화가 나타나기 시작하였다. 프랑스 역시 미국과 마찬가지로 권력분립의 대통령제를 채택하였는데, 제4공화국까지는 1921년 이전의 미국처럼 의회가 예산편성을 주도하였다. 더구나 의회 내에 군소정당들이 난립하고 의회의 권한이 행정부를 압도하면서 국내 정치는 오랫동안 혼돈을 겪었던 것이다. 1958년 마침내 드골De Gaulle이 집권하여 마련한 제5공화국 헌법에서는 의회의 예산권한을 거의 무력화시키고 행정부에 예산권한을 집중시켰다. 예산편성권을 포함하여 행정부의 권한을 강화한 프랑스 제5공화국의 헌법이 비로소 프랑스에 정치·경제적 안정과 발전을 보장했다는 사실을 인식하면서, 나는 의회의 예산권한이 강한 미국의 예산제도가 대통령제의 유일한 모범은 아니라는 사실을 깨닫게 되었다.

더구나 예산에 대한 법률주의가 채택되면 예산에 대한 부적절한 소송들도 제기되고 사법부가 이들을 심판하는 등 여러 가지 예기치 않은 상황이 나타날 것이라고 일부 법학자들은 우려를 표시하였다. 프랑스와 독일에서는 재정문제를 전문으로 판결하는 '재정법원'이 존재하는데, 이들이 예산 법률주의와 어떠한 관련이 있고, 또 이들 법원이 어떻게 운영되고 있는지 등등의 의문이 아직 해결되지 않고 있다. 예산 법률주의가 사법적 심판과 어떻게 연결되는지에 대한 명확한 이해 없이 예산 법률주의를 강하게 주장하는 것은 다소 경솔하다는 생각이 점차 들게 되었다. 내가 이렇게 생각을 가다듬을 수 있었던 것은 홍익대학교 장용근 교수의 주선으로 한국재정법학회에서 다수의 법학자와 활발한 교류를 할 수 있었기 때문이다. 특히 기획예산처 차관을 역임한 건국대학교 법학전문대학원의 정해방 교수님과의 토론은 내게 많은 도움을 주었다.

**우리나라에 적합한 예산제도**

이제 나는 예산 법률주의를 강하게 주장하던 기존의 입장에서 약간 후퇴하고 있다. 예산 법률주의의 실질적 의미와 효과를 살릴 수 있는 다른 방법이 있다면 예산 법률주의를 굳이 채택할 필요는 없을 것이다. 우리나라에서 예산 비법률주의로 인하여 나타나는 문제점, 즉 여소야대의 상황에서 국정혼란이 나타날 수 있다는 것과 예산집행에 대한 서술적 요구의 엄중함이 약하다는 것, 이 두 가지를 해결하는 다른 방안이 있다면 굳이 예산을 법률로 규정하는 모험적 시도를 할 필요는 없을 것이다. 그러나 나는 아직까지 이 두 가지 문제점을 해결하는 방안으로서 예산 법률주의 이외의 다른 방안을 명쾌하게 찾지는 못하고 있다. 오히려 예산 법률주의와 사법적 심판과의 관계를 연구하는 것이 더 빠른 방법이 아닐까 생각하기도 한다.

예산 법률주의에 대한 나의 주장에 대해서는 행정부보다 국회 쪽에서 더 큰 호응이 있었다. 그러나 이러한 호응은 시간이 갈수록 내가 기대하고 예상한 바와는 다르게 흘러갔다. 예산 법률주의가 우리나라 예산의 권력구조와 집행구속력 상의 문제를 해소한다는 측면보다 국회의 예산권한을 강화할 수 있다는 측면에서 큰 호응이 있었던 것이다. 심지어는 예산편성권 자체를 국회로 이관해야 한다는 주장까지 국회의장 등 유력 정치인들이 했다는 사실을 언론에서 접하기도 하였다. 예산편성권을 국회로 넘기는 것은 1921년 이전의 미국식 제도로 후퇴하는 것인데, 나는 이를 당황스럽게 생각하며 어떻게 설득하고 막아야 할지 막막한 생각이 들었다.

2013년 6월, 세월이 흐르면서 나는 한국조세재정연구원 원장으로 부임하였는데, 이 문제에 관한 다른 자료를 더 많이 접할 수 있었다. 특히 한국조세재정연구원의 김정훈 박사는 나의 관심사를 이해하고, 예산제도에 대한 국제적 비교연구에 정통한 세계은행의 리너트Ian Lienert 박사의 글을 소개해주었다. 「국회의 예산권한: 과연 한국은 미국 의회의 관행을 도입해야 하는가?」라는 글을 읽고 나는 더욱 넓은 생각을 할 수 있었다. 미국식 예산제도를 모범적 전형으로 생각하는 전문가들에게 이 내용을 알리고 싶어, 한국조세재정연구원의 월간지 『재정포럼』(2013년 11월호)에 번역 소개하였다. 이에 의하면, 한국은 많은 권한을 가지고 있는 미국 의회의 예산제도를 굳이 본받을 필요가 없다는 것이다. 오히려 의회는 거시예산을 주로 심사하고, 미시예산에서는 행정부에 편성을 맡기되 의회는 이의 사후 점검과 감독에 주력하는 것이 바람직하다는 것이다. 나는 이 지적에 공감하면서, 막연하게 가졌던 나의 생각이 다소 정리되기 시작하였다.

그러나 나는 아직까지 우리나라의 예산제도가 궁극적으로 나아가야 할 제도적 방향에 대해 확신을 갖고 있지 못하다. 그럼에도 과거의 이런저런 글들을 모아 이처럼 성급하게 한 권의 책을 발간하는 이유는, 우리가 재정조항의 미묘한 사항들을 충분히 검토하지 않고 성급하게 헌법을 개정하지 않을까 하는 두려움이 있기 때문이다.[1] 학자로서 품었던 수많은 고민이 현실에 투영되어 우리 사회가 올바른 방향으로 나아가는 데 기여할 수 있다면 그만한 보람은 없을 것이다. 나는 이런 이유로 우리나라 예산제도의 헌법적 구조에 대한 나의 생각과 고민을 더 많은 사람과 공유하며 이에 대한 논의를 충분히 제기하고 싶었다. 사실 나는 이러한 생각을 오랫동안 품었으면서도 책 발간의 경험이 없어 감히 엄두를 내지 못하고 있었다. 안동대학교 이성규 교수는 나의 이런 사정을 꿰뚫어 보며 저술을 재촉하고 교정까지 해주었다. 어렴풋한 희망을 현실로 바꾸도록 길을 열어준 이성규 교수에게 정말 깊이 감사드린다.

책의 내용들을 정리하면서 한편으로 나는 아쉬움도 많이 갖게 되었다. 내게 좀 더 충분한 시간이 주어졌다면, 또 더욱 충분한 자료를 수집할 수 있었다면 더욱더 논리적으로 완결된 작품을 쓸 수 있었을 것이라는 교만의 생각을 해보기도 했다. 앞으로 이 분야에서 더 많은 연구로써 개정판을 준비할 것을 스스로 다짐하며 나의 머리말을 마무리하고자 한다. 나는 이 책이 재정을 공부하는 경제학자, 행정학자, 법학자 그리고 많은 정책 관련 전문가들에게 널리 읽힐 수 있기를 희망한다. 특히 대학의 재정 관련 교과목에서 부교재로 채택될 수 있기를 희망해본다. 재정제도를 이해하는 가장 좋은 방법은 '그

---

1 본 저술은 2004년 이후 저자가 작성한 다양한 용역보고서의 내용을 기초로 하고 있다. 2004년 한국조세연구원의 「재정 민주주의와 지출승인법」, 2005년 여의도연구소의 「국회 예산심사제도에 관한 연구」, 2010년 국회예산정책처의 「국회 재정권한 및 절차의 체계성 및 실효성 제고방안 연구」, 2012년 기획재정부의 「준예산제도의 정비방안」 등 연구용역을 통해 저자는 이 분야의 생각을 많이 정리할 수 있었다.

변천과정을 역사적으로 조명하고 또 여러 사례를 비교분석하는 것'이기에 재정 관련 교과목의 유익한 참고가 될 수 있을 것이다.

이제 머리말의 마지막 부분에서 감사의 표현을 정리해야 한다는 것이 나로서는 매우 힘든 일이다. 이 저술이 있기까지 감사해야 할 분들을 떠올리고자 머리를 들어 멀리 창밖을 내다보면, 내 인생의 여러 우여곡절과 그 속에서 감사해야 할 수많은 인연이 파도처럼 밀려온다. 어디에서 눈을 돌려야 하는가? 이분들에게는 차후 또 다른 기회에 감사를 표하기로 하고, 여기서는 이 책의 주제에 대해 격려와 지지를 아끼지 않으셨던 분들에게 감사의 말을 남기고 싶다. 이미 머리말의 내용 중에서 언급한 분들 이외에 새누리당 이한구 국회의원, 성균관대학교 박재완 교수(전 기획재정부 장관), 전 국회예산정책처 신해룡 처장께 감사의 말을 꼭 남기고 싶다. 물론 아내와 두 딸, 그리고 아버지와 어머니에 대한 뭉클한 감사는 어떠한 경우에도 빠뜨릴 수 없다.

2015년 2월
새로운 변화가 시작되는 세종시에서
옥동석

# Contents

# 1
**CHAPTER**

## 권력구조와
## 재정규율

## 권력구조의 의의

권력구조의 궁극적인 목표는 국민 다수가 수긍하는 '국민적 의지의 결정체제'를 마련하는 것이다. 일반적으로 국가state로 불리는 중앙정부는 사회 전반에 대해 강제력을 독점적으로 행사하는 유일한 집단으로서 이의 행동을 지시하는 '국민적 의지'가 다수 국민의 공감대를 형성하지 못한다면 그 행동은 지속가능하지 않을 것이다. 민주주의 사회에서는 헌법이라는 사회계약social contract에 근거하여 '국민적 의지'를 결정하는 제도적 절차에 대해 국민 다수의 합의와 공감대가 형성되어야 한다.

'국민적 의지'는 법률의 형태로 표출된다. 법률은 개인들의 행동을 규율하고 승인하며 제한하고 처벌하며, 권한을 부여하는 등 다양한 목적으로 성립하며, 개인들의 권리와 의무에 영향을 미친다. 따라서 법률은 '국민적 의지'를 반영하여 결정되어야 하며, 이러한 법률의 제정방법과 체제가 곧 '권력구조'이다.

'국민적 의지'인 법률을 민주적으로 결정하는 가장 상위의 근본적인 제도절차 또는 헌법체제는 크게 '의원내각제Parliamentarism'와 '대통령제Presidentialism'로 구분할 수 있다. 의원내각제의 핵심적 특징은 ① 의회에서 행정관들Executives을 선출하고, ② 행정관들은 의회의 신임하에서만 현직에 머무를 수 있다는 것이다. 이에 반해 대통령제의 특징은 ① 최고행정관Chief Executive이 선거로 선출되고, ② 최고행정관과 의회의 임기는 고정된 채 상호 간의 신임과 무관하게 현직에 머무를 수 있으며, ③ 최고행정관은 행정부를 구성하고 지시하며 부분적으로 입법권을 행사한다는 것이다.[2]

 의원내각제와 대통령제를 구분하는 이러한 차이들을 관통하는 가장 근본적인 개념적 원리는 '국민적 의지'가 입법부에서만 표출되는가, 아니면 입법부와 행정부의 상호작용에 의해 표출되는가로 설명될 수 있다. 의원내각제하에서는 '국민적 의지'가 입법부에서만 구현되기 때문에 의회에서 과반수를 차지하는 집단의 의지가 곧 '국민적 의지'로 간주된다. 따라서 행정부를 구성하는 수상과 각부 장관들(또는 내각)이 의회의 신임을 얻지 못하면 '국민적 의지'에 어긋나는 것으로 간주되는 것이다.

 반면 대통령제에서는 '국민적 의지'가 의회와 대통령 사이의 상호작용에 의해 결정되는데, 이 때문에 대통령제를 '권력분립separation of power의 제도'라고 한다. 일반적으로 대통령제에서 '국민적 의지'는 의회에서 과반수를 차지하는 집단의 의지가 대통령에 의해 거부되지 않을 때 성립한다. 그런데 의회에서 과반수로 의결된 사안이 대통령

---

2  Carey(2005), pp. 91-92 참조.

에 의해 거부 또는 재의再議가 요구될 때 '국민적 의지'는 무엇으로 결정되는가?

미국식과 같은 대부분의 대통령제에서는 의회가 과반수로 의결한 법률을 대통령이 거부하는 경우, 의회가 그 거부한 법률안을 더욱 강화된 요건(예컨대, 2/3 이상)으로 재의결하면 의회의 의지를 '국민적 의지'로 간주한다. 물론 의회가 더욱 강화된 요건으로 재의결하지 못하면 대통령의 의지, 즉 거부권veto으로 표현된 대통령의 의지가 '국민적 의지'로 간주된다.

그런데 미국식과 달리 프랑스와 같이 준대통령제에서는 대통령이 법률안에 대한 거부권을 갖고 있지 않고, 대신 의회를 해산하여 총선을 통해 의회를 재구성하거나, 대통령이 직접 국민투표를 통해 '국민적 의지'를 확인한다.

어떠한 방법이건 대통령제에서는 '국민적 의지'가 다소 복잡하게 결정되기 때문에 전통적으로 대통령제는 의원내각제보다 불안정한 제도로 간주되었다.[3] 대통령과 의회가 서로 다른 가치를 갖고 반목하더라도 어느 한쪽을 교체할 수 없으므로 갈등적 상황은 증폭될 수 있다. 의원내각제에서는 행정부(또는 내각)가 의회와 충돌하는 경우 의회는 내각을 불신임하고, 수상은 의회를 해산하는 방법으로 총선거를 통해 진정한 '국민적 의지'를 확인하는 방법이 존재한다. 반면 대통령제에서는 대통령과 의회가 충돌하는 경우 끝없는 반목과 적대적 긴장만 지속될 뿐 이를 근본적으로 해결할 방법이 없다. 이 때문에 쿠데타 등 헌법을 위배하는 방법으로 대통령을 교체하거나, 무력을

---

3 Linz(1994) 참조.

통해 의회를 해산하는 불법적 조치가 이어진다.[4]

대통령제의 결함에 대한 이러한 지적은 1960년대와 1970년대에 라틴아메리카의 많은 민주주의 국가들이 붕괴되면서 더욱 힘을 얻게 되었다. 브라질은 1964년에, 페루는 1968년에, 칠레는 1973년에, 우루과이는 1974년에, 아르헨티나는 1976년에 입법부와 행정부의 갈등으로 문민文民 대통령을 교체하는 군부의 정치개입이 나타나서 오랫동안 독재체제가 유지되었다. 또한 많은 학자들은 사례연구를 통해 대통령제가 취약하다는 주장을 지지하였는데, 특히 계량적 검증을 통해서도 대통령제는 내각제보다 붕괴될 가능성이 더 높다는 것이 입증되었다.[5]

그런데 이와 같은 학문적 분석과는 달리 1980년대 이후 현실정치의 세계에서는 의원내각제보다 대통령제를 기본으로 하는 국가들이 점차 늘어나기 시작하였다. 라틴아메리카의 많은 국가가 독재체제에서 벗어나 민주주의 체제로 전환하면서 여전히 대통령제를 채택하고 있다. 또한 1990년대 이후에는 러시아를 비롯하여 폴란드, 불가리아, 루마니아, 리투아니아, 크로아티아, 세르비아, 조지아, 우크라이나, 몰도바 등 다수의 체제전환국이 모두 강력한 대통령제를 채택하였다. 더구나 아시아권에서도 우리나라를 비롯하여 대만, 필리핀 등 많은 국가가 민주화 이후에도 여전히 대통령제를 선호하고 있다.

---

4  또한 Linz(1994)는 의회정치적 차원에서 비주류에 속한 아웃사이더(outsiders) 정치인이 대통령에 당선될 수 있기 때문에 대통령제가 불안정하다고 지적하였다. 당선된 대통령은 행정부 구성에 절대적인 권한을 행사하는데, 의회 또는 각료 경험이 없는 초보자들을 임명함으로써 정책집행의 불안정을 초래할 수 있다.
5  Carey(2005), pp. 94−95 참조.

1990년대 이후 새롭게 등장한 대통령제 국가들은 기본적으로 대통령제를 채택하면서도 미국의 전형적인 대통령제와 다른 다양한 요소들을 구비하기 시작하였다. 즉, 대통령제하에서 대통령이 존재하면서도 의회의 신임으로 선출되는 수상과 내각이 존재하는 '혼합제'가 등장하고 있다. 그런데 대부분의 혼합제에서는 대통령이 수상을 지명하고 해임할 수 있기 때문에 수상은 의회 다수파의 대리인이라기보다 대통령의 하위자가 될 가능성이 크다.

수상이 대통령의 하위자가 되지 않는 대통령제 국가로 프랑스를 들 수 있다. 프랑스는 대통령제와 의원내각제를 혼합하고 있는 가장 오래된 혼합제 민주국가이며, 우리나라에서는 이를 준대통령제, 반대통령제 또는 이원집정부제 등으로 부르고 있다. 의원내각제와 같이 의회의 다수당에 의해 수상(또는 총리)이 선출되는 구조로 되어 있기 때문에 여소야대의 동거정부가 나타나는데, 이 경우 대통령은 내각구성권을 갖기 어렵다. 더구나 프랑스의 대통령은 의회의 입법권에 대해 거부권을 갖고 있지 않지만 의회해산권과 국민투표 발의권을 갖는 더욱 복잡한 형태를 띠고 있다.

## 법률과 예산

### 예산 법률주의

입법권의 행사방법을 중심으로 형성되는 '국민적 의지의 결정체제', 즉 권력구조는 예산에 대해서도 마찬가지로 적용될 것인가? 전 세계적으로 거의 대부분 국가는 법률과 마찬가지로 매년도의 예산이 확정된다. 왜냐하면 예산을 법률로 확정하는 '예산 법률주의'가 채택되고 있기 때문에 법률을 확정하는 방법과 마찬가지로 예산도 확정되는 것이다. 결국 권력구조가 표현하고자 하는 '국민적 의지'는 법률의 형태로 표현되고 매년도의 예산 또한 법률의 형태로 제정되기 때문에 법률에 대해 적용되는 권력구조는 예산에 대해서도 동일하게 적용되는 것이 일반적이다.

민주주의의 역사가 오래된 선진국에서는 행정부가 의회로부터 예산을 승인받기 위해서는 예산안과 함께 예산의 내용을 규정하는 법률을 동시에 의회에 제출한다. 영미권 국가에서는 예산의 내용을 규

**표 1 · 주요국의 예산 법률주의 관련 헌법조항**

**미국 헌법 제1장 제9조**
"법률로 규정된 지출승인에 의하지 않고는 국고로부터 어떠한 금전도 인출될 수 없다(No money shall be drawn from the treasury, but in consequence of appropriations made by law)."

**프랑스 헌법 제34조 제4항**
"재정 법률들은 조직법에서 정한 요건과 그 유보조항에 따라 국가의 수입과 지출을 정한다(Les lois de finances déterminent les ressources et les charges de l'État dans les conditions et sous les réserves prévues par une loi organique)."

**독일 기본법 제110조 제2항**
"예산안은 그 연한에 따라 1년 또는 다년 회계연도로 나누며 제1차 회계연도의 개시 전에 예산법률들에 의하여 확정되어야 한다(Der Haushaltsplan wird für ein oder mehrere Rechnungsjahre, nach Jahren getrennt, vor Beginn des ersten Rechnungsjahres durch das Haushaltsgesetz festgestellt)."

정하는 법률을 일반적으로 '지출승인법Appropriation Act'이라 하는데, 이는 예산의 세부 내용을 기술하거나 이의 하위 규정에 대한 기본 근거가 되는 법률이다. '지출승인법'이란 명칭이 사용되지 않는 경우에는 예산과 함께 제출되기 때문에 '재정법률' 또는 '예산법률'이라 하는데 프랑스는 'lois de finances'으로, 독일은 'Haushaltsgesetz'로 각각 지칭하고 있다.

'지출승인법', '재정법률', '예산법률'과 달리 예산Budget은 '정부정책을 수행하는 과정에서 나타나는 추정 수입항목과 추정 지출항목을 대비시킨 통계표 형식의 요약표'를 의미한다. 영미권에서 일반적으로 사용되는 'Appropriation'은 다음 세 가지 내용의 의미를 담고 있다.[6]

첫째, 'Appropriation'은 '지출승인Authorization to Spend'의 의미가 있는데, 이는 공적 금전을 보관하는 국고에서 금전이 인출되어도 좋다는 (법률적인) 승인을 의미한다. 둘째, 'Appropriation'은 사전辭典적으로 특정한 용도로 지정된 일정한 금액을 의미하는데, 이는 일정한 예산항목에 상응하는 것이다. 셋째, 'Appropriation'은 일정한 지출에 대해 부과되는 특정한 제한사항들을 의미하는데, 이들 제한은 금액의 규모, 목적, 집행방법, 기한 등에 대해 이루어진다.

만약 매년도의 예산이 법률들에 의해 확정되면, 즉 예산 법률주의가 채택되면 예산의 확정방법도 법률과 마찬가지로 권력구조에 따라 서로 다르다. 의원내각제에서는 행정부와 입법부가 대립하는 경우 예산에 대한 국민적 의지는 최종적으로 총선거를 통해 확인한다. 행정부가 편성한 예산안을 의회가 부결하거나 의결하지 않는 경우 이

---

6 Buck(1929), pp. 115–116 참조.

는 '내각불신임'으로 간주되고, 수상은 이에 대항하여 의회를 해산할 수 있다. 의회가 해산된 후에는 총선거를 통해 내각을 새롭게 구성하고 새로이 편성된 예산안을 의결하는 방법으로 '예산갈등'(또는 '예산전쟁')을 해소한다. 따라서 의원내각제하에서는 '행정부의 예산의지'가 '의회의 예산의지'와 충돌하는 갈등적 상황이 증폭될 여지가 없을 것이다.

반면 대통령제에서는 대통령과 의회의 상호관계 속에서 예산운용의 국민적 의지가 결정되기 때문에 예산운용의 국민적 의지를 결정하는 방법이 다양하고도 신축적이라 할 수 있다. 시대적 상황과 대통령의 리더십에 따라 의회의 예산의지가 대통령의 예산의지를 압도하기도 하고, 또는 대통령이 재정운용을 주도하며 의회의 예산의지를 무력화하기도 할 것이다. 이는 결과적으로 행정부와 입법부가 합리적 재정운용을 위해 상호 견제하고 협력하는 '경쟁적 상황'을 만들어낸다고도 할 수 있다.

만약 매년도의 예산이 법률과 다른 형태로 확정된다면, 즉 예산의 비법률주의가 채택된다면 예산의 확정방법은 무엇이어야 하는가? 예산이 법률이 아니라면 예산의 확정방법에 대해 헌법이 명확하게 규정하고 있어야 할 것이다. 특히 행정부와 의회의 예산의지가 서로 다를 때 이를 절충하는 방법은 헌법에 규정되어 있어야 한다. 그런데 의원내각제하에서는 예산에 대해서도 내각불신임, 의회해산, 총선 등의 정치적 절차가 활용될 수 있기 때문에 그 해결방법이 사실상 규정되어 있다고 할 수 있다. 그러나 대통령제의 권력분립 체제하에서는 법률과 다른 형태로 예산이 확정되어야 한다면 그 방법에 대해 다양한 변형이 제안될 수 있을 것이다.

## 예산과 법률의 차이

예산이 법률로 확정되건 아니건 관계없이 예산은 법률과 다른 중요한 특징을 갖고 있다. 일반적인 법률과 달리 예산편성 과정에서는 총량한도에 따른 중앙집중식 조정과정이 반드시 필요하므로 일반적인 법률제정 절차와 완전히 일치할 수 없는 것이다. 예산에 대해서는 법률제정 과정에서 일반적으로 준수해야 할 법원칙 이외에도 일정한 예산규율이 필요하다. 개인행동의 연속적이고도 장기적인 결과가 사회 전반의 보편적 후생을 증진시키도록 유도하기 위해서는 개인행동에 일정한 규율이 있어야 하는 것과 마찬가지로 예산에 대해서도 일정한 '규율'이 부과될 때 보편적인 사회적 선善을 추구할 수 있을 것이다.

예산 또는 재정규율이 필요한 이유는 예산운용에 관한 정치적 논리를 될 수 있으면 경제적 논리에 부합시키고자 하기 때문이다. 정치적 논리가 서로 다른 가치가 충돌하는 갈등을 해소하는 것이라면, 경제적 논리는 한정된 자원 안에서 최선의 선택을 이루는 것이다. 따라서 정치적 의사결정자들의 동기를 관찰하여 이들이 건전한 경제정책을 취할 수 있도록 정치적 유인구조를 변경시키는 것은 대단히 중요한 일이다. 정치인들은 재정자원의 가용범위 내에서 지출을 억제할 자발적 동기를 갖고 있지 않기 때문에 다양한 내용의 예산 또는 재정규율을 헌법, 법률, 시행령 등 다양한 형태로 부여할 필요가 있는 것이다.

정치인들에게 예산규율이 필요한 첫 번째 이유는 이들이 일반 국민의 가치보다는 자신의 지지자들 또는 선거구민들에게 부여되는 혜택에 더 많은 주의를 기울이기 때문이다. 정치인들은 다른 사람의 비용으로 자신의 지지자들에게 혜택을 주려는 유혹을 언제나 받게 된다. 민주주의 국가에서 이루어지는 정치적 의사결정은 대부분 '다수결 원리'에 따르는데, 이는 구조적으로 정치인들을 유혹하게 된다. 정부 서비스를 누릴 보편적 권리를 국민 모두에게 부여하지만, 단순 다수결을 활용하면 이를 위한 정부의 비용을 국민 일부 또는 정부 서비스의 이용과 무관한 형태로 부과할 수 있다.

이러한 다수결 원리는 일반 국민을 착취하면서 특정 이해집단을 보호하는 데에도 널리 사용된다. 특정 이해집단은 투표권자의 극히 일부에 불과하면서도 그 숫자에 비례하지 않는 막대한 정치적 권한을 가질 수 있다. 이들이 정부로부터 수령하는 혜택은 엄청날 수도 있다. 그러므로 이들은 자신들의 정치지도자를 통해 지속적으로 자신의 이익을 보호하고자 정치적 입장을 적극적으로 개진할 이유가 있는 것이다. 반면 사업의 비용은 일반 국민에게 십시일반으로 골고루 널리 퍼지는데 이해집단 외부의 어느 누구도 사업을 반대하며 이해집단으로부터 겪게 될 수모와 불이익을 감당하기 어려운 것이다. 일반 국민들은 아무것도 잃지 않는다고 생각하지만 이해집단은 막대한 이익을 누릴 수 있는 것이다.

예컨대, 정부는 특정 산업의 일부 생산자들을 보호하기 위해 보조금을 지급하고 생산량을 제한하여 가격을 인상하도록 할 수 있다. 이는 당해 생산자들에게는 막대한 이익을 주지만 소비자 전체에게는 해악害惡이 되는 것이다. 특정 산업에 대한 진입장벽, 특정 수입품에 대한 관세, 특정한 교육과 연구에 대한 보조금, 정책금융과 이자율 제한 등에 대해서도 마찬가지의 설명이 가능하다. 잠재적인 일반의 이익과 적극적인 특정한 이익 사이에 존재하는 정치적 불균형으로 정부예산은 특정한 이익집단에 집중적으로 빨려들어 갈 수 있는 것이다. 이를 방지하기 위하여 다양한 형태의 예산규율을 확정하는 것은 중요한 사회적 과제라 할 수 있다.

둘째로, 정치인들의 '근시안적 판단'을 들 수 있다. 정치인들은 다음 임기와 다음 선거에 관심을 기울일 수밖에 없으므로 정책적 판단의 시야가 제한되어 정부지출을 확대하는 임시변통적 정책에 쉽게 유혹되는 것이다. 만약 정부가 하는 일에 총량적 제한이 없다면 정치인들은 과도한 지출을 선택할 것이다. 정부예산과 관련하여 중장기적 관점에서 매년 이루어져야 할 선택들이 특정 연도에 한꺼번에 이루어진다면 근시안적 태도의 정치인들은 일반 국민이 합리적으로 선택하는 금액 이상의 지출을 하게 된다는 것이다.

더구나 정치인들은 표와 직접 연결되지 않기 때문에 정부규제의 비용, 암묵적인 보증, 우발채무, 인플레이션을 통한 조세, 조세의 초과부담, 탈세 및 절세와 같은 조세순응비용 등의 암묵적 가치를 감안하기 어렵다. 만약 이들을 명시적인 조세수입과 함께 감안한다면 정부가 통제하는 경제적 자원의 비중은 훨씬 더 클 것이다. 암묵적인 비용을 일반 국민들이 인지하기까지에는 많은 시간이 소요되기 때문에 정치인들은 이들 비용을 의도적으로도 감안하지 않는다.

정치인들은 구조적으로 단기적인 시야와 지지자들의 가치를 중시하기 때문에 국민들은 스스로를 보호하기 위하여 중장기적 시야와 일반 국민을 위한 결정을 유도하도록 예산규율을 설정해야 한다. 예산규율은 정치적 결정에 내재되어 있는 모순을 교정하기 위해 필요한 제약이라고 할 수 있다. 특히 민주주의에서는 다수결의 원리를 보정하기 위하여 다양한 규율의 체계가 필요하다. 따라서 정부예산에 대해 가장 적절하고 효과적인 규율, 규칙, 제약 등이 무엇인가를 끊임없이 모색해야 한다.

합리적인 규율을 설정하기 위해서는 규율의 목적에 대해 합리적인 인식이 필요하다. 예산규율을 통해 예산에 관한 제반 의사결정이 장기적인 비전과 일반 국민의 가치를 반영하도록 해야 한다. 당년도나 차년도에 그 효과가 나타나지는 않지만 현재의 정치인들이 더 이상 남아 있지 않는 5년 또는 10년 뒤에 실현될 수 있는 각종 효과들을 감안할 수 있도록 해야 한다.

그런데 이러한 예산규율은 헌법, 법률, 시행령 등의 형태로 규정되지만 이들이 반드시 공식적일 필요는 없다. 예산규율들은 상식적인 가치 또는 더욱 근본적으로 인정되는 철학적 가치에 근거를 둠으로써, 명문화된 규정이 없더라도 자연스럽게 정부를 실질적으로 제약할 수도 있을 것이다. 한때 케인즈 경제학 등장 이전에, 비록 공식화하지는 않았지만 많은 선진국이 정부세입 이상을 계속하여 지출할 수 없도록 하는 '수지균형의 규율'을 가지고 있었다.

또한 예산이 법률과 달리 총량적인 규모 내에서 중앙집중식 조정과정이 필요하기 때문에 예산과정에서 예산의 근거가 되는 법률을 제정하는 과정과 예산을 편성하는 과정이 자연스럽게 구분되었다. 영미권에서는 전자의 법률을 '수권법' 또는 '사업인준법Authorization Act'이라 하고, 후자의 과정에 관한 법률을 '지출승인법Appropriation Act'이라 한다. 우리나라에서도 일반 법률에서 '○○사업에 예산을 편성할 수 있다'고 규정하는 예산편성의 근거법률은 수권법에 해당하고, 매년도 예산편성 과정은 지출승인의 역할을 한다. 이 둘의 과정을 구분하는 이유는 예산총량 규모에 대한 중앙집중식 조정을 원활하게 하고자 하기 때문이다.

예산이 일반적인 법률과 다른 또 다른 특징은 '행정부는 의회가 승인한 예산을 반드시 집행해야 할 의무가 있는가'라는 의문에 있다. 일반적으로 예산은 행정부가 편성 제안하는데 의회에서 예산을 집행해도 좋다는 승인을 받은 이후 행정부가 이들을 집행하지 않는다면 잘못된 일일 것이다. 그런데 행정부가 특정 예산사업을 바람직하다고 생각하여 예산안에 포함시켰으나 의회가 승인한 이후에 다시 생각해 보는 것은 나쁜 일이 아니다. 또 의회에서 승인한 예산을 집행하는 것이 좋은 방안이 아니라고 행정부가 결정할 수도 있다. 이런 사정을 생각하면 예산집행에 대해 행정부는 법적 의무를 진다는 지적에 의문을 제기할 수 있다.

미국에서는 의회에서 승인한 예산항목을 집행하지 않는 것을 '지출유보impoundment'라 하는데, 지출유보에 대하여 의회와 행정부 사이에 많은 논쟁이 나타났다. 의회가 예산지출을 요구한다면 과연 대통령은 당해 예산을 집행해야 할 의무가 있는가? 미국의 이러한 지출유보 논쟁은 강력한 권력분립의 원칙에 따라 나타나는 특징이다. 지출유보에 대한 논쟁은 의원내각제 또는 상대적으로 덜 강력한 권력분립 원칙의 대통령제에서는 잘 나타나지 않을 것이다.

그러나 일반적으로 지출승인 권한은 지출이 반드시 이루어질 것을 요구하는 것이 아니라 지출을 할 수 있도록 하는 것이다. 이는 미국에서도 일반적으로 지지되는 입장이다. 만약 의회가 어떤 사항이 이루어져야 한다고 지시하고 싶다면 의회는 이를 예산과정의 일부로서 자금을 단순히 지출승인할 것이 아니라 통상적인 입법권을 활용해야 한다. 지출승인은 '어떤 일이 행해져야 한다'는 의회의 지시에 수반되는 부산물이다. 따라서 예산권한은 의회 지시의 결과로서 나타나지만 국가의 활동 그 자체를 추동推動하는 것은 아니다. 결국 예산승인 그 자체는 정부가 어떤 정책을 반드시 집행하도록 강제하는 것이 아니라고 말할 수 있다.

그런데 예산에는 국민들이 법적 수급권entitlements을 갖는 지출을 제공하는 내용도 포함된다. 사회보장급여 등과 같이 개인이 급여수급의 자격을 충족하고 이를 정부에 청구할 때 정부는 당해 금전의 지출을 거부하는 결정을 할 수 없다. 이러한 상황하에서 정부는 당해 급여 등의 지급에 대해 법률적 의무를 지게 된다. 사실 의회가 관련 지출을 예산으로 승인하지 않더라도 지불의무가 있다고 해야 할 것이다.

## 거시재정과 재정규율

재정관리는 거시재정과 미시재정의 영역으로 구분되는데, '거시재정'은 재정총량과 재정분야별 규모를 선택·조정하는 과정을, '미시재정'은 재정분야 내에서 단위사업별 금액과 집행방법 등을 선택·조정하는 과정을 말한다. 거시재정의 영역에서는 '합리적인 의사결정체계 구축'이 전제되어야 하는데, 주어진 자원제약하에서 제반 의사결정이 합리적으로 이루어질 수 있도록 체계가 구축되어야 한다. 반면 미시재정의 영역에서는 단위사업의 효율성 제고가 중심 목표가 되기 때문에 재정을 집행하는 개인들의 유인구조가 효율성 제고에 맞춰지도록 설계되어야 한다.

거시재정의 영역에서 '합리적인 의사결정체계'가, 미시재정의 영역에서 '효율성 제고의 유인구조'가 구축되기 위해서는 이들을 위한 각종 제도가 정비되어 있어야 한다. 이들 제도는 헌법, 법률, 시행령, 시행규칙 그리고 계약 및 사회적 관계에 따라 형성될 것인데, 이들 모두를 '재정규율fiscal discipline'이라 할 수 있다. 특히 헌법과 법률은 재정 규율의 핵심적 내용인데, 정부의 예산과 재정은 가계나 기업과 달리 한 사회의 복잡하고도 다양한 이해관계를 총괄적으로 조정한 결과이 기 때문에 이들을 명문화된 법령으로 규정하는 것이 매우 중요하다.

거시재정 운용에서 '합리적인 의사결정체계'가 구축되기 위해서는 재정자원의 제약 등 재정운용에 관한 제반 정보가 투명하게 공개되고, 또 그 의사결정에서 견제와 균형의 민주적 절차가 확립되어 있어 야 한다. 중장기적 재정건전성, 재정의 경기조절기능, 분야별 재정배 분 등에 관한 재정정보가 체계적이고도 투명하게 공개됨으로써 합리 적인 의사결정을 유도할 수 있어야 한다. 또한 민주적인 의사결정을 위해서는 국가의 강제력에 기초하여 조성된 금전과 경제적 자원 전체 를 대상으로 국민의 대의기구인 국회가 예산편성의 최종 승인을 내리 고, 행정부는 재정의 집행에 대해 '해명책임accountability'을 져야 한다.

재정운용은 재정총량 규모의 '하향식 할당Top-down'과 단위사업 내 용의 '상향식 취합Bottom-up'이라는 2개의 상반된 절차가 상호 조정되 는 과정이다. 전자는 거시경제정책에 따라 재정지출, 재정수지, 정부 부채 등을 결정하고 재정총량 규모를 각각의 재정부문과 단위사업으 로 할당하는 것이다. 이에 반해 후자는 단위사업들의 예산요구를 상 향식으로 취합하며 하향식 할당의 내용을 조정하는 과정이다.

다시 말해, 하향식 할당은 경제안정과 재정건전성을 감안하여 결 정된 재정총량 규모를 중기재정계획과 매년도 예산편성지침에 따라 정부기능(또는 정책목표), 정부부처 및 단위사업으로 할당하는 과정이 다. 그리고 상향식 취합은 단위사업 예산을 편성 취합한 후 재정운용의 전 과정을 통해 달성 가능한 정책목표의 수준을 가늠하고 재정 총량 규모와 부문별 재정배분을 다시 조정하는 과정이다. 재정운용 은 정부의 전략적 통찰력이 반영되는 과정인데 하향식 할당을 통해 재정총량 규모의 제약이 파악되고, 또 상향식 취합을 통해 단위사업 을 통한 중장기 재정운용 목표가 현실성 있게 파악될 수 있다.

하향식 할당의 핵심적 수단에는 다년도 재정제약을 명시하는 '중기 재정계획'과 단년도 재정제약을 명시하는 매년도 '예산편성지침'이 있 다. 중기재정계획과 예산편성지침에서 재정총량 규모와 부문별 할당 규모를 결정할 때에는 거시경제 운용방향, 재정건전성, 계속사업 예 산, 부문 간 재정배분, 신규사업 가용금액 등이 전반적으로 감안되 어야 한다. 상향식 취합의 핵심적 수단은 단위사업 '예산요구서'로서 예산요구서는 단위사업의 내용과 목표, 소요금액 그리고 예산절감 및 성과제고 대안, 신규사업 제안 등을 감안해야 할 것이다.

하향식 할당과 상향식 취합의 조정과정에서는 정치적 절충이 개입 될 수밖에 없는데 일반 국민이 잘 파악하기 어려운 여러 편법적 관행 들을 불식하기 위해 이 과정이 더욱 투명하게 공개될 필요가 있다. 정 치적 절충을 위해 많이 사용되는 편법으로는 분산투자, 세입의 의도 적 과대추정, 의무지출의 의도적 과소평가, 예산확정 이후의 사업선 택, 장기사업의 초년도 비용 과소평가 등이 있다. 예산당국은 정치 적 절충을 위한 이러한 편법들을 스스로 개선하려는 유인을 갖지 못 하기 때문에 재정운용에서는 국회뿐만 아니라 사회 전반에서 견제와 균형의 원리가 적절히 발휘될 수 있는 체제가 필요하다.

정치적 절충의 편법들을 불식하기 위해서는 하향식 할당에서 재정 총량 및 분야별 재정규모에 대한 재정준칙을 엄격하게 준수하고, 상향식 취합에서 단위사업에 대한 회계정보를 충분하고도 자세하게 제공해야 한다. 재정준칙을 통해 재정총량 및 분야별 재정규모가 엄격하게 준수되지 않으면 정부부처들은 예산절감과 성과제고의 대안을 모색할 유인을 갖지 못한다.

또한 단위사업에 대한 제반 회계정보가 충분하고도 자세하게 제공되고 취합되지 않는다면 '창작적 회계creative accounting' 등 편법적 의사결정으로 미래의 재정부담과 재정위험이 가중될 것이다. 재정운용에 대해서는 정치인과 일반 국민 사이에 상당한 정도의 정보 비대칭성이 있기 때문에 적정한 재정운용이 이루어지기 위해서는 정부회계의 투명성과 함께 재정준칙이 필요하다.

재정준칙 때문에 재정운용의 재량권이 제한되고 이를 회피하려는 더욱 교묘한 편법이 나타난다는 반론이 있을 수 있으나, 정치인들의 '적자 편향deficit bias'적 재정운용을 제어하기 위해서는 재정준칙이 필수적이다. 정파政派적 성격이 개입될 수밖에 없는 분야별 재정배분과 달리, 재정총량에 관한 의사결정은 정치적 영향력으로부터 가능한 배제되어 정치적으로 오용되거나 남용되지 않아야 한다.

특히 서구 선진국들에서는 제2차 세계대전 이후 복지 성격의 이전지출이 확대됨과 동시에 거시재정 운용에서 케인지언의 시각이 우세하여 거시경제 안정을 위한 재정의 역할이 특히 강조되었다. 이 당시에는 재정수지의 균형을 경기순환주기 내에서의 수지균형 또는 완전고용 달성을 위한 지출규모 유지로 파악하여 재정규모가 급속히 증가하였다. 1980년대에 이르러 선진국의 성장둔화세가 지속되며 조세에 대한 정치적 저항, 만성적 재정적자에 대한 우려와 함께 건전재정을 위한 재정준칙의 필요성이 대두되었다.

1990년대 이후 뉴질랜드, 영국, 유럽연합, 유럽 각국 및 미국은 재
정총량 규모와 재정분야별 할당금액을 엄격하게 제한하는 '사전적 재
정준칙'을 강화하기 시작하였다. 선진국에서도 부적절한 재정운용에
대한 사회적 평가가 일정한 시간이 경과한 후 나타나기 때문에 재정
준칙의 필요성이 제기되었다. 그런데 재정운용에 대한 신뢰성은 민주
주의의 발전과 궤를 같이하며 오랜 세월에 걸쳐 발전하기 때문에 민
주주의의 역사가 짧은 국가일수록 재정준칙의 필요성이 더욱 높다고
할 수 있다.

　1994년에 뉴질랜드는 구체적인 형태로 재정준칙을 법률('재정책임
법')로 규정하였는데, 정부회계의 엄격한 투명성을 전제로 균형재정,
채무상한, 지출상한에 관한 규율을 확립하였다. 영국은 1998년 의
회에서 '재정건전화법Code for Fiscal Stability'을 제정하여 재정수지에 관
한 '황금률Golden Rule'과 공공부문 채무에 관한 '지속가능 투자규칙
Sustainable Investment Rule'을 확립하였다. 미국은 1974년 이후 의회에
서 예산결의안Budget Resolution을 채택하고, 또 유럽의 많은 국가는
1990년대에 의회에서 '사전예산Pre-Budget'을 심사하며 재정총량 규율
을 결정하고 있다. 개별 국가뿐만 아니라 단일 국가를 지향하는 유럽
연합에서도 일정한 재정준칙을 규율하고 있는데, 마스터리히터 조약
하에서 각 회원국들은 재정적자와 정부부채에 대한 재정총량 규율
을 준수하고 있다.

　재정준칙 설정을 위한 핵심과제는 공공부문과 일반정부의 범위를
명확하게 규정하여 재정범위를 확립한 후 재정지출, 재정수지, 정부
부채 등 재정운용의 준거가 되는 재정지표를 객관적으로 평가하는
것이다. 재정범위가 포괄적이고도 명확하게 규정되면 각종 정책의 미

래 재정부담과 재정비용을 과소평가하는 편법을 동원하기 어려울 것
이기 때문이다.

재정준칙과 함께 거시재정의 합리적인 의사결정체계를 구축하기
위해서는 단위사업에 대한 정부회계 정보를 개선해야 한다. 단위사업
들을 자금 및 회계단위, 조직단위, 프로그램, 활동, 정책기능과 정책
목표 등에 따라 다양하게 구분할수록 충분한 회계정보가 산출되어
합리적인 의사결정이 이루어질 수 있다.

## 미시재정과 재정규율

미시재정은 단위사업의 효율성 제고를 목표로 하는데, 여기서는
재정을 집행하는 개인들의 유인구조가 매우 중요한 역할을 수행한
다. 단위사업에서 '효율성 제고 유인구조'가 확립되기 위해서는 사업
집행자가 사업의 최종적 결과outcome와 산출output 그리고 사업원가
cost를 파악하여 충분한 자율성을 발휘함과 동시에 이에 따른 책임성
을 부담해야 할 것이다.

단위사업의 효율성 제고를 위한 조건은 크게 네 가지로 나눌 수 있
다. 첫째, 사업집행자가 단위사업의 내용과 목표(최종 성과와 산출물)를
명확하게 파악할 수 있어야 한다. 둘째, 사업집행자가 사용 가능한
경제적 자원의 범위를 명확하게 인식해야 한다. 셋째, 경제적 자원의
범위 내에서 적정 투입물 조합을 선택할 수 있도록 집행방법의 재량
권을 발휘할 수 있어야 한다. 넷째, 사업집행자가 사전 약속한 목표
를 달성하지 못했을 때 '해명책임accountability'을 부담하며, 그 결과에
따라서 상당한 '법적책임responsibility'을 부담할 수 있어야 한다.

단위사업별로 사업 내용과 목표는 서로 다르므로 단위사업에 부여되는 경제적 자원, 집행방법 등 재량권, 그리고 책임성은 각각 다르게 규정될 것이다. 단위사업은 전통적으로 예산항목appropriations으로 구분되는데, 예산항목은 여러 가지 방법으로 구분될 수 있지만 일반적으로 '단위사업'을 기준으로 분류된다. 예산항목들은 특정 조직단위 또는 특정 비목을 중심으로 설정되기도 하지만 대부분은 단위사업을 중심으로 설정된다. 또 경우에 따라서는 단위사업들이 상당히 포괄적으로 규정될 수도 있는데, 이때에는 단위사업들의 포괄적 묶음에 대해 프로그램, 정책사업 등의 다양한 명칭을 부여할 수 있다.

단위사업으로 달성하고자 하는 목표를 명확하게 규정하고 목표달성 여부에 관한 점검내용이 예산편성 과정에 환류되기 위해서는 '프로그램 예산체계'의 도입이 필요하다. '프로그램 예산'이란 정부기능의 분야와 정책목표에 따라 예산항목을 체계화하는 것을 말한다. 2004년 이전 우리나라 예산항목의 분류체계는 '장-관-항-세항-세세항-세사업-목-세목'인데 정부기능, 사업단위, 조직단위, 비목단위가 혼재되어 체계화되지 않았기 때문에 예산항목은 목표중심의 단위사업으로 규정되지 않았던 것이다.

단위사업으로 구분된 예산항목 내에서 목표달성을 위해 사업집행 책임자에게 부여하는 경제적 자원과 집행방법 등 재량권은 '예산권한Budget Authority'이라고 불린다. 예산권한은 사용 가능한 예산자원(또는 경제적 자원)의 형태, 예산자원의 사용기간, 그리고 예산자원의 사용방법 등으로 구분할 수 있다.

우선 예산자원의 형태는 채무부담행위, 현금, 경제적 자원 등으로 구분할 수 있다. 먼저, 예산자원이 '채무부담행위'의 형태로 제공되는 경우 사업책임자는 규정된 회계연도 내에 단위사업 수행에 필요한 계약 등 지출원인행위를 수행할 수 있다. 예산자원을 현금으로 제공하지 않고 이 같은 '채무부담행위기준 예산항목obligation-based appropriations'이 설정되는 이유는 예산편성 당시 현금지출의 기한과 금액 등을 구체적으로 결정하기 어렵기 때문이다.

우리나라에서는 지출원인행위가 '지출의 원인이 되는 계약 등을 행하는 것'으로 정의되는데, 미국에서는 '지출부담commitments'과 '지출원인행위obligation'가 엄격하게 구분되고 있다. 지출부담은 예산의 편성과 배정에 따라 나타나고, 이러한 지출부담에 따라 공식적이고도 법률적인 채무를 부담하는 계약 등의 지출원인행위가 나타난다. 지출부담은 법률적인 효력을 갖는 자금의 유보가 아니지만, 지출원인행위는 순수하게 법적인 사건으로서 이에 따라 채무가 발생한다. 특정 예산항목에서 지출원인행위가 있고 나면 같은 금액이 다른 형태의 지출원인행위로 사용될 수 없다.[7]

예산자원의 두 번째 유형으로는 '현금'을 들 수 있다. 여기서의 예산권한은 규정된 회계연도 내에 예산항목으로 편성된 금액만큼 현금지출을 할 수 있는 권한을 의미한다. 이러한 예산항목을 '현금기준 예산항목cash-based appropriations'이라고 한다.[8] 여기서는 규정된 회계연

---

7 미국에서 법률적으로 유효한 지출원인행위는 모두 여덟 가지 유형의 서류가 발급될 때에만 성립한다(Supplemental Appropriation Act of 1955 참조). ① 재화 인도, 자산구입 및 리스, 작업 및 용역에 대한 구속력 있는 공식적 계약서, ② 차입계약서, ③ 정부기관에 대한 법률상의 명령서, ④ 긴급상황에서 그 발급이 법률적으로 허용되는 구매명령서, ⑤ 법률상의 또는 법률로 규정된 조건에 따라 지급되는 출연 및 보조, ⑥ 소송에 의한 지급채무, ⑦ 인건비와 교통비 등, ⑧ 기타 법적 채무 등이 여기에 속한다. Tierney(2000), pp. 93-95, p. 102 참조.
8 Schiavo-Campo and Tommasi(1999), p. 57 참조.

도 내에 현금지출이 이루어지지 못하는 경우 당해 예산권한은 원칙적으로 소멸된다. 다만, 예외적으로 지출되지 못한 현금이 다음 회계연도로 이월되거나 다른 예산항목으로 전용될 수 있다.

세 번째 유형의 예산자원으로는 경제학적 기회비용 개념으로 규정된 '경제적 자원resources'이다. 여기서는 당해 사업을 수행하는 데 소요되는 모든 경제적 자원이 예산항목의 금액으로 산정되어야 하는데, 이러한 예산항목을 '자원기준 예산항목resource-based appropriations'이라 할 수 있다. 기회비용 개념의 자원과 현금지출이 서로 다른 이유는 현금지출입이 수반되지 않는 경제적 가치의 변동이 있기 때문이다. 특정 기간에 현금지출은 없으나 당해 기간에 자원이 소모되는 경우(예컨대, 감가상각비), 그리고 특정 기간에 현금지출이 있었으나 이를 당해 기간의 비용으로 간주할 수 없는 경우(예컨대, 자본자산에 대한 지출) 등이 있다.

예산항목에서 부여하는 예산권한이 현금 개념에서 '경제학적 기회비용' 개념으로 전환되기 위해서는 정부부문의 회계기준이 현금주의에서 '발생주의'로 전환되어야 한다. 전통적으로 정부회계는 현금주의를 채택하여 20세기 후반까지도 대부분 국가의 중앙정부에서는 현금주의를 고수하고 있었다.[9] 정부회계를 발생주의로 변경해야 예산항목의 금액 또한 발생주의 기준에 의한 자원 개념으로 변경될 수 있다.

지금까지 예산자원의 유형에 따라 예산권한을 구분하였다. 그런데

---

9 2010년 현재 '자원기준 예산항목'을 중앙정부에서 채택하고 있는 국가는 영국과 뉴질랜드 등 일부 국가에 한정되고 있다.

일반적으로 예산항목은 채무, 현금, 자원의 형태로 부여된 예산자원에 대하여 이를 사용할 수 있는 '기한'을 규정하고 있다. 많은 경우 규정되는 기한은 단일의 회계연도가 되는 경우가 많은데, 이를 '단년도 예산항목'이라 할 수 있다. 2개 이상의 회계연도를 기한으로 하는 경우는 '다년도 예산항목'이 될 것이다.

경우에 따라서는 특정 사업에 대해 그 기한을 명시하지 않거나(무기한 예산항목), 자원사용의 권한을 영구적으로 인정할 수도 있을 것이다(영구적 예산항목). '무기한 예산항목'에서는 일정한 금액이 명시되고 이들 금액이 기간의 제한 없이 사용될 수 있을 것이다. 반면 '영구적 예산항목'은 기간뿐만 아니라 구체적인 금액한도도 명시하지 않으며, 매년도의 예산편성 과정에서 그 금액을 조정할 수 없는 영구적인 사업에 대해 인정될 수 있다. 우리나라에서는 2014년 현재 무기한 예산항목과 영구적 예산항목이 존재하지 않는다.

예산권한은 부여된 예산자원의 사용방법을 달리하는 방법으로도 규정된다. 예컨대, 예산권한이 '현금 100억 원을 인건비 40억 원, 물건비 60억 원으로 구분하여 2006 회계연도 내에 지출하라'고 규정된다면 인건비와 물건비를 구분하여 지출하는 것은 경제적 자원의 사용방법 또는 지출방법이라고 할 수 있다. 지출방법은 사업의 성격에 따라 사업집행의 제약조건, 성과지표 등을 부여하는 방법으로도 규정될 수 있을 것이다. 예컨대, 예산항목에서 '특정 지역의 문맹률을 현재보다 10% 감소시킨다'고 요구할 수 있다.

예산자원의 지출방법에 대해서는 예산항목 전체를 대상으로 범정부적으로 적용되거나 특정 부처 또는 특정 사업에 적용되는 규정의 형태로 존재하기도 한다. 매년 예산에서 예산항목에 관한 규정의 형태로 지출방법을 서술할 수 있으면 여러 가지 형태의 지출방법을 다양하게 규정할 수 있을 것이다. 그런데 예산의 각 항목에 대해 서술적 형태의 규정이 없고 통계표 형식만 존재한다면, 지출방법은 일반적 법률에서 규정될 수밖에 없으므로 범정부적 지출방법이 적용될 수밖에 없을 것이다.

　사실 우리나라의 예산서는 예산총칙을 제외하고는 모두 '통계표'의 형태를 취하기 때문에 서술적 형태의 규정이 사실상 없다고 할 수 있다. 따라서 예산항목 집행자의 유일한 의무는 재정집행의 일반적 규정을 담고 있는 국가재정법, 예산항목과 연관되는 관련 근거 법률, 그리고 비목의 집행방법을 규정하는 '세출예산집행지침'을 준수하는 것이라 할 수 있다. 물론 국가재정법에 따라 예산항목별 성과계획서가 제출되어야 하지만, 성과계획서의 내용이 지출방법을 서술하지는 않고 또 엄격한 구속성을 가지고 있다고 말하기는 어려울 것이다.

# 2
## CHAPTER

# 영국 재정 민주주의의
# 태동과 발전
# : 의원내각제

본 장에서는 예산과 재정에 대한 국민적 의지의 결정체제가 역사
적으로 어떻게 발전하였는지를 영국의 경험을 통해 살펴보고자 한
다. 국왕이 정점에 있었던 행정부와 귀족을 중심으로 형성된 의회가
어떠한 상호작용을 하며 예산제도를 발전시켜 왔는지 조명하게 될
것이다. 영국식 의원내각제 예산제도의 전형이 발전하는 과정을 설
명한다.

본 장의 내용은 영국의 헌법 역사에 대한 1920년 메이틀랜드
Maitland의 저술, 영국의 재정제도를 서술한 1922년 윌라우비Willoughby
의 저술, 그리고 벅Buck의 1929년 저술, 벅헤드Burkhead의 1956년 저
술 등을 종합적으로 참조하여 정리하였다.[10]

---

10 주된 내용은 Willoughby(1922)를 참조하였는데 오래전에 작성한 원고라 본문에서 개
   별 인용을 일일이 열거하지는 못하였다.

## 마그나카르타에서 명예혁명까지

영국에서 근대적 예산제도는 국민들 또는 그 대표자들의 모임인 의회가 왕권을 통제하려는 목적에서 태동하였다. 1217년 영국의 대헌장大憲章, 즉 마그나카르타Magna Charta 제12조에는 다음과 같이 기술되어 있다.[11]

> 왕국의 평의회Common Council에 의하지 않고는 왕국 내에서 어떠한 군역대납금scutage 또는 공과금aid이 부과될 수 없다. 다만 왕의 가족에 속전贖錢을 치르거나, 그 장자에 작위를 부여하거나, 그 장녀를 한 번 결혼시키는 목적은 예외로 하지만, 이를 위한 상납금은 그 금액이 적정해야 한다.

그 내용에서 알 수 있듯이 그 당시 귀족들은 국왕이 자신들에게 부과하였던 강제적인 부과금에만 관심을 가졌었다. 사실 국고 또는 재정에 대해 의회가 통제권을 획득하기 위한 오랜 투쟁의 역사는 바로 '세금을 통제하는 것'으로부터 출발하였다.

의회가 재정권財政權에 관심을 갖기 시작한 이 당시에는 의회가 공금의 지출방법에 대한 지시보다는 국왕이 국민들에게 부과하는 조세의 총금액 한도를 염두에 두었을 뿐이다. 따라서 이 당시의 통제는 재정의 지출 측면보다는 '수입에 대한 통제'를 의미하였다. 의회의 가

---

11 대헌장, 즉 마그나카르타는 원래 귀족의 권리를 재확인한 봉건적 문서였으나 17세기에 이르러 왕권과 의회가 대립할 때 왕의 전제(專制)에 대항하여 국민의 권리를 옹호하기 위한 중요한 전거(典據)로 이용되었다.

장 큰 관심은 국왕의 전횡으로부터 납세자를 보호하는 것이다. 의회
는 자금조성을 승인할 뿐 당해 자금의 지출 목적과 방법을 결정해야
한다는 생각을 전혀 갖지 못했다.

이러한 인식의 배경을 파악하기 위해서는 두 가지 사실을 명심할
필요가 있다. 첫째, 이 당시에는 국왕의 수입과 국가의 수입 사이에
아무런 구분이 없기 때문에 '국왕의 업무'가 곧 '국가의 업무'로 인
정되었다. 국가의 업무를 처리하는 것은 국왕의 의무였기 때문에 자
금지출에 대한 재량권은 국왕의 특권으로 인식되었다. 승인된 자금
의 지출 목적과 방법을 상세하게 통제하는 것은 행정부에 대한 의회
의 부당한 침해로 간주되었다. 따라서 의회의 재정권은 조세에 대한
통제만을 의미하였다. 영국의 헌법 역사를 기술한 Maitland(1920)는
이러한 사실을 다음과 같이 표현하였다.

> 이 주제를 역사적으로 접근하기 위해 이해해야만 하는 첫 번째 사실은 과
> 거에는 국가수입이 바로 왕의 수입이었다는 것인데, 달리 표현하면 국가
> 수입이라고는 없었다는 것이다. 왕의 수중으로 들어오는 모든 금전은, 그
> 것이 그의 장원토지에 대한 지대이건, 또는 봉토 보유의 이윤이건, 또는
> 국가의 의회Great Council가 그에게 제공한 지원 또는 보조금의 결과이건
> 관계없이 모두 그가 마음대로 처분할 수 있는 그의 것이었다.[12]

둘째, 이 당시에는 국왕의 수입 중 상대적으로 소규모 금액만 사
람들에게 부과되는 조세로 획득되었다. 국고수입의 대부분은 국왕

---

12 Maitland(1920), p. 430 참조.

의 토지, 봉토부담금feudal dues 등에서 나타났던 것이다. 평상시에는 이러한 봉건수입으로 왕과 왕실의 개인적 경비와 정부의 일반경비를 충분히 충당하였다. 과세할 필요성이 생기는 경우는 오직 전쟁이 발발하는 때이다. 조세는 특수한 긴급상황에 대처하기 위한 한때의 특수한 부담금으로서 그 부과가 검토되었다.

또 다른 중요한 사실로서 중세에는 영구적 조세가 매우 드물게 부과되었다는 것이다. 일반적으로 조세는 오직 다음의 경우에만 인정되었다. 국왕을 위해 동산의 10분의 1 또는 통관관세customs duty가 인정되거나, 당장의 소요를 충당할 수 있도록 인두세가 부과될 수 있었다. 간혹 조세는 2~3년간씩 인정되기도 하였지만 이는 드물었다.[13]

이러한 두 가지 사실 때문에 의회는 재정지출보다는 조세에 대한 통제에 관심을 기울였던 것이다. 그런데 또한 이러한 사실 때문에 의회의 지출통제가 자연스럽게 나타나기 시작하였다. 조세는 국고수입의 일반적 재원이 아니라 특정 목적의 자금을 조성하는 수단으로서만 통상 부과되었기 때문이다. 의회가 특정 목적에 대해서만 조세와 같은 부담금을 승인할 수 있다는 원칙이 발전하면서 점차 의회는 의회가 승인한 조세의 수입금이 사용되는 용도를 구체적으로 명시해야 한다는 원칙이 발전하기 시작하였다.

조세수입의 용도는 주로 전쟁 수행과 관련하여 명시되기 시작하였다. 1348년에 스코틀랜드의 공격을 방어하기 위해 부과된 조세와 프

---

13 Maitland(1920), p. 182 참조.

랑스와의 백년전쟁을 수행하기 위해 1353년에 부과된 조세는 여기에 해당한다. 그러나 조세수입의 용도를 구체적으로 명시하는 제도는 1600년대 전제 왕권을 행사하려던 스튜어트 왕조와 의회 사이의 투쟁으로부터 확립되었다. 그러나 1688년의 명예혁명 이전에는 승인되는 조세의 부과목적이 항상 명시된 것은 아니었으며, 또 명시되는 경우에도 당해 조항들이 목적에 맞게 집행되는지 보장하는 적절한 수단이 없었다.

1665년 찰스 2세Charles II 국왕은 덴마크와의 전쟁을 위해 대규모의 자금을 요구하였는데, 법률로 조성된 자금은 전쟁목적으로만 사용되어야 한다는 내용을 선언하는 조항이 당해 법률 내에 규정되는 것에 동의하였다. 이는 중요한 양허로서 유사한 지출승인이 이후 그의 재위 기간 동안에 지속되었다. 혁명Revolution 이후에도 이러한 관행은 결코 변화하지 않았다고 생각하며, 국왕에게 자금을 승인할 때 의회는 다소 상세하게 규정된 특정 목적에 대한 공급을 승인하였다.[14]

명예혁명이 일어났을 때 비로소 특정 목적에 자금을 승인하는 원칙이 확고하게 확립되었다고 할 수 있다. 혁명 다음 해의 권리장전Bill of Rights에 다음 인용문의 조항이 등장하였는데, 이 조항을 준수하는 과정에서 의회는 국왕이 결정하는 모든 지출의 승인권을 갖게 되었다. 또한 이 과정에서 하원House of Commons은 지출승인 법률의 발의에서 상원보다 우위에 있음을 확정하였다.

---

14 Maitland(1920), p. 433 참조.

이제부터는 어떠한 국민도 의회의 법률에 의한 의회의 동의가 없이는 어떠한 증여, 융자 또는 헌금 또는 조세를 납부하도록 강요되지 않는다.

이 당시에 확립된 의회의 지출승인제도의 특징을 설명하면 다음과 같다. 첫째, 국왕은 의회의 승인과 무관하게 자신에게 귀속되는, 그래서 자신이 원하는 대로 지출할 수 있는 많은 소득을 오랜 기간에 걸쳐 보유하고 있었다. 둘째, 지출승인항목의 금액은 특정 전쟁의 수행, 군대 유지, 함선 건조 등과 같은 특정한 광범위한 목적에 기여해야 한다는 설명 이상으로 자세하지는 않았다. 웰비 경Sir Welby은 이에 대해 다음과 같이 설명하였다.[15]

명예혁명 당시에 나타난 대규모의 재정적 변화는 해군과 육군에 대한 비용부담과 연관되어 있다. 혁명과 함께 의회에는 연도별 회기제도가 도입되었으며, 영·불 전쟁으로 해군과 군수 서비스를 위한 예산지출에 대해 연도별 의결Annual Votes in Supply이 이루어졌다. 이들 연도별 의결은 그 내용을 설명하는 지출승인 조항Appropriation Clauses을 중심으로 공식적으로 이루어졌다. 정확하게 말하자면, 1689년 이후의 윌리엄 3세William III 국왕기에 국가업무 성격의 서비스에 대해 지출의결들이 부분적으로 연도별로 이루어졌음을 지적할 필요가 있을 것이다. 이들의 수는 점차 늘어났으나, 조지 3세George III 국왕 재임 후반기에 이르기까지 그 금액은 비교

---

15 웰비 경은 1885~1894년의 10년간 재정성(Treasury)의 최고상임관(Permanent Secretary)으로 근무하는 등 재정과 관련되는 중요 직책에서 근무하였다. Willoughby(1922)의 저술에서 'Lord Welby'를 인용하는 내용이 다수 게재되고 있는 점으로 봐서 그 당시 영미권에서는 웰비 경이 재정제도에 관한 탁월한 전문가로 인정되는 것으로 추측된다.

적 크지 않았다. 공공지출에 대한 의회의 통제는 명예혁명과 함께 시작
하였으나 이러한 통제는 오직 육군, 해군, 군수품에 대한 지출에 한정되
어 있었다. 1697년 프랑스와의 라이스위크Ryswick 평화조약 이후 국왕의
반대에도 하원이 육군을 감축시켰다는 사실로부터 통제의 실질적 내용
을 알 수 있을 것이다. 그러나 통제는 이러한 성격에 한정되어 있었다. 군
대 서비스에 대한 명세가 하원에 제출되었고, 이 명세에 기초하여 하원은
각 서비스의 금액을 의결하였다. 1798년까지 해군 서비스 전체에 대하여
오직 1개의 지출의결이 있었다. 앤Anne 여왕의 재임기에 육군에 대해서는
2개 또는 3개의 지출의결이 구분되었다. 그런데 '예비비extraordinaries'에
대한 의회의 사전 승인 없이 육군과 해군에서 대규모 금액이 지출되고,
그다음 회기에 하원의 승인을 위해 예비비의 지출의결이 제출되는 관례
가 증가하였다. 그러므로 예산지출 의결Votes in Supply을 통해 행사되는 이
러한 통제는 불완전하였고, 행정부에 많은 재량권을 부여하였으며, 행정
부는 이러한 재량권을 마음껏 이용하였다.[16]

그런데 일반적인 지출승인제도, 즉 의회가 국고자금의 지출방법
을 그런대로 자세하게 규정할 수 있기 위해서는 먼저 두 가지의 제도
개혁이 이루어져야 할 것이다. 첫째, 국왕의 개인적 수입지출과 국가
의 수입지출이 명확하게 구분되어야 한다. 국왕의 개인적 지출과 국
가적 지출을 구분한 연후에야 비로소 국왕에 허용된 조세 등의 수입
이 일정 금액을 초과하면 그 초과금은 국가적 지출로서 의회의 승인

---

16 Memorandum on 'the Control of the House of Commons over the Public
Expenditure', *Report of the Select Committee on National Expenditure*(1902),
Appendix No. 13, p. 228 참조. Willoughby(1922), pp. 30–31에서 재인용.

이 있어야만 사용될 수 있다는 사실이 성립할 수 있을 것이다. 둘째, 전체 국가수입을 단일의 통합자금(소위 일반회계) 단위로 구성하여 여기서부터 특정 목적별로 자금의 할당이 이루어져야 한다. 그렇지 않고 많은 자금단위들이 각각의 목적으로 충당되는 복잡한 '칸막이 제도' 하에서는 의회의 총괄적 재정통제가 사실상 불가능할 것이기 때문이다. 영국에서 전자를 위한 제도는 '공무목록Civil List'의 설치로 달성되었으며, 후자는 '통합펀드Consolidated Fund'가 설치됨으로써 이루어졌다.

## 지출통제의 발전: 왕실재정 분리와 통합예산

19세기 이전까지만 하더라도 국왕은 조세 이외의 수입을 다수 보유하여 자신의 수입을 의회로부터의 출연금에 크게 의존하지 않았다. 다시 말해, 의회가 국왕에 대한 출연금의 지출방법을 결정한다는 원칙이 확립된 이후에도 이 출연금과 관련되는 조세수입 이외의 소득은 국왕이 마음대로 처분할 수 있는 절대적인 권한을 보유하였다. 국왕은 국왕의 소득으로부터 자신과 왕실의 경비뿐만 아니라 정부의 통상적 경비 일체를 지불할 수 있었다.

1660년 왕정복고기Restoration에 그동안 가혹하였던 많은 봉토부담금이 철폐됨으로써 조세 외에는 국왕이 보유하는 소득금액이 매우 감소하였다. 국왕의 이러한 손실을 보상하기 위하여 상속품세 hereditary excise, 맥주·사과주·주정 및 기타 품목에 대한 특별한 영구세 등에서 나타나는 수입을 국왕에게 인정하였다. 이러한 과정은 윌리엄 3세 국왕이 즉위할 때까지 계속되었는데, 추가적으로 톤세

tonnage tax와 파운드세poundage tax가 국왕의 일생 동안 인정되었다. 그러나 이러한 조세에는 중요한 조건이 부과되었다. 국왕이 연간 70만 파운드의 소득을 초과하는 소득을 가진다면 이 초과금은 '의회의 승인 없이 사용할 수 없다'고 법률에서 규정되었다. 이는 '공무목록'의 취지가 법률에 반영된 첫 번째 사례라 할 수 있다.[17]

'공무목록'이 더욱 발전하게 된 계기는 1760년 이후 조지 3세가 왕위에 오르면서 시작되었다. 등극과 함께 그는 국왕의 상속 물품세 수입의 많은 부분을 포기하는 대가로 매년 80만 파운드의 출연금을 의회로부터 받는 데 동의하였다. 이러한 법률을 통해 국왕의 조세수입은 국가의 조세수입으로 간주되어야 하며, 국왕의 경비는 반드시 의회의 출연금을 통해 충당되어야 한다는 원칙이 확립되기 시작하였다.

조지 4세가 국왕이 되면서 이 개념이 추가적으로 발전하였다. 전과 동일한 방법이 사용되면서 국왕에 대한 출연금이 연간 85만 파운드로 증가하였다. 그런데 더욱 근본적인 발전이 이루어졌는데 왕의 개인 용도로 생각되는 금액과 정부의 지원에 사용되어야 할 금액이 처음으로 구분되기 시작하였다는 것이다. 국왕의 개인 용도로 사용될 수 있는 금액은 6만 파운드로 고정되었다.

1830년대 이후 국왕 윌리엄 4세와 빅토리아Victoria 여왕 시절에는 더욱 강화된 방법이 적용되었다. 즉, 국왕의 개인경비와 정부경비 사이에 적절한 기준을 더욱 명확하게 수립하고, 또한 국왕의 개인경비를 포함하여 모든 지출은 의회의 승인을 받아야 한다는 원칙이 확립되었다. 그 결과 국왕은 그의 개인 및 왕실 경비 모두를 충당할 수 있

---

17 Maitland(1920), p. 435 참조.

도록 의회로부터 봉급을 수령한다고 말할 수 있게 되었다. 이 금액은 공공채무에 대한 이자지급, 판사의 봉급 등과 같은 항목처럼 통합자금(소위 일반회계)에서 영구적이며 지속적인 청구금으로 계리되었다.

국왕의 소유와 국가의 소유를 명확하게 구분하는 과정에서 의회는 국가의 소득과 지출을 실질적으로 통제할 수 있는 기반을 조성하였다. 1787년에 국가의 모든 수입과 지출을 단일의 자금에서 계리하는 소위 우리나라의 일반회계에 상응하는 통합펀드를 설치하는 '통합펀드법Consolidated Fund Act'이 통과되면서 또 다른 중요한 변화가 나타났던 것이다. 당시 영국의 저명한 경제학자였던 헨리 힉스Henry Higgs는 다음과 같이 기술하고 있다.

> 1785년에 공공회계 감독관들Commissioners of Public Accounts은 특정한 수입재원이 다양한 공적 지출로 용도지정되는 제도가 복잡하다는 점을 상기시켰다. 따라서 예컨대 관세수입으로부터는 74개 이상의 지출이 74개 이상의 별도 계정으로 구분되었으며, 토지세로부터는 민병대Militia를 위한 지출이 이루어지고, 특정한 상속연금은 우편국 수입에서 충당되었다. 이러한 복잡함을 쓸어버리기 위해 위원회는 '모든 공공수입이 흘러들어가고, 이로부터 모든 공공 서비스의 예산지출이 공급되는 단일의 자금'이 설정되어야만 한다고 제안하였다.[18]

공공회계 감독관들의 이러한 제안은 통합펀드법으로서 의회에서

---

18  Henry Higgs, *Financial System of the United Kingdom*, p. 18 참조. Willoughby(1922), p. 34에서 재인용.

승인되었다. 모든 공공수입이 수령되고 이로부터 모든 공공지출이 충당되는 '통합펀드Consolidated Fund'로 불리는 단일의 펀드를 설치해야 한다는 규정이 만들어졌던 것이다. 1816년에는 아일랜드의 수입과 지출에 대해서도 유사한 조치가 취해졌는데, 이들 2개의 통합펀드는 이후 다시 통합되어 단일의 '영국과 아일랜드의 통합펀드'가 되었다.

이 법률은 근대적 재정제도의 발전에 크게 기여하였다. 이는 그 당시까지 의회가 이룩한 가장 중요한 재정개혁이라 할 수 있다. 특정 목적에 특정 수입을 할당하는 소위 '칸막이식' 재정운용 방법이 횡행하는 한 의회는 재정운용에 어떠한 자세한 통제도 행사하기가 불가능하였을 것이다.

그리고 통합펀드법은 정부활동을 모두 망라하는 범정부적 재정보고서의 초석이 되었다. 통합펀드법을 통해 공금의 책임성이 크게 강화되었는데, 1802년부터 매년 발간되는 완전한 형태의 '재정보고서'는 이로부터 발전하였다고 할 수 있다. 물론 재정상Chancellor of Exchequer이 재정의 운용지침과 활동을 위한 재정보고서를 의회에 제출하기 시작한 것은 1822년이었다. 이 시기가 바로 영국에서 완벽한 형태의 예산Budget이 출범한 것으로 기록될 수 있을 것이다. 이후 이러한 재정보고서는 정부의 재정계획과 함께 수입과 지출을 열거하고, 흑자 또는 적자의 전망을 표시하였다.

## 의회의 예산증액 금지

의회가 명백하게 승인하기 전까지는 국왕 또는 행정부는 국민들에 대해 조세 또는 기타의 어떠한 부담금도 부과할 수 없으며, 또한 조성된 공공자금의 어떠한 지출도 이루어질 수 없다는 원칙이 영국에서 확고하게 성립되었다. 그런데 이 원칙을 확립하고 유지하기 위해 의회가 끊임없이 주장하고 투쟁하였지만, 영국의 전체 역사에서 볼 때 의회가 스스로 수입 또는 지출과 관련되어 예산사업을 편성하는 기관(즉, 예산실)을 만들려고 단 한 번도 시도하지 않았다. 이는 다른 국가와 구분되는 영국만의 중요한 특징이라 할 수 있다.[19] 근대적 재정제도의 출범 당시부터 영국의 의회는 자신의 기능이 국왕이 발의한 제안을 통과시키는 것으로 해석하였다. 따라서 국가의 재정소요액과 이들을 충당하는 방법을 제안하는 것은 국왕의 의무였으며, 하원의 의무는 제출되는 계획의 승인 또는 불승인에 있었을 뿐이다.

의회는 1706년부터 국왕이 제안하는 것 외에는 다른 어떠한 지출재원spending measures도 검토하지 않는다는 규칙을 정착시켰다. 이러한 규칙은 확고하게 지켜졌다. 조세수입을 승인하는 매년의 재정법Finance Act과 자금지출을 승인하는 매년의 지출승인법Appropriation Act뿐만 아니라, 특정 목적의 금전이 요구되는 여타의 모든 법률에 대해서도 이러한 규칙이 적용되었다. 국고지출이 발생하는 어떠한 법안 또는 결의도 내각을 통하여 국왕이 제안하기 전까지는 의회의 검토 그 자체를 금지시켰던 것이다. 나아가 국왕이 제출한 제안에 대해서는 국왕이 요청한 금액을 증가시키는 어떠한 수정도 인정하지 않았다.

이에 대한 규칙은 하원의 지속명령Standing Order 66번과 68번에 규정되어 있으며, 이들 모두는 18세기 초기에 설정되었는데 그 내용을

---

19  1921년 이전의 미국 의회, 1789~1814년 사이의 프랑스 의회는 영국의 의회와 달리 상임위원회를 통해 사실상의 '예산편성권'을 행사하였다고 볼 수 있다.

정리하면 다음과 같다.

66. 본 의회는 국왕이 제안하지 않는다면 통합펀드에서 지급되건 또는 의회가 제공한 금전에서 지급되건 관계없이 공공 서비스에 대한 어떠한 금액 요청도 접수하지 않으며, 또 공공수입의 출연 또는 지급에 대한 동의절차를 진행시키지 않는다.

68. 본 의회는 어떠한 수입원에 대해서건 국왕에 대한 자금의 증액을 위한 요청을, 이에 따른 부채와 당해 부채의 상환조치를 언급하고 당해 요청자와 그 보증인이 이를 보장하는 방법을 제시하는, 관련 장관 또는 장관들의 증명이 없는 한 접수하지 않는다.[20]

이러한 의회의 '증액 및 신비목新費目 설치 금지' 조항은 이후 영국 재정제도의 기본적인 특징이 되었다. 이는 행정부가 정부 재정의 상태에 대한 책임을 부담하도록 요구하는 것으로 볼 수 있기 때문에 중요한 것이다. 의회는 제안된 지출을 승인, 감축 또는 거부하는 권한을 보유하고, 행정부는 이에 따라 수입과 지출에 대한 제안을 조정해야 한다. 영국의 헌법학자는 이를 다음과 같이 설명하고 있다.

헌법을 배우는 사람들이 다음 사실들을 너무 충격적으로 받아들일 필요는 없다. 즉, 공공 서비스에 지불되는 모든 자금이 국왕에 의해 지불되고, 공공 서비스를 위해 인정되는 모든 자금이 하원에 의해 인정되며, 국왕을 대신하는 장관이 요청서에 그 목적을 명시하며 자금을 요구하지 않

---

20 Willoughby(1922), p. 39 참조.

는 한 하원은 단 한 푼도 승인하지 않는다는 것을 자체 규칙으로 준수하고 있다.[21]

재정계획은 행정적인 권한에 기초하여 작성되는 행정적인 서류 executive document로서 행정서류에 대한 승인권이 입법부에 있다고 하여 행정부의 재정에 대한 책임 성격이 변경되는 것은 아니다. 재정계획의 수립이 행정부에 집중되는 이러한 특징은 내각과 의회의 관계로부터 설명될 수 있다. 내각은 행정부를 통할하기 때문에 행정을 수행하는 과정에서 나타난 모든 일에 대해 피신탁자 또는 집사자 stewardship로서 해명을 해야 한다. 또한 내각은 행정부이기 때문에 다음 연도 정부의 요구와 자원에 대한 보고서를 작성한다.

그런데 영국에서 중앙행정기관으로서의 내각은 사실상 하원의 위원회라 해도 과언이 아니다. 내각은 하원의 위원들로 구성되기 때문에 내각은 자신의 사업에 대한 승인을 요청하고 그 사업을 옹호하고 설명한다. 승인이 이루어지면 내각은 자신의 행정적 역량으로 사업에 대한 행정을 통제하는 것이다.

영국에서는 내각의 지출에 대한 책임과 수입에 대한 책임을 서로 다르게 해석하고 있다. 하원은 자유롭게 지출을 삭감할 수 있지만 이러한 삭감이 내각에 대한 불신임을 의미하지는 않는다. 마찬가지로 하원은 수입에 대한 요청을 거부하면서 내각이 다른 대안을 준비하도록 요구할 수 있다. 그러나 만약 하원이 지출증가와 함께 정부수입

---

21 William R. Anson, *The Law and Custom of the Constitution*, Vol. I, 5th ed., by Maurice L. Gwyer, Clarendon Press, Oxford, 1922, p. 285 참조. Burkhead(1956), p. 4에서 재인용.

의 증가를 제안한다면 이는 내각에 대한 불신임을 의미하고 총선거를 통해 새로운 정부가 구성되어야 한다는 것을 의미한다. 따라서 영국에서 내각의 예산상 책임 가운데서 지출의 상한금액을 결정하는 것이 가장 중요하다고 간주되는 이유는 바로 여기에 있다.

내각이 예산편성에 관한 모든 책임을 부담하고 있는 이러한 '중앙집중적인 책임'으로 인하여 영국의 예산제도는 19세기까지 오랫동안 적절히 유지될 수 있었던 것이다. 사실상 영국의 예산제도는 중앙집중적 책임이라는 관점에서 볼 때 아주 잘 작동되고 있기 때문에 다른 나라들의 예산제도 발전에도 매우 큰 영향을 주었다. 그런데 이러한 책임의 집중화는 동시에 의회의 역할을 상대적으로 감소시켰는데, 예산의 의결 이전이건 이후이건 의회는 예산의 자세한 내용을 거의 실질적으로 검토하지 않는다고 말할 수 있을 정도다.

## 회계검사원의 설치

명예혁명 이후 19세기 초반에 이르기까지 공무목록, 통합펀드 Consolidated Fund를 도입하면서 의회의 권한은 점차 조세에 대한 통제에서 국고지출에 대한 통제로 확대되기 시작하였다. 이는 조세법률주의에서 '지출법률주의'로의 확대를 의미하고, 지출법률주의는 지출승인appropriation된 자금의 집행에 대해 자세한 내용을 법률로 확정한다는 것을 의미한다. 그러나 지출법률주의가 보편적으로 시행되고 있으면서도 당해 지출승인 금액들이 법률에서 규정한 목적에 맞게 적정하게 집행되는지 확인할 수 있는 적절한 수단이 없었다. 13세기 이후 영국의 민주주의가 공적금고public purse에 대한 의회의 통제로부터 발전하였으나, 19세기 후반까지도 하원이 예산집행의 통제에 대해 궁극적인 권한을 가지고 그 통제를 실질적으로 유효하게 할 수 있는 수단을 확보하지 못하였다.

1902년 '국가지출특별위원회Select Committee on National Expenditures'에서 웰비 경은 예산집행의 통제에 대해 다음과 같이 증언하였다.

> 그렇게도 통제하고자 노력하였던 하원이 거의 160여 년간 내내 현금지출의 방법을 확인하지 않은 채 국고청Exchequer의 현금지급만 통제함으로써 하원이 지출을 통제할 수 있다는 환상에 확실히 빠져 있었다는 사실에 저는 매우 충격을 받았습니다. 이 기간 동안 하원을 대표했던 그 모든 유능한 사람들이 이러한 환상에 빠져 있었다는 것은 정말 이상한 일이었습니다. …(중략)…
>
> 국고청장Chancellors of the Exchequer과 그 참모들 그리고 의회는 현금지출을 추적하기보다는 국고청의 현금지급을 안전하게 함으로써 의회의 지출통제가 효과적으로 이루어질 수 있다는 환상에 여전히 빠져 있었습니다.[22]

사실 19세기 중반에 이르기까지 예산집행에 대해 적절한 감사를 위한 수단이 아무것도 없었다. 물론 이전에도 회계를 점검해야 한다는 생각 그리고 이를 실현하기 위한 시도는 부분적으로 발견될 수 있다. 웰비 경은 그의 비망록에서 공공지출에 대한 하원 통제의 문제점을 다음과 같이 기술하고 있다.

---

[22] *Report of Committee on National Expenditure*, 1902, p. 175와 p. 229 참조. Willoughby(1922), pp. 209-210에서 재인용.

국고청Exchequer 공무원에 의한 감사가 튜더 왕조와 스튜어트 왕조 시대에 마련된 규정에 따라 사실상 존재하기는 하였다. 이는 1688년의 명예혁명 시기에도 변경되지 않은 채 이후 약 1세기 동안 지속되었다. 이렇게 유유히 지속되는 감사 때문에 1782년에는 20~30년간 지속된 대규모 금액의 계정들이 여전히 결산 처리되지 않았으며, 심지어 1600년대 후반 국왕 윌리엄 3세의 재위 기간까지 소급되는 미결산 계정들도 있었다. 그런데 이들 감사는 의회를 위한 감사가 아니었다. 감사된 계정은 의회에 제출되지 않았다. 감사 결과는 재정성Treasury에서 공표되어 통과되었으며, 재정성의 통과권한에 의문이 제기되지는 않았다.[23]

웰비 경은 이러한 감사제도의 가장 큰 결함을 두 가지로 지적하였다. 하나는 계정 조사가 너무 늦게 또 비효율적으로 이루어졌다는 것이며, 또 다른 하나는 이러한 조사가 지출을 책임지는 행정부의 소속 부처에서 이루어졌다는 것이다.

우리 재정제도의 큰 결함이 여기에 있었다. 명세서Estimates와 그 의결방법에 대한 결함들은 점진적으로 해소되었으나, 하원이 승인자금의 지출방법을 알지 못하고 있다는 이러한 큰 결함은 1866년 '국고와 감사부처법 Exchequer and Audit Department Act'이 시행되기까지는 해소되지 않은 채 지속되었다. 우리의 위대한 두 국고청장인 피트Pitt 청장과 로버트 필 경Sir Robert Peel이 이 점을 간파하지 못했다는 것은 이상한 일이다. 더욱이 피

---

23 *Report of Committee on National Expenditure*, 1902, Appendix No. 13, p. 228 참조. Willoughby(1922), p. 210에서 재인용.

트 청장은 국고청의 공무원들에 의한 기존의 감사제도를 철폐하고 감사위원회Board of Audit라는 새로운 기구에 그 의무를 이전하여 여기에 상당한 권력을 부여하였는데, 감사제도를 이렇게 개혁하였던 피트 청장도 그랬다는 것은 더욱 이상한 일이다. 새로운 위원회에 의한 감사는 국고청 공무원의 감사와 비교할 때 그런대로 효과적이었고 또 신속하였으나, 감사 결과를 하원에 제출하는 규정은 구비되지 않았다. 재정성은 감사된 계정을 승인하였고, 그 내용을 의회에 대해 책임지지 않았으며, 또 기존의 제도처럼 감사의 최고수장으로 행세하였다.[24]

1834년 의회는 기존의 국고청Exchequer을 폐지하고 '국고통제청Comptroller of the Exchequer'이라 불리는 새로운 기관을 설립하였다. 국고통제청은 기존의 국고청이 보유하던 국고자금의 관리 통제권뿐만 아니라, 재정성Treasury으로부터 인출되는 모든 자금을 승인하는 권한을 가졌다.[25] 다시 말해, 재정성으로부터의 인출이 지출목적에 부합하는지의 여부를 통제하는 역할을 수행하였다. 그러나 이러한 인출은 지출승인법에서 승인된 금액을 지출관支出官에게 제공하는 단순한 선금으로서 진정한 의미의 지출통제와는 거리가 있었다.

의회가 지출목적에 부합하는지 여부를 자체적으로 조사하는 근대적인 통제의 원칙이 발전한 계기는, 웰비 경에 의하면 1831년에 해군제독First Lord of the Admiralty이 되었고 1856~1857년에 공공자금위원

---

24 *Lord Welby Memorandum*, etc., p. 228 참조. Willoughby(1922), p. 211에서 재인용.
25 본 저술에서는 영국과 같은 의원내각제 국가의 'Treasury'를 '재정성'으로, 미국과 같은 대통령제 국가의 'Treasury'를 '재정부'로 번역하고 있다. 'Treasury'를 재무성 또는 재무부로 번역하지 않은 것은 '재무'라는 용어가 국가재정을 반드시 의미하지는 않기 때문이다.

회Public Monies Committee의 위원장이 되었던 제임스 그래험 경Sir James Graham으로부터 시작하였다.

1831년 가장 유능한 관리자인 제임스 그래험 경이 해군제독이 되었다. 그는 해군부의 군속부서civil branches가 엘리자베스 여왕 시절과 똑같은 형태로 유지되고 있음을 발견하였다. 그는 오늘날까지 잘 작동되는 원리에 따라 이를 다시 조직하였다. 그가 1831년 해군의 예산명세를 제출하면서 남긴 연설은 역사적으로 중요하다. 연설 중에 그는 다음과 같이 말하였다. 자신과 흄Hume이 1829년과 1830년 해군의 예산명세에 관심을 기울이면서, "혹시 의결될 총금액이 실제 감소할 것을 우려하여 그들은 명세의 세부 내용을 자세히 들여다보지 않았다. 만약 그들이 이렇게 절약했노라고 외부에 홍보하는 일에만 진력하지 않았다면 그들은 각 항목별 실제 지출이 각각의 명세와 얼마나 일치하는지 사실상 조사할 수 있었을 것이다." 그 당시 그가 생각한 유일한 해결책은 매년 하원에 대차대조표를 제출하는 것인데, 대차대조표에는 해군부와 군수품위원회의 각 항목별 실제 지출이 구체적으로 열거될 것이다. 결국 의회는 그의 제안에 따라 매년 해군제독이 하원에 관련 계정자료를 제출하도록 요구하는 법률을 통과시켰다. 이 계정은 '해군지출승인계정Navy Appropriation Account'으로 불리는데 지금까지도 매년 제출되고 있다. 이는 해군의 지출에 대한 회계감사에 기초하는데, 감사관이 확인한 각각의 서비스 항목에 대한 실제 지출을 보여준다. 이후 이러한 선례는 공공지출의 여타 대규모 분야에도 적용되었으며, 현재 공공지출의 지출승인계정이 제출되는 기본 틀을 형성하였다. 내가 아는 한 이는 하원에 실제의 지출결과를 제출하는 중요성을, 나는 필요성이라 보지만, 소관 장관이 이해한 첫 번째 사례이다. 그러나 이는 한 가지 지출분야에만 적용되는 단발성 사례였다. 그리고 하원이 계정을 심사하고 승인하도록 요구하는 법률적 규정이 없었기 때문에 그 중요성이 인식되지 못한 채 이 계정은 연도별로 승인되었다.[26]

실제 지출을 감사한 설명서를 매년 의회에 제출하는 선례가 점차 다른 서비스, 특히 1846년 전쟁군수처War and Ordnance Offices로 확대되었다. 그러나 실질적으로 중요한 변화는 하원이 1856년에 '국고청·지급처 및 감사부처의 국고자금 수취·인출·감사에 대한 위원회 Committee of the House of Commons on the Receipt, Issue and Audit of Public Moneys in the Exchequer, the Pay Office and the Audit Department'를 구성하고, 1857년에 이에 대한 보고서를 작성하면서 시작되었다. 이 긴 이름의 위원회는 통상 1856~1857년 '공공자금위원회Public Monies Committee'라는 명칭으로 알려지고 있는데, 웰비 경은 1902년 국가지출위원회의 증언에서 다음과 같이 말하였다.

변화(즉, 근대적 감사제도)는 오직 서서히 나타났습니다. 제 기억으로는 1856~1857년의 공공자금위원회의 조직과 하는 일 모두가 아주 중요하였는데, 매우 인상적이었던 이 위원회에서 현저한 변화가 나타났다고 생각합니다. 공공자금위원회는 국고청의 자금인출을 감시함으로써 효과적인 통제가 모두 이루어질 수 있다는 생각을 단번에 불식시켰습니다. 그리고 의회의 실질적 통제는 자신의 독립된 공무원들을 통해 금전의 지불방법

---

26 *Lord Welby Memorandum*, etc., p. 229 참조. Willoughby(1922), p. 213에서 재인용.

을 확인함으로써 행사될 수 있다는 것을 파악하였습니다.[27]

공공자금위원회는 광범한 문제에 대해 많은 제안을 하였으며, 이
들 중 다수가 의회의 승인을 받아 입법되었다. 사실 이 위원회의 보
고서가 근대적인 재정관리 및 재정통제 제도의 기초를 확립하였다
해도 과언이 아니다. 모든 분야의 공공 서비스에서 실제 지출을 감사
하고 그의 연도별 보고서를 의회에 제출해야 한다는 원칙을 아주 강
력하게 제시하였다. 더욱이 이전과는 달리 이러한 감사와 보고서가
의회에 대해서만 책임지는 의회 자신의 공무원에 의해서 수행될 필요
성을 강조하였다.

감사 또는 지출항목의 점검은 1832년 해군 서비스의 출연금 지출에 처음
적용되어 이후 육군의 여러 출연금으로 확장되었는데, 이는 의회의 출연
금에 대한 엄격한 지출승인을 보장하기 위해 도입되었던 새로운 안전장치
였다. 이는 행정부에 소속된 책임부처의 재량권을 제한하는 것이 아니라,
의회의 의결에 대한 오용 또는 의회가 인가한 지출승인에 대한 남용을 파
악하는 충분한 조사권을 가진 독립된 당국자가 이들의 계정들을 수정하
도록 하는 것이다. 이러한 점검은 1846년에 통과된 법률 조항에 따라 규
정되었으며, 현재 해군 및 군사지출, 그리고 산림청과 공공사업청Offices of
Woods and Forests, and Public Works의 지출에도 적용된다. 그리고 감사위원
들Commissioners of Audit은 지출승인법의 규정을 위배한 내용 모두를 직접

---

27 *Report of Committee on National Expenditure*, 1902, p. 175 참조. Willoughby(1922),
   pp. 213–214에서 재인용.

지적하는 보고서와 함께, 매년 하원에 제출하기 위하여 해군과 육군의 지출계정을 출연금과 대조하여 재정성에 이첩한다. 공공자금위원회는 공공자금의 사용에 대한 이 중요한 점검을 재정성이 보관하는 소득 및 지출계정, 국세청Revenue Departments의 계정, 또한 공무원 예비비를 포함하여 공무원을 위한 예산의결Votes의 지출금을 구성하는 여러 가지 계정 등으로 확대할 것을 건의하고, 또한 공공자금위원회는 이들 계정 전체가 최종적으로 감사되어 이들이 관련되는 연도의 다음 연도 만료일 이전에 의회에 제출되어야 한다는 견해를 가지고 있다. …(중략)…

공공자금위원회는 감사위원회Audit Board가 계정들을 더 이상 재정성을 경유하지 않고 의회에 직접 제출하여 의견을 교환해야 하고, 육군 및 해군계정에 대한 지출승인 및 점검, 이들 직무를 수행할 공무원의 선정, 전보 및 해임 권한은 전적으로 감사위원회에 있어야 한다고 제안한다. …(중략)…

공공자금위원회는 감사위원회의 의무와 권한을 크게 확대할 것을 제안한다. 만약 이러한 제안이 채택된다면 감사위원회의 구성과 이의 상대적인 지위는 국가의 중요 부처로서 행정부에 의해 재검토될 필요가 있다. 감사위원회는 의회에 대해서만 책임을 지며, 위원장의 지위와 보수는 수행업무의 중요성에 비례해야 하며, 다른 중요 정부부처를 지휘하는 어떠한 기관장보다 그 직위가 낮지 않아야 한다.[28]

공공자금위원회의 제안들이 즉각 채택되지 않았지만, 웰비 경이 표현한 것처럼 실질적으로 의회의 지출통제가 확립되는 체제를 결정

---

28 *Report of Committee on National Expenditure*, 1902, p. 229 참조. Willoughby(1922), pp. 214–215에서 재인용.

하였다. 위원회의 두 가지 중요한 제안, 즉 감사된 계정들의 검토와 보고가 회부되어야 할 하원의 상임위원회가 설치되어야 하고, 또한 정부의 모든 계정은 국왕으로부터 독립되며 의회에 직접 책임을 지는 공무원에 의해 감사되어야 한다는 것이 최종 채택되었다. 전자는 1861년에 이를 설치하는 '지속명령Standing Order'을 통해, 그리고 후자는 1866년에 '국고와 감사부처법Exchequer and Audit Department Act'이 통과되면서 채택되었다.

이 법률의 통과는 영국의 근대적 공공지출제도를 확립하는 거의 마지막 단계로서 기록될 수 있다. '국고와 감사부처'는 감사원에 해당하는데, 거의 100년 뒤인 1983년에 제정된 '국가감사법National Audit Act'에 따라 '국가감사원National Audit Office'으로 변경되었다. 감사원 설립의 의의에 대해 웰비 경은 다음과 같이 설명하고 있다.

지출을 실행하기 이전에 점검을 번거롭게 한다고 하여 정확한 지출승인이 보증되는 것은 아니며, 지출집행 이후의 조기감사와 감사 결과의 자체 점검을 통하여 이를 통제할 수 있을 뿐이라는 것을 하원은 마침내 파악하였다.

'국고와 감사부처'의 장은 '통제 및 감사총괄관Comptroller and Auditor General'이라 불린다. '통제 및 감사총괄관'의 지위와 기능을 이해하기 위해서는 우선 공공자금이 기술적으로 국왕의 보유와 통제하에 있지 않음을 인식해야 한다. 법적으로 이러한 보유와 통제는 의회에 있다. 의회는 일정하게 규정된 목적과 금액으로 이들 자금을 인출할 수 있는 권한을 부여할 뿐이다. 의회가 부여한 권한에 따르지 않고는 국고청으로부터 어떠한 자금도 인출될 수 없고, 또한 이들 인출된 자금이 오직 규정된 목적과 의회가 지시한 방법에 따라서만 사용됨을 확인하는 것은 의회의 직접적인 대표자이며 또 의회의 직원으로서 행동하는 '통제 및 감사총괄관'의 기능이다.

감사 측면에서 보았을 때 1866년의 법률로 실현된 중요한 개혁은 정부의 모든 계정이 감사된다는 조항뿐만 아니라 이러한 감사가 의회에 직접 보고하는 의회의 직원에 의해 수행된다는 것이다. '통제 및 감사총괄관'의 지위에 대한 이러한 개념이 현실적으로 충분히 실행되기 위해서는 이 총괄관에게 행정부로부터 독립된 지위를 부여할 필요가 있다. 이러한 지위는 비록 국왕이 '통제 및 감사총괄관'을 임명한다고 하더라도 그가 적정하게 근무하기만 하면 그 지위를 유지할 수 있으며, 상원과 하원의 결의에 의해서만 해임되고, 그 보수는 통합펀드Consolidated Fund에서 영구적으로 지급되는 방법으로 보장되었다. 결국 법관의 독립성을 보장하기 위하여 사용되는 동일한 규정이 그에게 적용되었던 것이다.

그런데 '통제 및 감사총괄관'의 개인적 독립성이 보장된다고 하더라도 그가 부여받은 권한을 국왕으로부터 완벽하게 독립하여 행사할 수 있도록 보장한 것은 아니었다. 그의 권한범위, 특히 예컨대 감사원의 조직 및 인사상의 문제에 대한 최종 결정권한은 그가 아니라 재정성에 있다는 특이한 사실을 명심해야 한다. 따라서 '국고와 감사부처법'에서는 다음과 같이 규정되어 있다. 첫째, "재정성은 때때로 통제 및 감사총괄관의 조직에 직원, 서기 및 기타 요원을 임명하여야 한다." 둘째, "국왕은 때때로 의회명령Order in Council을 통하여 직원, 서기 및 기타 요원의 관련 등급 및 계급에 대한 정원과 보수를 규정한다." 셋째, "'통제 및 감사총괄관'은 당해 조직 내의 내부 업무에 대한 명령과 규정을 작성하는 권한을 가지지만, 이들 명령은 '재무성이 이들 모두의 명령과 형태를 승인'할 때까지 발급되지 않고 유효하지도 않아야 한다."

## 하원의 공공회계위원회

의회가 승인한 자금의 지출방법을 상세하게 감사하는 일을 지출부처와 독립되고 의회에 대해서만 책임을 지는 직원들에 의해 수행된다는 것은 대단히 중요한 제도적 발견이다. 그런데 이러한 결정이 중요하지만 지출에 대한 하원의 실질적 통제에 필요한 제도적 요건을 완벽하게 충족하기 위해서는 한 단계가 추가적으로 필요하였다. 이 추가적인 단계는 통제 및 감사총괄관의 '지출에 대한 감사보고서'에서 제공되는 정보를 의회가 활용하는 수단을 보유해야 한다는 것이다. 하원이 자신에게 주어진 정보에 근거하여 검토하고 필요시 결정을 내리는 이러한 성격의 수단이 존재하지 않는다면 지출에 대한 감사보고서의 의회 제출은 의미가 없을 것이다.

웰비 경이 지출의 감사보고서 제도를 규정한, 즉 해군제독이 제안한 법률을 찬사하며 유감사항으로 다음을 지적하였다. "당해 법률에는 지출계정에 대해 하원의 결의를 요구하는 조항이 없어 특별한 지적사항 없이 매년 통과"되었기 때문에 이 법률은 충분한 장점을 거의 발휘하지 못하였다. 1856~1857년의 공공자금위원회는 이러한 점을 충분히 인식하였다. 하원에 대해 직접 책임을 지는 하원의 직원에 의해 모든 공공계정이 완벽하게 감사되어야 한다는 것을 제안하면서, 공공자금위원회는 추가로 "이 감사된 계정들은 의장이 지명하는 하원위원회의 검토를 위해 매년 제출되어야 한다"고 제안하였다. 이는 하원에 감사를 위한 위원회를 법적으로 설치할 것을 처음으로 제안한 여러 지적 중 하나였다. 1861년 국고청장 글래드스톤Gladstone이 '공공회계위원회Committee on Public Accounts'란 명칭으로 이러한 성격의 상임위원회를 설치하는 지속명령을 채택하도록 보장하였다.

이후 지속적으로 설치되었던 이 위원회는 영국의 재정행정 전체 제도의 가장 중요한 특징이 되었다. 이는 영국이 공공지출에 대한 실질적 통제를 보장하고자 단계별로 구축해왔던 제도의 최정점이라 할 수 있다. 이의 조직, 성격 및 의무는 수년간 이 위원회의 위원이었던 토마스 보울즈Thomas Gibson Bowles가 '국가지출특별위원회Select Committee on National Expenditure'에서 한 증언에서 아주 잘 설명되어 있다.

공공회계위원회는 11명의 위원(아마 지금은 15명으로 증가한 걸로 기억하는데)으로 구성되어 의결정족수 5명의 상임위원회입니다. 이는 1862년에 설치되었는데, 이해에 첫 번째 지속명령Standing Order이 발효되었습니다. 이위원회는 하원에서 매 회기가 시작되며 지명되었는데, 지속명령 57조에 따라 '의회에서 공공지출로 승인된 금액의 지출항목에 대한 계정의 조사'를 위해 설치되었습니다. 나중에 설명하겠지만 이 목적은 위원회가 수행하는 의무를 결코 완벽하게 설명하지는 못합니다. 왜냐하면 이 말의 의미보다 그 의무가 훨씬 더 넓기 때문입니다. 위원회의 의장은 관례상 항상 야당 소속 위원으로부터 선출됩니다. 지출항목계정에 대한 '통제 및 감사 총괄관'의 연례보고서 내용에 한정되는 것은 아니지만, 위원회는 통상 이들 보고서에 따라 논의 주제와 출석 요구되는 공무원을 선정합니다. '통제 및 감사총괄관'은 그와 직원들이 계정에 대해 수행한 감사과정에서 발견한 의문점에 주의를 환기시키며, 위원회는 이를 명확히 하여 하원 전체에 보고합니다. 따라서 '통제 및 감사총괄관'은 상당 부분 위원회의 대리인입니다. 그는 의문점을 발견하여 획득한 관련 정보를 제출하고, 이를 더 조사·검토한 후 보고하기 위해 위원회를 떠납니다. 따라서 '통제 및 감사총괄관'의 일차적인 작업은 적절하고도 완벽해야 하는데, 만약 그렇지 않다면 위원회는 이후 작업, 즉 공공계정들에 대한 의회의 통제를 보장 강화하는 최종 목적을 적절히 수행하지 못할 것입니다. …(중략)…

'통제 및 감사총괄관'은 재정성의 최고상임관과 마찬가지로 항상 위원회 회의장에 참석합니다. 이제 공공회계위원회의 기능은 지출의 형식성을 넘어 현명성, 충실성 및 경제성으로 확대되었습니다. 이들 기능은 계정의 지급 측면뿐만 아니라 수입 측면을 포괄하고 있음을 명심해야 하겠습니다. 지출항목의 감사에 대한 '통제 및 감사총괄관'의 보고를 폭넓게 검토하는 것이라 할 수 있습니다. 위원회는 소환된 회계관뿐만 아니라 소환 가능한 지출 관련 공무원들에 대한 구두조사와 추가질문을 통해 '통제 및 감사총괄관'과 직원들이 감사를 통해 수행한 조사를 보충합니다. …(중략)…

더욱이 이것이 가장 중요한데 위원회의 기능은 예산의 출연금 명세서에 대한 형식과 그 개수에 대한 감독으로까지 확대됩니다. 그리고 이의 어떠한 변경도 1867년과 1881년에 했던 바와 같이 사전에 위원회의 승인을 받아야 합니다. …(중략)…

위원회는 항상 제 생각으로는 명세서가 작성되는 예산의결 개수의 감소에 강력하게 반대하였습니다. 왜냐하면 이는 예산의결에 대한 하원의 통제가 감소하는 것으로 생각되었기 때문입니다. 일정 금액의 대규모 예산의결을 일반적으로 반대하여 1개에 많은 것을 포함시키기보다는 예산의

결을 세분하는 것을 선호하고 있습니다. …(중략)…

또한 저는 위원회의 기능이 법률의 준수 여부를 중심으로 재정성의 행정으로까지 그 조사가 확대된다는 것을 말하고 싶습니다. 공공회계위원회의 소관영역은 매우 넓고, 그 행동은 아주 자유로우며, 조사방법은 너무 다양하여 공익을 위해 사용될 수 있는 소지가 큽니다. 원칙적으로 보면 하원이 예산명세에 대해 하는 일을 위원회는 지출항목계정에 대해 실질적으로 하고 있으며, 또한 위원회는 훨씬 더 많은 목적을 위해 하고 있습니다. 왜냐하면 위원회는 부정확한 지출명세를 검토하는 것이 아니라 그 자체로 실현된 실제의 지출을 검토하기 때문입니다. 그리고 위원회는 대략적으로 알고 있는 부처의 장관뿐만 아니라 지출의 모든 세부사항에 관련되는 공무원들을 조사하고, 의문이 있으면 이들이 해명하도록 하고 그들의 일차적인 설명을 듣습니다. 낭비되거나 승인되지 않은 사항에 대한 지출뿐만 아니라 부적절한 관리방법까지 통제함으로써 이 위원회는 아마도 하원 그 자체보다 훨씬 더 효과적일 것입니다.[29]

여기서 특히 위원회의 권한이 넓다는 사실에 주목할 필요가 있다. 지출항목계정에 대하여 '통제 및 감사총괄관'이 제기·보고하는 의문점에 한정되지 않고, 위원회는 오히려 재정관리와 관련되는 거의 모든 문제에 대한 조사 및 보고 권한을 가진다. 위원회는 예산명세서가 제출되는 형태를 검토하고, 지출항목의 분류와 지출항목이 포함되는 예산의결의 개수에 대해 의문을 제기하고, 재정성의 행정을 조사하고, 지출 측면에서는 여러 가지 서비스의 경제성과 효율성이 적절한

---

29 *Report of Select Committee on National Expenditure*, 1902, pp. 65–66.

지 파악하고, 최종적으로는 공공회계의 기술적 절차에 많은 관심을 표명한다.

위원회 제안에 관한 내용은 위원회 보고서에 수록되어 이에 대한 의회의 결정이 있게 된다. 공공회계위원회의 결정은 '재정성 의사록 Treasury Minutes'에 포함되는데 여기에는 위원회의 제안과 재정성의 이들에 대한 의견이 정리되어 있다. 1911년에는 '통제 및 감사총괄관'이 위원회 설치 이후 발간된 보고서의 전체 개요를 재정성 의사록과 함께 작성·발간하였다. 이는 모든 회계관이 제반 지시를 손쉽게 참조할 수 있도록 완전한 색인이 이루어졌으며, 또 회계방법을 지도하는 기준이 되었다.

또 하나의 중요한 사실은 인력과 작업 모두에서 이 위원회는 실질적으로 그 성격이 '비정치적'이라는 것이다. 야당에서 의장이 선출되기 때문에 행정부의 직무태만을 정치적 편의로 그냥 넘길 위험이 없다.

마지막으로, 재정성에 대한 위원회의 권한을 조정하는 문제에 유의해야 할 것이다. 의회는 '통제 및 감사총괄관'의 의무와 권한을 규정할 때 다음의 사항을 대단히 조심하였다. 감사총괄관과 재정성 사이에 국가재정의 관리에 대한 책임이 분산되는 것을 막고, 또 재정성을 최종적인 책임과 권한을 보유하는 당국으로 유지하고자 하였다. 공공회계위원회의 기능을 정의할 때에도 마찬가지다. 이 위원회는 막강한 조사 및 보고 권한이 있지만, 재정관리 방법에 대한 최고 당국자는 아니다. 따라서 보고서에 포함된 결론 그 자체는 구속력이 없다.

모든 제안사항은 재정성에 보고되지만 이들은 실질적으로 재정성이 이것 또는 저것을 하고, 또 재정성이 통제하는 부서가 이것 또는 저것을 하라는 제안에 불과하다. 이러한 제안을 채택할 것인지의 여부는 재정성이 결정할 일이다. 재정성이 위원회의 제안을 실행하지 않고 거부하고, 부분적으로 또는 수정된 형태로 채택하는 일은 자주 있는 일이다. 물론 재정성이 위원회의 제안을 거절할 때에는 아주 명확한 논거가 있어야 하고, 그 이유를 의사록에 지적해야 한다.

# 3
## CHAPTER

# 의원내각제와
# 재정 권력구조

앞의 장에서는 20세기 초반까지 영국 재정 민주주의의 발전과정을 조명하였다. 본 장에서는 영연방형Commonwealth 의원내각제 권력구조 하에서 '예산주기'의 각 단계에 따라 행정부와 의회가 각각 어떤 기능을 수행하는지 2000년대에 초점을 맞추어 설명하고자 한다. 다시 말해, '예산주기'는 예산편성, 예산승인, 예산집행, 예산평가의 네 가지 단계로 구분할 수 있는데, 각 단계별로 의회가 어떠한 역할을 수행하는지 살펴보고자 한다. 본 장은 영연방 의회연합CPA: Commonwealth Parliamentary Association에서 발간한 McGee(2007)의 내용을 참조하여 필자의 견해를 일부 가필하며 정리한 것이다.

## 행정부의 예산편성

의원내각제 국가에서는 예산편성이 거의 예외 없이 행정부 기능으로 간주된다. 이러한 사실은 헌법 또는 법률에 의해 명시적으로 규정되기도 하지만, 그렇지 않은 경우에도 예산편성은 본질적으로 행정부가 주도해야 할 기능이라는 사실에 의문이 제기되지 않는다. 대통령제의 권력분립을 확고하게 준수하는 미국에서도 20세기 이전에는 의회가 예산편성권을 행사하였으나, 의원내각제의 이러한 관행을 본받아 1921년부터 예산편성권을 행정권으로 간주해야 한다는 인식을 갖게 되었다.

의원내각제 국가에서 의회가 예산편성에 참여하지 않아야 한다는 관행을 정착한 가장 큰 이유는 예산편성에 대한 책임을 행정부에 명확하게 부여하고자 하기 때문이다. 행정부가 예산편성 과정에서 의회를 절대적으로 배제하는 것은 예산편성을 전적으로 행정부 소관으로 간주하는 체제가 예산에 대한 '해명책임'을 제고하는 데 도움이 된다고 인식하기 때문이다. 예산편성에 대해 행정부의 소관이 전적으로 인정될 때 책임의 분산이나 전가가 없어질 것이다. 이와 같이 책임의 경계를 명확하게 하고 해명책임을 극대화하기 위해 예산편성에서 의회의 참여를 배제하고자 하는 것이다. 만약 행정부가 의회에 예산편성 작업을 일부라도 위임한다면 행정부는 자신의 책임을 방기하는 것으로 간주된다.

그런데 많은 의원내각제 국가들에서도 행정부의 책임의식을 훼손하지 않으면서 의회가 예산편성에 일정한 역할을 수행하는 경우가 점차 늘어나고 있다. 이는 전통적으로 정치에서 합의를 중시하며 연립정부가 보편화되어 있는 국가에서 발전하였다. 예산편성 단계에서 의회 내에서 예산에 대해 광범한 토의가 이루어지는 대표적인 국가로 스웨덴을 들 수 있다. 스웨덴 의회는 행정부가 제안하는 재정총량의 수준을 결정하는데, 행정부는 의회가 승인한 총량범위 내에서 특정 부문 또는 프로그램에 지출을 배분하는 일련의 예산안을 작성하는 것이다. 스웨덴은 의원내각제 국가 중에서 의회가 예산편성 과정에 가장 많이 참여하는 국가로 볼 수 있다.

캐나다에서도 예산편성 단계에서 의회가 참여하는 공식적인 절차가 마련되었다. 1994년부터 행정부는 예산안을 제출하기 수개월 전에 '경제 및 재정현황'을 의회의 재정위원회Finance Committee에 제출하고 청문회를 개최하고 있다. 이 위원회는 재정현황에 대하여 청문회를 가진 후 예산에 포함되어야 할 사항을 정부에 지시하는 권고사항을 채택한다. 이러한 청문회가 최종 예산에 어느 정도 영향을 주는지 말하기는 어렵지만 이들이 예산편성 과정에서 중요한 절차로 자리 잡고 있다.

스웨덴의 경우에는 의회가 재정총량의 수준에 일정한 역할을 수행하지만, 그 외의 의원내각제 국가들에서 의회의 역할은 미세조정적이라 할 수 있다. 그럼에도 의회가 '사전예산Pre-Budget'에 대해 청문회를 개최한다면 일반 국민의 예산에 대한 제안을 독려하게 될 것이다. 예산편성 과정에서 국민의 의견을 반영하는 수단으로서 이러한 의회의 역할은 지금까지 의원내각제 국가에서 사실상 과소평가되었다고 할 수 있다. 예산편성 단계에서 국민의 참여를 제고하는 데 행정부보다는 의회가 주도적인 역할을 수행할 수 있을 것이다.

대통령제 국가에서는 의회가 예산편성 과정에 일정한 역할을 하는 경우가 많은데, 스웨덴과 캐나다 의회는 대통령제 국가의 의회와 비슷한 역할을 수행한다고 할 수 있다. 미국에서는 의회가 행정부 예산안을 거부하고 심지어 의회의 예산안을 관철하려고까지 한다. 행정부와 의회가 상호 독립해 있기 때문에 행정부 공무원들이 의회 내에서 행정부 예산안을 번복하고자 노력하는 경우도 허다하게 나타난다. 반면 의원내각제 국가에서는 예산편성에 대한 행정부 요원들 사이의 논쟁이 의회보다는 행정부 내에서 나타나고 있다.

## 의회의 예산승인

### 행정부 신임의 문제

의원내각제이건 대통령제이건 관계없이 예산편성은 기본적으로 행정부의 기능이지만, 예산의 승인은 전적으로 입법부의 기능이다. 예산에 포함되는 내용이 조세에 관한 사항이건 지출에 관한 사항이건 관계없이 예산승인은 예산의 내용들에 대하여 법적인 권한을 부여하는 것이다. 그런데 법적 권한을 부여하는 것은 의회의 기본적 기능이기 때문에 예산승인은 곧 의회의 일이 되는 것이다.

예산항목에 관한 법적 권한의 부여는 수년에 걸쳐 지속될 수도 있지만, 원칙적으로 매 연도마다 단년도의 지출에 대하여 법적 승인이 이루어진다. 조세의 경우 일단 법률이 성립하면 지속적으로 효력을 갖기 때문에 그 부과 또는 적용을 변경하지 않는 한 추가적인 법적 승인이 필요하지 않다. 그러나 특정 조세 또는 세율이 매년 의회에서 확인될 필요가 있는 경우도 있을 것이다. 또한 세출의 측면에서 금전의 지출승인은 원칙적으로 매년 이루어지지만, 1년 이상의 기간 동안 효력이 부여되거나 무한정의 기간 동안 적용될 수도 있다. 다년도에 걸쳐 적용되는 경우에는 매년 의회에서 법적 권한이 갱신될 필요는 없을 것이다.

의원내각제 국가에서 예산승인은 행정부에 대한 의회의 신임을 의미한다. '신임'이란 행정부의 최고 의사결정기구인 내각에 대하여 의회의 지원이 있음을 의미하고, 행정부와 내각이 이전과 동일하게 통치를 지속할 수 있다는 것을 의미한다. 내각이 제출한 예산안이 의회에서 승인되지 않는다면 당해 내각은 의회의 신임을 상실한 것으로 간주된다. 행정부는 의회가 예산을 통과시키도록 적극적으로 설득하지만 통과에 실패한다면 행정부는 통치를 계속하기가 어렵다고 간주되는 것이다.

만약 행정부의 예산안이 의회를 통과하지 못하여 의회의 신임을 받지 못한다면 새로운 내각이 구성된다. 그런데 새로운 내각의 구성이 의회에서 실패한다면 수상은 의회를 해산하고 총선을 시행한다. 이때 선거를 관리하기 위한 임시적인 내각이 구성되는데, 이러한 선거관리 내각은 선거기간 동안 행정부의 계속적 운영을 위하여 필요하다면 정파에 중립적인 예산을 제출할 수 있다. 의회는 이 기간 동안 잠정적interim 예산권한을 부여하거나 연장하는 데 동의할 수 있다.

그런데 의원내각제에서 신임이 규정되고 작용하는 방법은 헌법과 정치적인 관행에 따라 결정되는데, 국가에 따라 또는 이슈에 따라 서로 다를 것이다. 캐나다에서는 1979년 행정부 예산안이 의회의 승인을 받는 데 실패함으로써 총선이 실시되었다. 물론 의회 내에서 총선 없이 내각을 재구성하는 것으로 합의가 이루어진다면 총선이 즉각적으로 이루어지는 것은 아니다. 총선 없이 다시 구성된 내각은 수상이 이전과 동일할 수도 있고, 또는 이전에 내각을 구성하였던 정당이 연립정부 내에 동일하게 포함될 수도 있다. 그러나 의원내각제 국가에서 예산승인은 매우 중요한 사항이기 때문에 예산승인의 실패는 행정부의 구성에 상당한 변화가 초래될 것이다.

그런데 예산에 대한 승인은 총량수준, 분야별 배분, 분야내 사업 등 세 가지 단계로 구분할 수 있는데, 이들 각각에서 행정부의 신임과 연계되는 정도는 서로 다를 것이다. 의회에서 이루어지는 첫 번째 수준의 예산승인은 '총량수준'에 관한 것이다. 총량수준에 대한 의회 승인을 위하여 의회에 제출하는 행정부 제안의 구체적인 형태는 헌법, 법률 그리고 의회의 규칙 등에 따라 서로 다를 것이다. 총량수준에 대한 승인은 그 합의를 선언하는 의회의 의결, 혹은 법률 또는 예산안 심의의 과정에서 나타나는 의회의 승인 등 다양한 형태가 될 수 있다. 총량수준에 대한 승인이 법적 요구가 아닌 정치 관습상의 문제라 할지라도, 이는 분명히 행정부에 대한 의회의 신임과 관련되는 본질적이고도 중대한 문제가 될 것이다.

예산승인이 이루어지는 두 번째 수준은 '예산의 분야별 배분'으로서 예산에서 제안하는 여러 정책들에 대한 승인과정으로 볼 수 있다. 예산제안연설Budget Speech은 경제의 여러 부문들과 관련되는 서로 다른 정책제안들을 선언하고 연결하는 유용한 수단이다. 예산에서 표명되는 여러 정책제안 중 일부가 의회에서 패배 또는 차질이 생기더라도 이를 예산안 전체에 대한 불승인 또는 패배로 연결시키기는 어려울 것이다. 예산에서 제시되는 여러 정책제안이 경제적으로, 또는 정치적으로 모두 동일한 중요성을 가진다고 할 수는 없다. 한 가지 정책이 불승인 또는 패배할 때 이는 행정부를 당황하게 하지만 신임의 문제와 직결되는 것으로 심각하게 생각할 필요는 없을 것이다. 물론 내각이 특정한 정책을 신임의 문제와 연계하여 당해 정책이 통과되지 않을 때 사임할 것을 선언한다면, 이는 정책의 패배를 의미하며 곧바로 내각불신임으로 연결될 것이다.

그런데 내각이 사임하고 다른 정당이 내각을 구성하거나, 또는 조

기총선하는 것을 의원들은 예산을 불승인하는 것보다도 더 혐오할 수 있다. 따라서 의원들은 예산안에 담긴 정책들을 싫어하더라도 현재의 내각을 지지할 수 있기 때문에 내각은 원안대로 통과되지 않으면 사임하겠다고 위협할 수 있다. 결국 예산에 포함된 일부 정책들에서 행정부가 패배한다고 하여 내각이 자동적으로 사임해야 한다고는 할 수 없다. 물론 야당은 정책승인의 실패가 곧 내각에 대한 불신임이라고 정쟁적 차원에서 주장할 수 있지만, 개별 정책의 패배가 불신임으로 연결되는지의 여부는 당해 패배의 정치적 중요성에 좌우될 것이다.

검토의 세 번째 수준은 '분야내 사업'으로서 개별 지출항목에 대한 의회의 승인이다. 이는 의회의 세 가지 예산승인 내용 중에서 정치적 중요성이 가장 낮은 분야라 할 수 있다. 여기서는 원칙적으로 정부가 제출한 형태로 예산항목 또는 지출승인 제안이 모두 통과하지는 못하더라도 그 자체가 정부의 불신임으로 간주되지는 않는다.

그런데 이는 국가에 따라 그 성격을 다소 달리하고 있다. 세부적인 '예산계수'에서 행정부가 패배하는 경우가 잘 나타나지 않는 국가에서는 어쩌다 한 번 나타나는 패배의 정치적 의미가 매우 심각할 수 있다. 호주는 의회에서 행정부의 예산계수가 수정되는 경우가 매우 드문 국가인데 1994년에 특정 지출항목에서 자본지출을 감축하는 수정안이 행정부의 반발 속에서 의회를 통과하였다. 이는 당시 정치적으로 큰 쟁점이 되었으나 내각불신임으로까지 연결되지는 않았다.

반면 정부의 예산안이 통상 변경되는 국가에서도 일부의 예산항목은 본질적인 것으로 간주되어 의회의 수정이 개별적으로 또는 누적적으로 매우 중요하거나 치욕적인 수준이 되어 행정부의 국정수행

능력에 영향을 줄 수도 있다. 이는 당시의 국가적 상황에 따라 나타나는 정치적 문제일 것이다. 또는 의회의 규칙을 통하여 내각불신임의 문제를 예산계수의 수정과 명시적으로 또는 묵시적으로 연결시킬 수 있다. 예컨대, 수상과 내각의 봉급을 삭감하는 형태로 내각불신임을 표현할 수도 있을 것이다. 따라서 개별 예산항목에서의 행정부 패배는 거시 총량수준의 패배보다 정치적으로 덜 중요하지만, 내각불신임의 문제와 완전히 무관하다고 할 수는 없다.

### 예산승인의 시기

행정부의 예산안이 의회의 승인을 얻는 데에는 일정한 기한이 존재한다. 그러나 의회는 예산을 불승인하거나 영구적으로 승인을 연기할 수도 있다. 이는 어떠한 의회에서도 이론적으로 가능한 정치적 결정이기 때문에 예산에 대한 의회의 승인을 강제할 어떠한 법적 수단도 없으며, 또 그렇게 할 수도 없을 것이다. 만약 강제한다면 이는 의회 민주주의에 대한 부정으로 생각될 수 있을 것이다.

그런데 회계연도 개시 이후에까지 예산승인이 보류 또는 거절된다면 어떠한 해결책이 있는가? 즉, '예산불성립 시 예산'은 무엇이 되어야 하는가?[30] 물론 지출승인 또는 예산항목에 따라서는 특정 회계연도를 넘어 영구적이거나 또는 수년에 걸쳐 지출될 수 있는 경우도 있다. 이러한 예산항목들에서는 회계연도 개시까지 예산승인이 이루어지지 않더라도 지출의 적법성은 영향을 받지 않고 이전과 동일한 방

---

30 McGee(2007)는 예산불성립 시 예산을 '복권예산(復權豫算, reversionary budget)'이라고 칭하고 있다. McGee(2007), pp. 59-60 참조.

법에 따라 지출될 수 있을 것이다. 그런데 예산승인이 보류 또는 거절됨으로써 이전에 승인된 예산에서 제공된 법적 권한이 만료되어 어떠한 추가적인 지출도 불법이 되는 경우도 나타날 것이다.

이러한 극단적인 경우를 완화할 수 있도록 의회는 최종적인 예산 승인을 앞두고 일정한 기간 또는 일정한 내용의 '가예산假豫算'을 잠정 승인할 수 있다. 가예산이 승인되면 정부는 이들에 기초하여 운영될 수 있는 것이다. 최악의 경우 일정한 내용의 가예산이 회계연도 전체에서 승인되는 유일한 지출권한이 될 수도 있을 것이다. 그런데 헌법 또는 법률에서는 의회가 예산승인에 실패하거나 일정 기한까지 통과하지 않을 때 소위 '예산불성립 시 예산'에 대하여 별도의 조항을 구비할 수도 있을 것이다.

행정부의 입장에서 특별히 선호하는 방법은 행정부 예산안이 임시적으로 실행될 수 있도록 하는 것이다. 그러나 이는 의회의 승인 없이 예산이 집행된다는 측면에서 민주주의 정신에 위배된다는 반론이 있을 수 있다. 또 다른 방법으로는 이전 연도에 승인된 예산을 기준으로 하는 것인데, 정상적인 정부활동의 지속을 허용하면서 의회가 행정부의 예산제안을 토의하고 협상할 수 있다는 점에서 채택 가능할 것이다. 어떠한 방법을 택하건 그것이 헌법과 법률에 기초하여 민주적으로 결정되었다면 민주주의의 기본원칙을 위배한다고 말할 수는 없을 것이다.

예산의 내용에 대한 의회의 승인과정에서 '예산불성립 시 예산'에 대해 갖고 있는 규칙은 의회와 행정부의 상대적 입장을 강화 또는 약화시키기 때문에 매우 중요하다. 만약 '예산불성립 시 예산'의 결과가 행정부가 선호하는 예산과 상당히 다르다면 의회는 예산승인의 대가로 행정부의 양보를 이끌어낼 가능성이 더 높아진다. 예컨대, 만약 예산승인이 이루어지지 않을 때 일체의 지출권한이 없어지는 것이라면 행정부는 '국정폐쇄'라는 결과보다는 '타협'을 선택할 가능성이 높아질 것이다. 미국 클린턴 정부 시절에는 부분적으로 정부가 폐쇄되기도 하였다. 반대로 예산이 승인되지 않더라도 행정부의 예산안이 그대로 또는 거의 비슷하게 실행될 수 있다면 행정부가 의회와 타협할 유인이 감소할 것이다.

### 의회 내 심사절차

의회의 위원회는 그 소관업무가 기능을 중심으로 규정되기도 하고 정부 업무의 특정 분야를 대상으로 규정되기도 한다. 전자는 위원회가 소관하는 부문과 상관없이 그 기능과 관련되는 모든 업무를 관장한다. 영연방 국가에서 채택되는 '공공회계위원회Public Accounts Committee'는 이러한 성격의 기능적 위원회이다. 공공회계위원회는 공공회계를 점검하는데 정부 업무의 부문별 영역(국방, 보건, 산업 등)과 상관없이 감사원장Auditors-General의 보고서를 검토한다. 반면 분야별 업무를 중심으로 규정된 위원회는 정부의 특정 영역 내에 해당하는 문제를 처리한다.

일반적으로 예산심사는 기능적 유형의 위원회에서 '부문별' 형태의 위원회로 전환되는 경향이 나타나고 있다. 과거 영국에서는 '예산계수 점검'이 범정부적 계수조사를 수행하던 '계수위원회Estimates Committee'에서 수행되었다. 이제는 특정 부처와 관련되는 위원회-즉, 재정성 지출은 재정위원회, 국방성 지출은 국방위원회 등-에서 수행되고 있다. 부문별 위원회에서 예산심사가 집중적으로 이루어지는 이와 같은 변화는 재정운용과 비재정적 정부정책을 통합적으로 조정하고자 하는 것이다.

의회 내 위원회 조직이 결정되면 예산안 심사에 대한 업무는 각 위원회에 배분되어야 할 것이다. 한 가지 방법은 부문별 위원회에 각 부문별 업무를 분산 배분하는 것이다. 이는 책임영역 내에서 전문성을 제고하고 당해 부문 내의 다양한 프로그램들에 대해 더욱 심층적이고도 효과적인 검토를 유도할 수 있을 것이다. 그런데 각각의 위원회는 예산의 특정 부문에 집중하지만 예산안의 전체 그림에 대해 책임을 지지 않는다. 다시 말해, 전반적인 재정구조에 대해 자세한 검토를 할 수 없을 것이다.

의회 내에서 예산심사를 부문별로 접근함과 동시에 전체적인 재정을 조명한다면 부문별 예산심사에 따른 결점을 보완할 수 있을 것이다. 전반적인 재정구조는 행정부가 조명하겠지만 스웨덴과 같이 의회에 의해 사전에 승인될 수도 있다. 또한 예산위원회Budget Committee, 재정위원회Finance Committee 또는 지출승인위원회Appropriation Committee 등과 같은 특정 위원회가 부문별 위원회의 승인과정을 전체적으로 총괄할 수 있을 것이다. 이 위원회는 예산항목들에 대한 심사를 부문별 위원회에 할당하고, 일정한 심사기준과 일관성을 유지하며 전체 재정구조에 부합하는 방법으로 다양한 권고사항들을 정리한다. 의회는 이러한 방법으로 예산승인 기능을 체계적으로 수행할 수 있다.

캐나다 하원은 2000년대에 이러한 방법으로 의회의 예산승인 과정을 개편하였다. 캐나다의 예산계수 점검이 전체적인 조명 또는 총량적 수준의 점검이 부족하다고 비판받았기 때문이다. 모든 위원회가 각자 예산계수 업무를 수행하였는데, 부문별 위원회의 작업과 동시에 계수심사를 지도하고 감독하는 책임을 진 '정부운영과 계수위원회Government Operations and Estimates Committee'가 설치되었다. 이는 기능별 접근과 부문별 접근의 장점을 결합할 것으로 기대되었다. 계수심사에 대한 절차를 체계적으로 정비하여 각종 정보를 모든 위원회가 공유할 수 있도록 하였고, 특정 부문에 관심과 지식을 가진 위원들이 예산항목의 심사에 직접 관여하였다.

### 예산의 수정

의회가 예산을 수정하는 범위는 예산승인이 '내각불신임'과 어느 정도로 연관되어 있는가에 따라 서로 다르다. 예산승인을 전적으로 또는 대체적으로 행정부에 대한 의회의 신임으로 간주하는 체제하에서는 예산의 수정이 거의 없거나 전혀 없다. 반대로 신임의 문제로 보는 시각이 약한 체제하에서는 예산수정이 더욱 보편적으로 이루어진다. 그러나 의원내각제 국가들에서 예산의 수정은 기본적으로 제출된 예산안의 극히 일부에 그친다. 정부의 예산안은 의회에서 논의의 출발점이기도 하지만 대체적으로 의회 예산절차의 목표점이기도 하다.

대표적인 대통령제 국가인 미국에서는 의회가 행정부 예산안을 광범위하게 수정하는 권한을 갖는다. 그러나 미국은 의원내각제가 아니므로 예산안의 승인과정에서 대통령에 대한 신임을 결정하는 의미를 담고 있지는 않다. 물론 대통령에 대한 탄핵이 구비되어 있지만 예산승인과 관련하여 탄핵이 진행되는 것은 아니다.

의원내각제 국가가 대통령제보다 의회의 예산수정 권한을 극도로 제한하는 이유는 의회의 위원회 또는 개별 의원들이 많은 권한을 가

지면 예산의 해명책임성이 희석 또는 모호하게 된다는 인식을 갖고 있기 때문이다. 행정부로 예산의 책임을 집중시킬 때 예산에 대한 해명책임이 명확하게 된다는 전통을 갖고 있는 것이다. 의원내각제 국가들은 미국과 같은 의회제도가 정책수립과 책임을 분열시키는 단점을 갖고 있다고 생각하는 것이다. 그러나 의원내각제 국가에서도 의회의 권한을 일부 허용하더라도 예산에 대한 책임의 명확성은 저해되지 않고 조화될 수 있을 것이다.

그런데 의원내각제에서 행정부가 위임전권carte blanche을 가지고 있는 것은 아니다. 행정부는 항상 의회의 정치적 신임에 의존하기 때문에 이를 유지할 수 있어야 한다. 1986년 파키스탄에서는 여당 내에서조차 예산안에 대한 지지를 보장할 수 없다는 것이 행정부에 명확해졌을 때 행정부는 편성한 예산을 철회하고 새로운 예산을 제시하였다. 행정부가 예산의 승인과정에서 공개적으로 망신을 당하는 것보다 예산을 철회하는 방법으로 더 큰 정치적 문제를 관리했던 것이다. 이러한 상황은 소수당이 연립하는 정부에서 더욱 일반적으로 나타난다.

1998년 OECD 조사에 의하면 조사된 국가의 97%가 의회에서 상당한 변경 없이 예산이 통과되고 있다.[31] 동일한 의원내각제라 하더라도 영국식 제도는 공식적 절차 또는 정치적 관행에 의하여 유럽 대륙의 여타 의원내각제보다 그 수정이 더욱 제한된다.[32] 예컨대, 독일

---

31 Sterck, Miekatrien and Bouckaert, Geert, 2006, "The Impact of Performance Budgeting on the Role of Parliament: A Four Country Study", 2nd Transatlantic Dialogue, Leuven, 1–3 June 참조. McGee(2007), p. 78에서 재인용.

32 Schick(2001) 참조.

의회의 위원회들은 예산승인에서 여타 의회의 위원회보다 더 큰 영향력을 행사한다는 특징을 갖고 있다. 독일에서는 행정부와 의회의 다수당이 정치적으로 동일하지 않기 때문에 나타나는 현상으로 볼 수 있는데, 예산의 수정은 신임의 문제와 강하게 연관되지 않는다.[33] 반면 영국식 내각제에서는 행정부와 의회 다수당 사이의 소통이 원활하여 이들 각각이 추구하는 정책적 시각이 서로 다를 가능성이 훨씬 더 적다.

의회가 예산을 크게 수정하지 못한다는 사실을 잘못된 일로 간주할 필요는 없다. 예산과정에서 의회의 역할을 예산이 수정되는 범위에 따라 판단할 수는 없을 것이기 때문이다. 만약 예산이 상당한 정도로 수정된다면 그것은 애초의 예산편성이 잘못되었다는 것을 의미할 수도 있다.

의원내각제 국가에서 예산수정에 대한 제한은 공식적인 규칙과 절차에 의해 확립되어 있는 것은 아니다. 역사적으로 보면 행정부인 국왕이 조세를 인상하여 전쟁 수행과 같은 정책을 실행하고자 할 때 의회는 이를 통제하는 역할을 주로 수행하였다. 따라서 의회의 역할은 행정부의 예산안을 의회의 것으로 대체하려고 하기보다 이를 동의하거나 거부하는 것으로 생각하였다. 이러한 역사적 경험으로 인하여 조세와 지출을 증가시키려는 행정부로부터 시민들을 보호하는 것이 의회의 역할로 이해되었던 것이다.

따라서 조세와 지출 제안은 행정부만이 할 수 있고 의회는 여기에 반대하거나 감액하는 변경만을 제안할 수 있다는 관례가 정치적 관

---

33 Schick(2001) 참조.

행으로 발전해온 것이다. 만약 의회가 행정부의 정책에 동의하지 않는다면 의회는 행정부를 해고할 수 있는 헌법적 권한을 갖는다. 그러나 의회가 행정부의 행정권 자체를 직접 행사해서는 안 된다고 생각하는 것이다. 의회는 행정부를 통하여 통치하지만 의회 자신이 통치행위를 직접적으로 할 수는 없는 것이다.

그러나 행정부의 책임성을 훼손하지 않는다면 예산승인 과정에서 의회의 예산의지를 일정한 정도 인정할 수는 있어야 할 것이다. 승인과정에서 의회가 예산의 가치를 제고할 수 있어야 한다는 인식이 의원내각제 국가에서도 점점 확산되고 있다. 또 의회의원과 일반인의 입장에서 볼 때 예산수정의 가능성이 일부라도 있을 때 그 자체가 예산심사에 대한 관심을 자극하고 참여를 보상할 수 있기 때문이다. 승인과정이 무의미하고 예산이 이미 확정되어 있다면 예산심사에 참여할 의지는 훼손될 수밖에 없을 것이다.

의회는 예산과정에 일반인들이 직접 참여하고 더 광범하게 토론을 촉진시킬 수 있다는 점에서 행정부보다 장점을 가진다. 따라서 예산을 검토하는 의회는 일반인의 의견 제시에 개방적이어야 하며, 또 의회는 적정한 수정을 가할 수 있어야 할 것이다. 그러나 무엇보다도 예산의 세부 내용에 대해 의회의 기여가 더욱더 커지도록 정치문화가 변경될 필요가 있다. 이것이 가능한지의 여부는 각 정치체제의 정치적 요인에 따라 좌우될 것이다.

예산과정은 실질적으로 '정책승인의 과정'인데 야당은 여당의 정책에 대하여 그 대안을 제시할 수 있도록 하는 것이 바람직할 것이다. 따라서 예산안의 변경을 제안하고자 하는 의원들이 지출의 감액에만 한정되는 것은 적절하지 않을 것이다. 또한 제안된 예산안의 변경은 그 제안자가 이를 반드시 달성하려고 한다기보다 자신의 의지를 상징적으로 표현하는 것으로 생각되어야 한다.

## 승인예산의 지출의무

예산이 승인되면 일련의 정책들은 확정되고 이들 정책을 집행하는 데 필요한 예산권한들이 확정된다. 예산을 통해 행정부는 예산권한을 갖고 정책을 집행할 수 있게 되는 것이다. 따라서 '예산집행'은 기본적으로 행정부의 책임이다. 그런데 예산집행에서 제기되는 우선적인 의문은 행정부가 승인된 예산을 집행할 의무가 있는가 하는 것이다. 일반적으로 예산은 행정부가 제안한 것인데, 의회에서 예산을 집행해도 좋다는 승인을 받았다면 행정부가 이들을 집행하지 않는다면 잘못된 일일 것이다. 예산을 집행하기 위해 준비한 것이 아니라면 왜 이들을 위해 의회에서 그렇게 많은 논란을 겪어야 하는가!

그런데 정부가 이들을 바람직하다고 생각하여 예산안에 포함시켰으나 승인된 이후에 다시 생각해본다는 것은 이해할 수 있는 일이다. 또 의회가 승인한 예산을 집행하는 것이 좋은 방안이 아니라고 결정할 수도 있는 것이다. 이 경우에는 예산집행에 대해 행정부가 법적 의무를 진다는 주장에 의문이 제기될 수 있다.

미국에서는 의회가 다양한 사업들을 예산에 포함시킬 기회가 많다. 만약 행정부가 의회 논의과정에서 이들에 찬성하지 않았더라면 의회에서 승인된 예산항목을 집행하지 않을 가능성이 훨씬 더 크다. 미국에서는 이를 '지출유보impoundment'라고 하는데, 지출유보에 대하여 의회와 행정부 사이에 많은 논쟁을 불러일으켰다. 의회가 예산지출을 요구한다면 과연 대통령은 당해 예산을 집행해야 할 의무가 있는가? 미국의 이러한 지출유보 논쟁은 강력한 권력분립의 원칙에 따라 나타나는 특징이다. 지출유보는 의원내각제 또는 상대적으로 덜 강력한 권력분립 원칙의 대통령제에서는 잘 나타나지 않을 것이다. 그러나 그렇다고 하여 이와 같은 집행상의 논쟁이 나타나지 않는 것은 아니다.

일반적으로 지출승인appropriation 권한은 지출이 반드시 이루어질 것을 요구하는 것이 아니라 지출을 할 수 있도록 하는 것이다. 이는 미국에서도 일반적으로 지지되는 입장이다. 만약 의회가 어떤 사항이 이루어져야 한다고 지시하고 싶다면 의회는 이를 예산과정의 일부로서 자금을 단순히 지출승인할 것이 아니라 통상적인 입법권을 활용해야 한다. 지출승인은 어떤 일이 행해져야 한다는 의회의 지시에 따른 필수적인 부산물이다.

의회의 지시가 효과가 없는 경우도 있는데, 예컨대 어떤 일이 행해질 것을 요구하는 수권授權 또는 사업승인authorization 법률을 통과하면서 이를 수행하는 데 필요한 자금을 승인하지 않는 경우도 있기 때문이다. 따라서 예산권한은 의회 지시의 결과로서 나타나지만 국가의 활동 그 자체를 추동하는 것은 아니다. 결국 예산승인 그 자체는 원칙적으로 정부가 어떤 수단을 집행하도록 강제하는 것이 아니라고 말할 수 있다.

그런데 예산에는 국민들이 법적 수급권entitlements을 갖는 지출에 충당되는 금전을 제공하는 내용도 포함된다. 사회보장급여 등과 같이 개인이 급여수급의 자격을 충족하고 이를 정부에 청구할 때 정부는 당해 금전을 지출하지 않는 결정을 할 수 없다. 이러한 상황하에서 정부는 당해 급여 등의 지급에 대해 법률적 의무를 부담한다. 사실 여기서는 의회가 관련 지출을 예산으로 승인하지 않더라도 지불 의무가 있다고 해야 할 것이다.

이러한 수급권에 의한 지출이 아니면서도 정부는 예산상의 승인을 집행할 의무가 있는 경우도 있다. 예산승인과 별개로 어떤 일이 행해져야 한다는 의회의 지시가 있다면 당해 수단의 타당성에 대해 행정부의 생각이 바뀌더라도 행정부는 당해 수단을 집행하고 여기에 승인된 자금을 지출할 법적 의무를 부담한다. 만약 행정부가 생각이 바뀌었다면 법률집행을 거부할 것이 아니라 당해 수단을 취소하도록 의회를 설득하는 것이 타당할 것이다. 의회가 부과하고 또 법원이 강제하는 법적 의무를 행정부는 수행해야만 할 것이다. 현실적으로도 많은 경우 예산승인과 무관한 법률에 그 의무가 규정되기도 하기 때문에 정부는 이를 집행해야 할 것이다.

또한 의회는 행정부의 집행내용을 의회에 보고하도록 요구할 수 있다. 이들 보고는 집행 진도에 따른 계속적인 보고, 예산집행과 부처의 성과에 대한 연말보고, 그리고 연중에 이루어지는 일반적인 경제 및 재정보고 등의 형태를 띨 것이다.

그리고 행정부는 원칙적으로 의회의 승인 없이 특별히 규정된 상황을 제외하고는 새로운 지출을 발의할 권한을 갖고 있지 않다. 새로운 지출이 정당하게 간주될 수 있는 경우는 지진, 쓰나미 또는 기타 자연재해 등과 같은 심각한 긴급상황에 대처하는 것이다. 이들 경우에는 예산승인과 무관하게 지출되어야 할 것이다. 이러한 상황에서 중요한 것은 행정부가 수행한 지출에 대해 완벽한 회계처리와 함께 취해진 조치에 대해 의회의 사후승인을 취득하는 것이다. 사실 이러한 긴급지출이 임기응변적으로 이루어지는 것보다는 예산규칙과 법률에서 개략적 용도를 규정하는 예비비를 통하여 행정부가 긴급하게 지출하는 것이 적절할 것이다.

## 의회의 사후평가

규정된 목적에 자금을 배분하는 체제하에서는 이들 자금이 어떻게 사용되었는지 점검하는 절차가 반드시 구비되어야 한다. 특히 이들이 승인된 목적에 맞게 집행되었는지를 확인해야 한다. 일반적인 회계감사를 포함하여 예산평가의 단계에서는 행정부보다 의회의 역할이 상대적으로 강한 것으로 인정된다. 정부지출에 대한 의회의 감시를 통해 의원들은 예산과정에서 중요한 역할을 수행할 수 있을 것이다.

기본적으로 '예산평가'는 자금이 적법하게 사용될 수 있도록 제반 지출에 대한 감사를 포함하고 있다. 그러나 예산평가는 이보다 훨씬 더 많은 것을 포함한다. 예산평가에서는 특정 연도의 예산과 직접적으로 연관되는 효과만을 파악하는 단선적인 관계가 성립할 수 없다. 이전 연도의 많은 예산에서 나타나는 영향 그리고 예산 이외에 공공부문의 활동에 의한 영향들이 종합적으로 연계되어 있기 때문이다. 불가능한 것은 아니지만 단년도 예산의 효과를 파악하기 위하여 이들 영향들을 구분해내는 것은 쉬운 일이 아니다. 물론 경제학적 분석을 통해 예산의 경제사회적 효과에 대한 판단을 시도할 수 있지만 의회와 그 위원회들이 스스로 이러한 일을 시도할 수는 없을 것이다. 이러한 이유 때문에 예산의 평가단계에서는 예산과정의 일부로 인식되지 않고 행정부 전반에 관한 평가로 이해되기도 한다.

## 감사

재무적 거래의 과정에서는 거래 합법성을 조사하는 증명의 단계, 즉 감사가 필요하다. 공공지출에 대한 감사는 부정과 부패를 방지하기 위해 확립되었으나, 그 목적은 이를 훨씬 넘어선다. 공공감사는 불법적인 관행뿐만 아니라 비효율적이고 불만족스러운 관행을 지적하며 이들을 개선 또는 제거하며 공공행정을 개선하는 수단이다.

모든 정부부처와 기관들은 내부의 자체 감사 시스템을 구비하고 있다. 내부감사에서는 전문적이고 개방적인 시각을 유지하기 위하여 감사위원회 등과 같은 기구에 외부인을 포함시키기도 한다. 내부감사의 기본적인 목표는 당해 기관의 관리자를 견제하는 것이 아니고, 회계와 재무보고를 증명할 때 이들의 적법성을 확인하는 것이다. 그러므로 관리자들은 효과적인 내부감사 절차를 조직의 필수적인 관리수단으로 간주해야 할 것이다.

이러한 내부감사와 함께 거의 모든 국가에서는 정부기관과 공공기관에 대한 외부감사의 필요성이 인식되고 있다. 대부분의 국가에서는 다양한 이름으로 불리는 '감사원장Auditor-General, State Auditor, Provincial Auditor'이 이러한 의무를 이행하는 책임관을 대표한다. 감사원장은 행정부의 통상적인 통제하에 있는 관료일 수도 있지만, 이보다 더 높은 보호를 받는 지위에 있다. 예컨대, 헌법 혹은 여타의 법률로 감사원장에 대해 특별한 규정을 두고 신분상의 안전을 보장하며, 또 어떤 경우에는 감사원장이 행정부로부터 독립되어 의회 공무원으로서 의회로부터 안전한 지위를 보장받는다.

원칙적으로 볼 때 감사원장의 업무는 대단히 중요하기 때문에 어떠한 경우에도 행정부의 간섭과 관리를 받도록 그 위치를 설계할 수는 없다. 효과적인 공공감사를 위해서는 감사원장 또는 그 직원들이 행정부로부터 지시를 받거나 종속되지 않아야 한다. 감사원장이 행정부로부터 충분하게 독립되는 것은 예산평가를 포함하여 효과적인 공공행정을 위해 필수적인 사항이다.

감사원장은 적정한 공공감사 기준을 마련하는 데 주도적인 역할을 수행해야 한다. 그런데 이들 기준을 설정하는 데 감사원장이 단독으로 책임지는 것보다 외부의 참여가 있는 것이 바람직하다. 감사원장이 행정부와 관련 기관들의 영향으로부터 독립성과 자율성을 가져야 하는 것처럼 감사원장 업무의 기초가 되는 감사기준에 대해서도 이를 검토하는 외부기구가 있어야 하는 것이다. 이는 공공부문에서 준수해야 할 감사기준을 승인 또는 추천하는 전문적인 감사기구 또는 감사 등에 관한 특별위원회가 될 수 있을 것이다.

그런데 감사의 기능은 지속적으로 발전하고 있는데, 이제는 더 이상 협소한 기준 또는 법률을 준수하는 데 한정되지 않는다. 업무에 더욱 광범한 분석적 접근이 채택되고 있다. 현금주의 예산에서 발생주의의 '자원예산' 또는 궁극적 결과를 중시하는 '산출예산'으로 변경된 국가들에서는 이러한 요구가 더욱더 많이 나타나고 있다. '산출예산'이란 이를 생산하는 수단인 투입물(요원, 사무용 기구 등)에 집중하기보다 예산집행의 결과로서 생산되는 산출물(정책 조언, 서비스 등)을 규정하는 데 주력한다. 예산의 이러한 변화로 성과기준(급여 처리, 응답 속도 등)을 규정하고 측정하는 시도가 필요하게 되었는데, 이러한 새로운 개념을 측정하기 위해 감사 기술과 관행은 진화하고 있는 것이다.

점차 공공감사는 특정 정책과 프로그램들이 얼마나 효율적이고 또 효과적으로 수행되는지에 관심을 갖기 시작하였다. 행정부와 의회가 논쟁을 하는 관심사인 정책의 정당성보다는 감사원장은 다음과 같은 의문들을 제기하는 것이다. 특정 정책이 약속한 결과를 실제 얻고 있는지, 그것이 예산과 시간의 제약하에서 달성되었는지, 수행과정에서 직면한 예기치 않은 문제점은 무엇인지, 목적들을 동일하게 달성할 수 있는, 그러나 더욱 효율적이고 경제적인 다른 방법은 없는지 등이다. 이러한 '돈의 값어치Value for Money' 또는 '성과감사'는 공공감사를 이전의 협소한 의미에서 탈피시키고 있다. 이러한 변화는 감사에서 회계적 지식 이상의 기술과 전문성을 필요로 하게 만들었다.

공공감사와 관련하여 또 다른 중요한 사항은 감사원장의 임무범위에 있다. 정부부처를 감사하는 책임은 당연한 것이다. 그러나 오늘날 정부조직은 단순히 부처에만 해당되는 것이 아니라 더욱더 복잡해졌다. 이전에 정부부처에서 수행되던 서비스에 대한 책임을 협회, 조합 등의 자율적인 기관들이 부담하고 있다. 준정부기관, 공기업뿐만 아니라 민관협력사업 등도 공공감사의 대상이 되어야 할 것이다.

### 의회의 평가

대부분의 영연방 국가에서는 공공지출을 평가하는 사후적 검토 기능이 전통적으로 공공회계 또는 유사한 이름의 의회 내 위원회에 부여되어 왔다. 물론 모든 국가가 '공공회계위원회Public Accounts Committee'라 불리는 상임위원회를 구비하고 있는 것은 아니다. 그러나 의회에서는 일반적으로 공공회계위원회의 기능을 담당하는 위원회를 최소한 1개 또는 2개 정도 갖고 있다. 그리고 전부는 아니지만 대부분의 공공회계위원회는 관례에 따라 야당 위원이 위원장이 된다.

공공회계위원회는 예산지출을 점검하는 데 한정되지 않는다. 공공회계위원회가 일반적으로 예산과정의 일부로서 간주되지 않는 이유는 바로 여기에 있다. 공공회계위원회의 특징 중 하나는 범정부적 책임을 수행한다는 것이다. 또한 공공회계위원회가 감사원장처럼 지출의 적법성보다는 광범한 성과평가에 집중하고 있다. 이들은 점차 정책의 집행방법 또는 이들이 더욱 저렴하게 또는 효과적으로 실행될 수 있었는지 여부 등 국민들이 '돈의 값어치'를 인정하는지 여부에 대해 관심을 갖기 시작하였다.

이와 같은 변화에도 불구하고 공공회계위원회의 전통적 원칙, 즉, 정책내용에 관여하지 않고 또 감사원장과 긴밀한 관계를 유지해야 한다는 원칙은 계속 유지되고 있다. 공공회계위원회는 정책의 내용에 대해서는 의문을 제기하지 않고 정책이 수행되는 방법에 대해 관심을 갖는다. 정책을 채택한 정부의 결정에 의문을 제기하지 않으면서도 공공회계위원회는 정책에 대해 중요하고도 논쟁적인 이슈들 – 즉, 적법성, 효율성 그리고 효과성 – 을 제기한다. 그런데 공공회계위원회의 임무에 대한 이러한 제약은 정부의 재정활동을 의회가 효과적으로 감시하는 데 성공할 수 있는 중요한 요소다. 만약 이러한 제한이 없었다면 의회의 재정감시는 합리적으로 이루어지지 않고 정치적 논쟁과 투쟁의 장이 되었을 것이다.

의회 내 여타 상임위원회도 의회의 특별한 요구에 따라 또는 당해부문 내 정부부처의 성과와 활동을 검토하면서, 그리고 일반적인 예산승인 과정에서 재정감시 기능을 수행할 수 있다. 그러나 이들 위원회들은 공공회계위원회처럼 정책선택에 의문을 제기하지 않아야 한다는 원칙에 구애받지 않는다. 부문별 상임위원회에서는 정책에 대한 논박challenging이 이루어진다. 여기서는 의원들이 결산감사와 같은 가치중립적인 작업보다는 정책 선택에 대한 '가치판단의 문제'를 적극 제기한다. 일반적으로 정치인들이 정책에 대해 자신의 가치를 표출하지 않는다면 국민들에게 의회는 별 의미 없는 조직이 될 것이다. 의회는 정책을 논박하는 장소로서 '정치'란 바로 서로 다른 가치들을 표출하는 것을 의미한다.

따라서 여타 부문별(또는 정책) 위원회와 비교하여 공공회계위원회가 수행하는 역할은 차별화되어야 한다. 정부부처의 계획, 예산 및 성과에 대해 의회가 치밀하게 점검한다는 사실이 정부부처의 장관과 관료들에게 각인되어야 할 것이다. 이러한 재정감시가 수행되는 기간에는 특별한 제한이 없어 예산의 집행에 대해 긴장감이 조성되어야 한다.

공공회계위원회의 업무를 지원하기 위하여 의회 사무처는 보고의무를 가진 정부부처의 실적을 추적追跡할 수 있는 데이터베이스를 유지해야 할 것이다. 정부부처는 의회 의장을 경유하여 해당 위원회에 연례보고서를 제출하고, 위원회는 감시보고서를 작성하는 의무를 부담한다. 위원회는 장관의 책임 있는 답변을 기대하는데, 성과가 부진하여 장관의 적절한 조치가 요구될 때 특히 그러하다. 그러나 집행 및 관리상의 문제를 해결하는 것은 의회의 역할이 아니고 행정부가 해야 할 일이다. 의회는 성과의 해명책임을 추궁하는 데 집중하고 행정부가 문제를 적절히 처리하는지 확인하는 역할을 수행하여야 한다.

# 4
## CHAPTER

# 미국 대통령제의
# 재정 권력구조 변천

본 장은 독립 이후 200여 년간 대통령제 국가로서의 권력구조를 안정적으로 정착한 미국의 재정 권력구조 발전과정을 설명하고자 한다. 의원내각제와 달리 대통령제에서는 '국민적 의지'가 의회와 대통령의 상호작용 속에서 결정되기 때문에 1980년대 이전만 해도 불안정한 제도로 인정받았다. 이러한 불안정한 요소 때문에 미국도 지난 200여 년간 재정 권력구조에서 상당한 변화와 발전의 노력이 있었다. 이러한 변화와 발전은 의회와 대통령 사이의 예산 및 재정권력이 시대에 따라 합리적 균형을 모색하는 과정이라 할 수 있다.

　재정권財政權에 대한 대통령과 의회의 투쟁에서 그 핵심은 이들이 서로 다른 시각을 병렬적으로 가지고 있다는 점이다. 이러한 투쟁은 사실상 '권력의 분립'이라는 제도 자체에 기인하는 것이다. 정책결정자인 의회는 법률에서 규정되지 않은 방법으로 자금이 사용될 때 이를 자신의 권한에 대한 위협으로 생각한다. 그러나 행정부는 예산편성의 목적을 가장 잘 달성할 수 있는 방법들을 자신들이 더 많이 알고 있다고 확신한다. 본 장에서는 미국의 재정권한이 의회와 대통령

사이에서 어떻게 변천하였는지 집중 조명할 것이다.

## 독립 직후의 무질서한 예산

미국의 독립이 있던 시기에는 영국과 유럽 국가에서 근대적인 예산 제도가 충분히 발전하지 못했다. 미국이 독립선언을 한 1776년 당시에 헌법 기초자들이 참고할 수 있는 가장 발전된 형태의 재정제도는 영국의 것이었다. 영국은 18세기 중반까지 근대적 재정제도의 여러 가지 요소를 충분히 발전시키지 못하였으나 최소한 '조세법률주의'와 '지출법률주의'는 보편적으로 확립되어 있었다. 미국의 헌법 기초자들은 영국 재정제도에서 발견되는 이 두 가지 요소의 중요성을 충분히 인식하여 1787년에 마련된 미국 헌법 제1조Article I에 이들을 명확하게 기술하고 있다. 특히 제1조 제9절Section 9 제7항Clause 7에서는 지출승인appropriation이 법률로 제정되는 '지출법률주의'를 엄격하게 규정하고 있다.

미국이 대통령제도를 택하였지만 초기의 재정제도 형성기에는 각부처의 관료들이 마치 영국에서처럼 의회와 직접적인 인간적 관계를 맺었다. 제1대 재정부Treasury 장관이었던 알렉산더 해밀턴Alexander Hamilton은 행정부 내에서 모든 재정적 문제에 대해 강력한 리더십을 발휘하였으며 지출과 수입에 대한 추정치를 작성하였다. 워싱턴George Washington 대통령은 재정부 장관을 절대적으로 신뢰하여 그에게 모든 것을 위임한 채 재정문제에 대해서는 거의 관심을 기울이지 않았다. 또한 초기에는 미국 행정부의 모든 부처들이 그 소관업무가 서로 연계되어 공식적인 질서가 없어도 부처 상호 간의 협의가 즉각적으로,

표 2 · 미국 헌법의 재정권 관련 조항

### 제1조(Article 1)

제1절(Section 1) 헌법에서 인정되는 입법권은 모두 상원과 하원으로 구성된 미국 의회에 속한다. …(중략)…

### 제8절(Section 8) 연방의회는 다음의 권한을 가진다.

조세, 관세, 부담금, 소비세를 부과하고 수령하며, 부채를 상환하고, 미국의 공동 방위와 일반 복지를 제공한다. 단, 모든 관세, 부담금, 소비세는 미국 전역에 걸쳐 획일적이어야 한다. 미국의 신용으로 금전을 차입한다. …(중략)…

앞에서 열거한 권한과 본 헌법에서 미국 정부 또는 정부의 각 부처와 기관에 부여된 여타의 권한을 집행하는 데 필요하고 적합한 법률 일체를 제정하는 권한을 가진다.

### 제9절(Section 9) …(생략)…

법률로 규정된 지출승인(appropriation)에 의하지 않고는 재정부(Treasury)로부터 어떠한 금전도 인출될 수 없다. 모든 공적자금의 수입과 지출에 관한 정기적인 보고와 계정은 수시로 공표되어야 한다.
…(이하 생략)…

또 쉽게 이루어졌다.[34]

연방의회에서는 하원이 '전원全院위원회Committee of the Whole'를 통해 비판과 통제의 기능을 행사하였다. 지출승인의 경우에는 '전원위원회'가 토의한 후 특정 위원회를 지정하여 당해 위원회의 의견을 반영하는 지출승인법안을 제출하도록 요구하였다. 그런데 1796년에 하원의

---

34 Burkhead(1956) 참조.

지출승인 절차가 변경되었는데 '세입위원회Committee on Ways and Means'가 설치되어 재정수입 및 지출예산에 관한 권한 모두가 여기에 집중되었다. 세입위원회는 1802년부터 영구적인 상임위원회가 되었다.

제퍼슨Thomas Jefferson 대통령 시대에 이르러 행정부 관료들은 의회의 일상사로부터 완전히 분리되었다. 내각과 의회 사이에는 직접적인 대면을 하지 않고 공문을 통한 의사교환이 이루어졌다. 연방의회는 위원회제도를 통하여 점차 입법권에서 주도권을 행사하기 시작하였으며, 행정부는 점차 입법과정에서 이전의 주도권을 상당 부분 상실하였다. 이 시기에는 행정부의 재량권을 제한하는 자세한 내용의 '지출승인법' 때문에 행정부와 의회 사이에 재정문제에 대한 마찰이 꾸준히 증가하였다.

미국이 독립한 이후 초기의 예산과정에서 부각된 중요한 쟁점사항은 재정통제의 필요성과 행정적 신축성 사이의 갈등이었다. 미국에서는 예산이 지출승인법Appropriation Act을 통해 법적 효력을 가지는데 1789년에 제정된 최초의 지출승인법은 150여 개의 단어로 구성될 만큼 그 분량이 짧을 뿐만 아니라 인건비 21만 6000달러, 전쟁부 13만 7000달러 등과 같이 매우 광범한 범위의 정액자금을 제공하였다. 1790년과 1791년의 지출승인법도 같은 형식을 취하여 이들 법률의 분량은 모두 한 쪽을 벗어나지 않았다. 이는 미국 최초의 재정부 장관이 되었던 해밀턴의 생각을 반영한 것이었다. 그는 행정권을 중시하여 행정부가 재량적인 판단하에 지출할 수 있는 정액규모의 지출승인을 선호하였던 것이다.[35]

---

35 Pfiffner(1979), 제2장 참조.

그러나 제퍼슨을 중심으로 한 공화주의자들Republicans은 이를 의회 재정권에 대한 위협으로 간주하여 재정부 장관 해밀턴의 권한이 확대되는 것을 우려하였다. 이들은 행정부의 권한을 억제하기 위하여 1790년부터 점차적으로 지출승인법의 내용을 자세하게 규정하기 시작하였다. 1795년 해밀턴이 사임했을 때 하원은 세입위원회Committee on Ways and Means를 설치하여 의회에 대한 예산의 해명책임성을 강화하고자 하였다. 세입위원회는 1802년 상임위원회로 전환되었지만 그 전까지 매년 구성되었다.

당시 세입위원회에 소속되었던 갤러틴Albert Gallatin 의원은 예산항목을 비목별費目別로 구분하여 지출승인이 이루어지도록 여러 차례 개정안을 제시하였다. 1790년대 후반에 이르면서 당시의 재정부 장관은 지나치게 세부적인 지출승인에 대하여 다음과 같이 불만을 터뜨렸다.

재정부의 재량은 점점 더욱더 어렵게 되었다. 입법부는 예산항목을 정액으로 편성하지 않는다. 지출승인은 세부적이어서 예산항목을 편성하는 갤러틴 의원은 비현실적인 내용을 요구하며 재정부를 간섭하려는 의지를 분명히 가지고 있다.[36]

그러나 갤러틴 의원조차도 행정부에 재량권을 부여할 필요성을 인식하고 있었다. 즉, "입법부가 자금의 지출용도를 모두 자세하게 예견하기란 불가능하며, 관련 행정부처에 적절한 재량권을 부여해야 한

---

36 Wilmerding(1943), p. 46 참조. Pfiffner(1979), p. 10에서 재인용.

다."[37] 이러한 입장은 1801년 제퍼슨 대통령이 갤러틴을 재정부 장관으로 임명한 이후 더욱 강화되었다. 행정부의 본질적 속성은 재량권을 더욱더 많이 확보하여 자신의 판단으로 예산항목을 집행하고자 하는 것이다. 예산제도의 측면에서 볼 때 이러한 목적을 달성하기 위해서는 예산항목 사이에 자금의 전용을 보장하는 것이다. 이러한 전용제도는 1801년에 확립되어 점진적으로 확대되기 시작하였다.

예산항목의 전용은 행정부가 지출승인법에 규정된 목적 이외로 자금을 지출하고자 할 때 가장 보편적으로 사용하는 방법이다. 그런데 행정부의 재량권을 강화하는 또 다른 방법은 '보결자금補缺資金, deficiencies'을 요구하는 것이다. 이는 예산항목으로 규정된 금액을 이미 지출한 후 사업의 지속을 위해서는 추가자금이 필수불가결하다고 의회를 설득하는 것이다. 정부부처가 보결자금을 요구하면 원칙적으로 의회는 이를 거부할 수 있지만, 실제 보결자금의 요청이 있을 때 의회가 그 승인을 거절하기란 사실상 어려웠다.

그런데 조직화된 정당이 출현하면서 입법에 대한 행정부의 영향력이 대통령에 의해 행사되기 시작하였다. 즉, 대통령은 행정부 수반으로서의 역량뿐만 아니라 정당 지도자로서의 역량을 발휘하였다. 대통령의 역할이 이와 같이 확대되는 현상은 헌법 기초자들도 예견하지 못했던 것으로서 그들의 원래 의도에 배치되는 것으로 생각되었다. 초기의 하원의원들 중 일부는 재정문제에 대한 행정부의 역할은 오직 보고에 한정되어야 하는 것으로 간주할 정도였다. 이러한 인식에도 불구하고 대통령의 확대된 권한과 함께 미국의 예산제도가 발

---

37 Wilmerding(1943), p. 38 참조. Pfiffner(1979), p. 10에서 재인용.

전해나갔다.

1865년 하원에 '지출승인위원회Committee on Appropriations'가 설치되기 이전까지 세입위원회Committee on Ways and Means는 지출예산에 대한 권한을 행사하였다.[38] 1802년부터 1865년 기간 동안 재정부 장관은 그의 연례보고서와 매 회기 시작 시 여러 정부부처와 기관들의 지출요청서를 정리한 '명세서Book of Estimate'를 제출해왔다. 여기서 재정부 장관의 기능은 극히 사무적이었다. 그는 각 부처의 지출명세서를 분류하고 이를 의회에 이첩하는 정도에 불과하였다. 그는 각 부처의 요청들을 비판, 수정, 감축 또는 조정하지 않았다. 행정부의 내각 역시 이 요청들을 재정계획이라는 제도하에서 총괄·조정하지 않았기 때문에 국가재정에 대한 대리인으로 기능하지 않았다.

오히려 이 기간 동안에는 하원의 세입위원회가 정부의 재정상태에 대한 포괄적 조명을 할 수 있다는 측면에서 계획기구로서 기능하였다. 그런데 세입위원회의 계획은 각 부처가 차례차례 보고하는 과정을 통해서만 이루어졌기 때문에 모든 요구를 특정 시점에서 총괄적으로 조정하는 작업이라 할 수는 없었다. 1865년에 처음으로 하원에 별도의 '지출승인위원회'가 설치되었고, 그에 따라 의회의 예산심사 과정에서 있었던 수입과 지출의 통일성이 분산되기 시작하였다. 1885년에는 지출승인 추천권한을 가진 8개의 위원회가 하원에 있었는데 점차 10개로 늘어났다. 곧이어 상원에서도 8개의 상임위원회에

---

38  1865년 3월 2일 미국 의회는 지출승인(appropriation)과 화폐금융(banking and currency)에 관한 기능을 세입위원회로부터 분리하였다. 지출승인에 대해서는 '지출승인위원회'를, 화폐금융에 대해서는 '화폐금융위원회(Committee on Banking and Currency)'를 각각 설치하였다.

지출승인항목 편성권한을 위임하였다.

지출승인의 추천 및 편성권한이 의회 각 위원회에 분산되기 시작한 1880년부터 1909년 사이는 연방재정이 극단적으로 방만하게 운영되는 시기였다. 이 시기를 서술하는 유명한 은유적 표현을 제임스 브라이스James Bryce는 1888년에 다음과 같이 기술하고 있다.

여기서 설명한 의회의 재정 시스템하에서 미국은 매년 수백만 달러를 낭비하고 있다. 그런데 미국의 부는 너무 많고 또 수입도 너무 증가하고 있어 미국은 이 낭비를 인지하지 못하고 있다. 미국은 청춘의 찬란한 특권, 즉 결과에 따른 고통을 받지 않고 실수를 범할 수 있는 특권을 누리고 있다.

미국은 그 자신의 세계에 살고 있다. 미국은 공격으로부터 안전하고, 위협으로부터도 안전하며, 유럽의 종족 간, 종교 간 전쟁의 울부짖음을 멀리서 듣고 있다. 마치 에피쿠스의 신들이 그들의 아름다운 거주지 아래에 펼쳐 있는 불행한 지구의 중얼거림을 듣는 것처럼….[39]

이 시기에 의회가 직면한 가장 중요한 재정문제는 관세로 인한 대규모 흑자를 매년 어떻게 처분할 것인가였다. 클리블랜드Cleveland 대통령은 1887년 12월 6일 의회에서 다음과 같은 연설을 하였다.

즉각적이고 신중한 검토가 절박하게 필요한 국가재정의 조건들에 대해 의원들은 입법적 의무를 다해야 한다는 위기에 직면하고 있다.

---

39 James Bryce, *The American Commonwealth*, Vol. I, Macmillan & Co., London, 1891, p. 179와 p 303 참조. Burkhead(1956) p. 11에서 재인용.

현행 법률에 따라 매년 기업과 국민들의 필수품으로부터 가차 없이 거둬들어야 할 금액은 정부경비를 충당하는 데 필요한 금액을 훨씬 초과하고 있다. …(중략)…

국세의 부담자들에게 요구하는 이러한 잘못은 일련의 사악한 결과로 증폭되고 있다. 국고는 …(중략)… 무역과 사람들의 사용처로부터 불필요하게 갹출한 자금의 저장고가 되고 있다. 그리하여 우리 국가의 에너지를 병들게 하고 노략질할 궁리만 만연하고 있다.[40]

대통령은 재정부가 당해 회계연도 말까지 약 1억 4000만 달러에 달하는 흑자를 기록하고 있음을 지적하였다. 재정문제에서 미국이 '청춘의 찬란한 특권'에 해당되는 이 시기에 막대한 재정흑자로 인하여 지출에 대한 엄격한 법률·행정적 통제가 없었다는 것은 오히려 당연한 일이었을 것이다. 다수의 의원들이 자금의 지출권한을 갖는 상임위원회 숫자를 늘리고자 갈망하였다. 또한 이 시기에 의원들은 재정부를 공격하면서도 자신들은 위선적으로 무책임하고 낭비적인 지출승인을 자행하였다. 비평가들은 이 당시의 시스템이 부패를 낳았다는 것보다는 그런대로 잘 돌아갔다는 것이 주목할 만하다고 비판하였다.

이 시기 의회의 낭비는 오직 행정부처의 방탕과 동시에 나타날 때 가능할 수 있었다. 불가피한 보결자금을 통해 서로 담합하는 관행이 발전하였다. 이에 대해 윌메르딩Wilmerding은 다음과 같이 설명하였다.

---

40 Burkhead(1956), p. 11에서 인용.

정부부처는 승인금액이 아니라 추정금액에 따라 지출하였다. 추정금액보다 적은 금액이 승인되는 경우에서도 관련 부처 또는 실·국은 승인된 지출예산의 한도 내에서 다음 연도 계획을 수정하여 수행하기보다 그들이 사업을 중단하지 않고 요청한다면 의회가 예산금액을 추가로 제공할 것이라는 완벽한 자신감으로 변경 없이 이들을 지속하였다.[41]

요약하여 말하자면, 1900년대가 시작할 때만 해도 미국은 전 세계에서 중앙정부의 예산제도가 없는 유일한 강대국이었다. 의회는 연방정부를 매년 운영하는 데 필요한 수백만 달러를 계획성 없이 조성하고 의결하였다. 의회가 수입과 지출을 결정할 때 연방정부의 지출과 수입을 모두 망라하는 재정계획, 즉 지출과 수입의 균형을 잡으려는 시도를 전혀 하지 않았다.

물가지수를 조정하는 이외에는 충분한 형태의 재정계획이 작성되지 않았고, 의회는 지출기관들에 대해 각종의 요구사항들을 특별하게 규정하며 강요하지 않았다. 행정기관의 장들은 종종 명세서를 수정하여 의회에 제출하고 이들이 승인될 때까지 해당 위원회에 적극적인 로비를 하였다. 의회에서는 12개 이상의 위원회가 있었는데 이들은 서로 독립적으로 작업하고 각각 별도의 지출승인법을 불규칙적으로 제시하였다. 각 위원회는 다른 위원회의 결정 또는 다양한 목적으로 제시된 총지출을 거의 감안하지 않고, 대개 각각의 필요에 따라 자체 지출계획을 수립하였다.

---

41  Lucius Wilmerding, Jr., *The Spending Power*, Yale University Press, New Haven, 1943, p. 140 참조. Burkhead(1952), p. 12에서 재인용.

따라서 일반 국민은 자신의 이익이 걸려 있는 기관과 사업에 더 많은 지출승인을 얻어내고자 위원회를 압박하였다. 의회의원들 또한 그들의 유권자들을 대신하여 적극적이었다. 이들은 연방정부의 연금명부에 부적절한 인사의 명단을 추가할 것을 주장하였고, 우체국 건물, 하천·항만 개량, 군부대, 군인숙사, 어류부화장 및 기타 지역구 개발에 도움이 되는 많은 시설물을 위한 지출승인을 요청하였다. 지역구를 위한 지출승인은 '돈육pork'으로, 이에 대한 법안은 '돈육 덩어리pork barrel'로 공공연히 비하되면서도 이들 계획은 의회를 압박하였다.[42]

만약 이러한 계획이 위원회에서 좌절되면 의회에서 로그롤링logrolling의 절차를 통해 통상 추진되었다. 정부의 지출사업에 대한 대통령의 권한은 의회의 결정이 내려진 이후에만 거부권의 형태로 행사될 수 있었는데, 이 거부권은 개별 지출항목에 적용될 수는 없었다. 지출승인법안에는 다수의 지출항목들이 포함되어 있었는데, 거부권은 그 전체 법안에 대해서만 행사될 수 있었기 때문이다.

연방정부의 이러한 사정과 함께 주정부에서도 이와 유사한 또는 더 심각한 문제들이 나타났다. 일부 주에서는 주의회가 매년 정기적으로 필요한 목적의 지출승인을 의결하지 않은 채 가끔씩은 수년간의 '백지 지출승인blanket authorization'으로 지출을 허가하였다. 지출승인이 정기적으로 입법되는 경우에도 이들은 지출소요액에 대한 총괄적인 검토를 전혀 하지 않았다. 주의회에 제출되기 이전에는 결코 취

---

42 남북전쟁 이전에 주인이 노예들에게 소금에 절인 돼지고기를 던져주고 그들끼리 서로 몫을 다투도록 한 관행에서 이러한 용어가 비롯되었다고 한다.

합될 수가 없었으며, 각각의 주정부 기관들은 지출승인 요구액을 의회의 회기 중에 언제든지 제출할 수 있었다. 주의 재정에 부담을 초래하는 법안들을 주의회의 특정한 단일 위원회가 통제하지 않았다. 이러한 위원회 운영제도하에서 지출승인법안은 전체의 최종액을 계산하지 않고 차례차례 상정되어 통과되었다. 특정 지역에 이해를 가진 법안은 로그롤링에 의해 의결되었으며, 의회의 회기가 종료되었을 때에야 비로소 재정계획에 대한 요약자료가 작성될 수 있었다.

캘리포니아California 주 주지사 영Young은 1926년 12월 14일 커먼웰스 클럽Commonwealth Club에서 한 연설에서 주정부 재정에 대한 문제점을 다음과 같이 사실적으로 묘사하였다.

1909년 제가 처음 의회에 들어왔을 때 주정부의 지출과 관련된 규정들이 거의 엉망이었습니다. 20년간 주 재정에 대해 감사가 한 번도 없었습니다. 어떻든 금고에 있는 돈을 가능한 많이 절약해야 한다는 관점에서 보면 양원의 재정위원회는 주정부의 여러 기관과 부처들을 분별하지 못하고 뒤범벅 그 자체였습니다. 기관장들은 다른 기관의 관심에는 아랑곳없이 자신의 이익을 위해 온 신경을 곤두세운 채 위원회 사무실에서 매일 밤을 보내야 했습니다. 지출승인법에 대한 로그롤링과 표 교환이 의회의원들 사이에 횡행하였습니다.[43]

이것이 전부는 아니었다. 거의 모든 주에서 주지사는 자신의 이익을 위해 거부권을 즐기고 있었으며, 지출요구 법안들이 모두 통과될

---

43 Buck(1929), p. 12 참조.

때까지는 얼마나 많은 돈이 지출승인되었는지 파악하는 것이 사실상 불가능하였다. 지출승인법안의 제반 절차가 종료되었을 때에만 예상 수입이 지출승인 총액을 충당하는 데 충분한지 파악할 수 있었다. 주지사가 필요하다고 생각할 때에는 의회의 회기종료 이전에 지출항목의 금액을 감액할 수 있었지만, 통상 주지사가 지출계획을 제안하고 관련 법안의 검토과정에서 그 지출계획을 변호한다는 것이 적절한 절차로 생각되지 않았다.

주정부 하위의 지방정부 사정도 1900년대 초기에는 이보다 조금도 낫지 않았다. 일부 대도시에서는 엄청난 공금을 훔치고 탕진하는 독립 초기의 정쟁에서 비롯된 대혼란을 아직 극복하지 못하였다. 뇌물 수수자를 조사하기 위해 다양한 방법이 사용되었지만 낭비와 방종이 실제로 억제되지 않았다. 다수의 도시에서는 개선된 재정운용 방법을 시험하고 있었지만, 일반적으로 지방정부들은 재정작업에 대한 체계적 절차를 실질적으로 마련하지 않았다.

지방의 납세자들은 정부원가에 대해 신뢰할 수 있는 유용한 통계를 갖지 못했고, 정부는 세율인상에 대해 굳이 그 이유를 설명해야 한다면 온갖 정치적 핑계를 갖다 붙였다. 포괄적인 재정계획이 없었기에 회계연도 중에 얼마나 많은 돈이 지출될지, 또는 당해 연도의 수지가 흑자인지 적자인지 아무도 사전에 말할 수 없었다. 매년의 지출금액은 통상 정치적 편의에 의해 결정되었기 때문에 정부의 가용수입은 종종 지출을 충당하지 못했다. 이 경우 지방정부는 현재의 비용을 지불하기 위하여 장기채를 발행하여 돈을 빌리는 등 현재의 운영비를 충당하려고 미래의 자원을 끌어 쓰는 일을 빈번히 자행하였다.

# 행정부 예산편성제도의 도입

## 예산감시의 발전

1900년대 초기에 많은 전문가는 연방정부, 주정부, 지방정부들의 무질서한 예산현장을 지켜보면서 재정제도의 발전방향을 생각하기 시작하였다. 그들이 우선 이러한 혼란을 해결할 길을 찾기 위해 다른 나라에서 사용되는 방법을 조사하여 이들을 미국의 무질서한 관행과 비교하기 시작하였다. 그들은 유럽 국가, 특히 영국의 예산계획과 통제의 장점을 지적하였다. 그들은 예산제도의 본질을 이해하기 시작했으며, 또한 미국의 정부 형태에 적용될 수 있는 예산제도를 논의하였다. 이들의 논의가 간혹 이론적이긴 하였지만, 결국은 실용적인 제안을 담고 있었다.[44] 정치에 관심을 가진 기업가들을 포함하여 다른 사람들도 점차 예산제도에 대해 논의하기 시작하였다. 거의 동시에 시민단체 회원들도 이를 토의하기 시작하였다. 왜냐하면 비로소 그들은 지방정부 사업의 문제점을 발견할 수 있었고, 또 정부를 운영하기 위한 조세가 끊임없이 증가하는 이유를 발견하였기 때문이다.

특히 스테펀스Lincoln Steffens, 타벨Ida M. Tarbell, 베이커Ray Stannard Baker 등과 같은 '폭로자들Muckrakers'이 도시정부의 부정에 집중적인 관심을 표명하였다. 이러한 영향에 힘입어 1899년에 전국도시연합National Municipal League은 도시공사법Municipal Corporation Act의 시범안을 작성하였다. 이 시범안의 중요한 특징은 시장의 직접적인 감독하에

---

**44** 이 시기의 예산제도에 대한 대표적인 연구로는 H. C. Adams(1898), *The Science of Finance*를 들 수 있다.

서 주도적으로 운용되는 예산제도를 제안하였다는 것이다. 이 연합은 지방정부 개혁을 촉진하는 데 아주 적극적이었기 때문에 이 시범적 법률은 상당한 영향을 끼쳤다. 여기에 포함된 예산제도는 많은 도시들에 의해 채택되었다.

전국도시연합에 이어 두 번째로 미국의 예산제도 발전을 촉진하였던 계기는 알렌William H. Allen, 부르어Henry Bruēre, 클리블랜드Frederick A. Cleveland 등과 같은 유능하고 진보적인 인물들을 하나로 묶어주었던 뉴욕시 도시연구부New York Bureau of Municipal Research가 설치되었던 1906년을 들 수 있다. 이 그룹은 그 참모들과 함께 뉴욕시 예산을 개선하기 위해 연구를 수행하였다. 「도시예산의 편성Making a Municipal Budget」으로 명명된 이들의 첫 번째 보고서는 1907년에 발간되었다. 뉴욕시의 보건사업을 수행하기 위한 예산제도 개혁은 긍정적으로 평가되어 곧 다른 사업으로 확산되었다.

뉴욕시 도시연구부의 활동과 지향점은 1900년대 초기 '좋은 정부 good government 운동'이 발전하는 데 가장 중요한 영향을 끼쳤다. 이들은 십자군과 같은 열정과 의욕으로 일했는데, 왈도Waldo는 이 그룹에 대해 다음과 같이 설명하고 있다.

연구부의 운동은 개혁주의Progressivism의 일부였으며, 그 지도자는 개혁주의의 지도자였다. 비록 이들이 박애주의와 세속적 기독교 정신의 도덕적 열정으로 불타고 있었지만, 이들은 역설적으로 19세기의 단순한 도덕주의에 싫증을 느꼈다. 이들은 폭로자들Muckrackers이 밝힌 사실들에 흥분하였지만, 자발적 격동에 의한 개혁에 실망하였다. 그들은 학문적 호소와 약속을 중시하였으며, 학문의 길처럼 그리고 인간문제 해결의 충분한 방법으로서 객관적 사실의 발견을 전적으로 신뢰하였다. 그들은 정부에 대해 새로운 객관적 인식을 하였으며 계획 및 관리되는 사회를 꿈꾸었다. 이들은 '나쁜' 기업들을 증오하였으나, 기업조직과 절차가 용인될 수 있는 공기업 형태를 중시하였다. 이들은 정치인들을 혐오하였다. 그러나 시민들에 대해서는 다음과 같은 믿음을 굳게 가졌다. 대체적으로 마음 깊은 곳에서 순수하며, 효율적이고 경제적인 정부를 열망하며, 또 의욕적이고 시야는 넓으며, 문제가 복잡할 때 많은 전문적이고 학문적인 지식을 활용하는 그러한 정부를 쟁취하고 지원할 만큼 충분한 합리성을 갖추고 있었다. 이들은 '효율성 이념efficiency idea'의 열렬한 지지자들이었고 '실용적 교육' 운동의 지도자였다. 시민의 자각과 투지, 효율성, 실용적 교육, 이 세 가지 용어는 '효율적 시민Efficient Citizenship 운동'의 핵심을 형성하였다. 이들은 '진정한 민주주의는 시민들과 선출된 자 또는 그에 의해 지명된 자들 사이의 지적 협력에 있다'는 비전을 가졌다.[45]

개혁을 이와 같은 개념으로 접근하면서 점차 예산을 책임을 정부조직에 전파하는 중요한 수단으로 인식하였다. 예산제도를 통해 예산에 대한 국민의 통제를 가능하게 해야 하고, 예산은 정부가 하고 구상하는 일을 의식이 있는 시민들에게 알리는 수단이어야 한다. 예산제도는 당시 '보이지 않는 정부invisible government', 즉 누구에게도 책임지지 않는 정당 보스제도를 타파할 수 있어야 한다. 이를 달성하기 위해서는 행정적인 리더십이 제도화되어야 한다. '민주주의의 공기는 해명

---

45 Dwight Waldo, *The Administrative State*, Ronald Press Company, New York 1948, pp. 32-33 참조. Burkhead(1956), pp. 13-14에서 재인용.

책임을 지는 리더십의 권력에 의해 정화되어 유용한 곳들로 흘러들게 해야 한다The atmosphere of democracy must be filtered and made to flow into useful channels by the power of leadership which may be made accountable.[46]

미국 도시에서는 대부분의 시장이 상대적으로 부적절한 행정적 권한을 보유하였기 때문에 예산제도 발전에 장애가 있었다. 일반적으로 도시에서는 재정권한이 시의회에 집중되었다. 시장은 시의회에서 이들과 함께 앉아 있을 권리를 갖지 못하거나, 시의회 재정위원회를 형식적으로 대표하는 권한 이상을 보유하지 않았다. 따라서 체계적인 예산제도를 채택하기 위해서는 시정부의 구조조정과 권한재배분이 필요하였다. 다시 말해, 도시의 재정업무를 개선하기 위해서는 예산개혁과 동시에 정부의 구조조정이 추진되어야 했다. 이러한 동시추진은 '도시경영자 운동City Manager Movement'의 중요한 특징이라 할 수 있다. 사실 1910년 이후 미국의 여러 도시에서 도시경영자의 도입을 주도했던 개혁운동이 자연스럽게 예산개혁이 이루어지도록 하는 압력이 되었다.

일반의 관심이 여기까지 발전하면서 도시정부의 재정절차, 조직, 관리를 연구하기 위해 도시연구부Bureaus of Municipal가 출범하였던 것이다. 점차 연구부의 노력이 실질적인 결실을 맺어 뉴욕시에 체계적인 예산제도가 도입되었다. 도입된 이들 방법이 초기에는 조악粗惡하였지만 이들의 등장으로 미국의 정부운영에 신기원이 이룩되었다고 말할 수 있었다. 뉴욕시는 예산과 기타 근대적인 재정제도가 얼마나 중요한

---

46 Frederick A. Cleveland and Arthur E. Buck(1920), p. 102 참조. Burkhead(1956), p. 14에서 재인용.

가를 미국 전체에 교육시키는 재무행정의 실험연구소가 되었다.

정확한 시기를 말하기는 곤란하지만 1920년대 중반까지 미국 대부분의 도시는 도시의 재정운용에서 어느 정도 충분한 개혁을 추진하였는데, 행정부가 주도하는 예산제도를 확립하였다. 제18차 헌법개정Amendment의 통과와 이에 따른 주류 판매수입의 손실로 시 재정에 나타난 재정적 압박 때문에 1920년대에는 도시정부에서 행정부 주도 예산제도의 채택이 가속화되었다. 또한 이는 자동차 주행을 위한 포장도로와 증가된 학생을 수용하기 위한 학교건물 건설 등과 같은 도시의 사업증가 요구로 가속화되었다.

지금까지 설명한 바와 같이 미국 도시에서 예산개혁이 급격하게 채택된 배경은 여러 가지로 설명될 수 있다. 개혁주도자의 역할, 좋은 정부를 위한 시민들의 열망, 도시의 재정지출 소요액의 증가 등이 중요한 요소였지만 이들만으로는 충분하지 않았다. 예산제도의 개혁을 이끈 중요한 지원요소는 기업인 집단들의 압력에서 결정적으로 나타났다. 1900년 이전에는 정부 업무에 거의 무관심하였던 기업가들이 이제는 진지하게 관심을 기울였던 것이다. 이러한 관심은 조세부담의 증가에 따라 필연적으로 나타났다. 세금부담을 줄이는 길은 정부지출을 효율화하고 이를 감축할 수 있는 예산제도를 확립하는 것이었다. '보이지 않는 정부'를 반대하였던 개혁주도자의 의욕보다는 오히려 '정부 내 더 많은 기업정신'이라는 슬로건이 아마도 예산개혁을 주도하였을 것이다. 개혁주도자들이 의도하였던 것처럼 예산개혁은 사회복지사업의 효율적 수행을 위한 정부의 역량 강화가 아니라 정부의 전반적인 경비절감과 세금감소를 통한 재정감축으로 인식되었다.

기업인 집단들은 정부 내에 기업정신을 파급시키기 위해 도시의 예산제도 채택을 강력하게 지원하였다. 당시 많은 시정부에서는 '보스의 지시boss rule', 독직, 부패가 만연하여 정부의 합리적인 개선이 수행되기 매우 어려울 정도였다. 만약 이해집단에 포함되지 않는 다른 사람이 시정부과 공사계약이나 정부조달 계약을 체결하여 자재와 물자를 공급할 수 있기 위해서는 정부를 '유사기업businesslike' 수준으로 전환시키는 개혁이 필요하였다. 예산제도에 내재하는 행정권한과 책임의 중요성 때문에 예산제도는 정부가 기업들과의 관계를 합리적으로 개선하는 중요한 과정이었다. 경쟁입찰과 같은 여타의 개혁들이 예산제도가 채택된 이후에 추진될 수 있었으며, 기업과 정부 사이의 경제적 관계가 더욱 합리적으로 구축될 수 있었다.

### 태프트 대통령의 경제성 및 효율성 위원회

19세기 후반기 연방정부 예산의 문제점은 크게 세 가지 중요한 사실에 의해 설명될 수 있었다. 의회 내 재정권한의 분열, 의회통제를 회피하려는 행정부의 시도, 관세수입으로 나타난 만성적 재정흑자 등을 들 수 있다. 남북전쟁Civil War 이후 의회 내에서 지출승인의 기능은 세입 기능과 분리되었다. 따라서 어느 하나의 기구가 지출과 수입을 전체적으로 점검하여 이 둘을 균형시키는 권한을 갖지 못했다. 또한 지출승인 기능을 수행하는 지출승인위원회의 권한이 다른 위원회로 분산됨으로써 지출에 대한 제약이 느슨해졌다. 그 결과 의회에서 지출의 규율이 사라졌는데, 특히 그 당시 예산낭비가 심한 사업으로 잘 알려졌던 하천과 항만사업에서 더욱 그러하였다. 1889년 브라이스James Bryce는 다음과 같이 언급하였다.

지출승인위원회의 구두쇠 정신으로 할 수 있는 절약 이상의 금액이 이와 같은 방법으로 낭비되었다. '밑 빠진 독'과도 같은 연금위원회를 포함하여 각각의 입법위원회는 행정부 의지와 다른 위원회의 예산편성 내용을 전혀 인지하지 못한 채 자금의 지출승인을 제안하였다.[47]

예산낭비 때문에 의회가 승인한 상당수의 예산항목들이 '돈육 덩어리pork barrel'로 불리며 대통령에 의해 거부되었지만 행정부 또한 국고자금의 누출을 시도하였다. 지출을 감독해야 할 의회의 권한이 사실상 제한되어 있었기 때문에 독립 초기에 확립되었던 행정부에 의한 예산전용의 관행이 지속되었다. 또한 불가피한 보결자금을 강요하는 술책이 광범하게 사용되었다. 정부기관은 그해의 자금을 모두 지출한 후 추가자금을 승인하지 않으면 중요한 사업이 중단된다고 의회를 위협하였다.

재정혼란을 초래한 세 번째 요인이 재정상태, 즉 만성적 '재정흑자'에 있다는 것은 그렇게 기이한 현상도 아니다. 당시에는 보호관세가 정부수입의 중요한 원천이었는데, 막대한 교역규모 때문에 정부지출에 사용될 수 있는 자금이 풍부하게 조성되었던 것이다. 남북전쟁으로 빚어진 막대한 재정소요에도 불구하고 경제가 급속하게 성장함으로써 이러한 재정적 위기를 빨리 수습할 수 있었다. 정치적인 저항을 불러오게 될 내국세는 증가하지 않았기 때문에 의회나 행정부에서 경제성과 효율성 제고에 대한 강력한 압력이 나타나지 않았다. 따라

---

**47** Harris, Joseph P., *Congressional Control of Administration*, Washington, D.C, Brookings Institution, 1964, p. 55 참조. Pfiffner(1979), p. 12에서 재인용.

서 의회는 방만한 지출승인을 계속할 수 있었고, 행정부는 별 문제 없이 보결자금 승인을 계속 요구할 수 있었다.

그런데 1900년대 초기에 도시정부를 중심으로 나타났던 예산개혁의 주도자, 좋은 정부를 위한 시민들의 열망, 도시의 재정지출 소요액 증가, 기업인들의 예산제도에 대한 인식 등은 연방정부에 대한 압력으로 전환되었다. 특히 1909년 태프트Willian H. Taft 대통령이 취임하면서 연방정부에 두 가지 형태의 압력이 분명하게 나타났다. 첫째, 연방정부 재정의 흑자기조는 더 이상 유지되지 않을 것이며, 재정지출의 규모는 점차 확대될 것이라는 기대가 만연하였다. 클리블랜드 대통령 시대(1885~1889)의 흑자는 1894년 이후 더 이상 지속되지 않았다. 루스벨트Theodore Roosevelt 대통령의 두 번째 4년 임기(1905~1909)에서 적자가 나타났다. 태프트 대통령이 취임하였던 1909년에는 6억 9400만 달러의 총예산에서 8900만 달러의 적자가 나타났다. 또한 1890년대에 3억 달러와 4억 달러 사이에 머물던 연방지출의 규모가 1909년에는 약 7억 달러가 되었다. 이러한 추세는 〈표 3〉에 표시되어 있다.

연방정부의 이러한 지출증가가 당시 광범하게 만연하였던 독직과 부정에서 연유한 것만은 아니었다. 증가의 대부분은 정부기능의 증가 그리고 스페인-미국의 전쟁 경비에 기인하였다. 다시 말해, 국가 확장의 시기와 함께 재정지출이 증가하였던 것이다. 1910년 포드Henry Jones Ford는 다음과 같이 설명하고 있다.

이제 미국의 금융자본은 국가를 볼모로 잡고 있다. 미국의 영업 기업은 세계 곳곳을 침투하고 있다. 중국에서 보이콧이 일어나면 우리 방적공장

| 표 3 · 미국 연방정부의 수입과 지출: 1885~1912년 | | | |
|:---:|:---:|:---:|:---:|

(단위: 백만 달러)

| 회계연도 | 총수입 | 총지출 | 재정수지 |
|:---:|:---:|:---:|:---:|
| 1885 | 324 | 260 | +63 |
| 1886 | 336 | 242 | +94 |
| 1887 | 371 | 268 | +103 |
| 1888 | 379 | 268 | +111 |
| 1889 | 387 | 299 | +88 |
| 1890 | 403 | 318 | +85 |
| 1891 | 393 | 366 | +27 |
| 1892 | 355 | 345 | +10 |
| 1893 | 386 | 383 | +2 |
| 1894 | 306 | 368 | −61 |
| 1895 | 325 | 356 | −31 |
| 1896 | 338 | 352 | −14 |
| 1897 | 348 | 366 | −18 |
| 1898 | 405 | 443 | −38 |
| 1899 | 516 | 605 | −89 |
| 1900 | 567 | 521 | +46 |
| 1901 | 588 | 525 | +63 |
| 1902 | 562 | 485 | +77 |
| 1903 | 562 | 517 | +45 |
| 1904 | 541 | 584 | −43 |
| 1905 | 544 | 567 | −23 |
| 1906 | 595 | 570 | +25 |
| 1907 | 666 | 579 | +87 |
| 1908 | 602 | 659 | −57 |
| 1909 | 604 | 694 | −89 |
| 1910 | 676 | 694 | −18 |
| 1911 | 702 | 691 | +11 |
| 1912 | 693 | 690 | +3 |

자료: Burkhead(1956), p. 16 참조

의 행정실을 통해 비보가 전해오고 긴급구제 요청이 워싱턴에 당도한다. 국가의 이익은 자연스럽게 중앙정부의 보호를 모색하게 될 것이다. …(중략)… 세계적인 강대국이 되면서 이에 따른 책임이 우리 정부조직이 감당하기 어려운 긴장감을 조성하고 있음을 발견할 수 있다.[48]

둘째, 또 다른 압력은 독직과 부패 자체에 대한 증오에서 비롯되었다. 지출이 급속도로 증가하면서 국민들의 재정지출에 대한 관심이 증가하였고 개혁주도자들의 주장은 더욱 심각하게 들리기 시작하였던 것이다. 도시정부의 예산개혁에 기여하였던 요인들이 연방정부의 개혁에도 마찬가지로 기여하였다. 지방정부의 잘못된 관행들을 타파하려는 십자군과 같은 열정을 보였던 다수의 사람들이 이번에는 그 열정을 연방정부의 방만함과 의회의 부패에 집중시켰다.

연방정부에 대한 이러한 두 가지 압력이 결합되어 몇 가지 조치가 이루어졌다. 1909년 3월 4일에 '선드리 시빌 지출승인법Sundry Civil Appropriations Act'에 대한 개정안(미국 성문법전의 '35 Stat. L.945, 1027')이 마련되어 지출예산이 수입을 초과하면 재정부 장관은 지출예산을 어떻게 줄일 것인지, 아니면 추가 조세를 어떻게 부과할 것인지를 의회에 즉각 제안하도록 하였다. 그러나 재정부 장관이 이러한 지시를 준수하기 위하여 적절한 행동을 단 한 번이라도 취하였는지에 대해서는 아무런 기록이 없다. 또한 상원은 재정적자를 조사하기 위하여 1909년 3월 22일에 특별위원회를 구성하였는데 여기서는 다음과 같

---

48 Henry Jones Ford, *The Cost of Our National Government*, pp. 9–10 참조. Burkhead(1956), p. 17에서 재인용.

은 내용이 보고되었다.

미국의 대규모 기업에서 높은 수준의 사업 효율성을 보장할 수 있었던 것
처럼 정부업무의 제도와 방법을 개선한다면 정부사업의 수행에서 연간
수백만 달러의 절약과 훨씬 더 높은 효율성을 보장할 수 있을 것이다.[49]

1909년 12월 태프트 대통령은 '대통령이 정부사업을 수행하는 방
법'을 탐구할 수 있도록 10만 달러의 예산을 요구하였다. 이러한 요구
가 의회에서 1910년 6월 25일 승인되자, 태프트 대통령은 '경제성 및
효율성 위원회Commission on Economy and Efficiency'를 즉각 출범시켰다.
당시에 재정부 장관이었던 맥비그Franklin MacVeagh는 1909년의 연례
보고서(*Annual Report of the Secretary of the Treasury for the Fiscal Year
Ending June 30*, 1909)에서 '행정부의 무책임'을 철폐할 필요성을 지적
하며 중앙정부의 재정제도 개혁을 위한 요구를 강조하였다.

경제성 및 효율성 위원회는 사명감을 갖고 폭넓은 분야에 대한 문
제점과 해결방안을 모색하였다. 거의 2년 동안 ① 연례 재정사업으로
서의 예산, ② 연방정부의 조직과 활동, ③ 인사문제, ④ 재정기록과
회계, ⑤ 정부 내 사업관행과 절차 등을 조사하였다. 위원회가 수행
한 우선적인 업무 중 하나는 연방정부 부처와 기관들로부터 인건비,
재료, 소모품, 장비 등과 같이 구입 목적물에 따라 지출을 분류한 정
보를 수집하는 것이었다. 각부 장관들과의 토의와 대통령과의 면담

---

49 Henry Jones Ford, *The Cost of Our National Government*, p. 105 참조.
Burkhead(1956), p. 18에서 재인용.

을 통해 위원회는 연례 예산자료의 제출에서 정부부처가 사용해야 할 일련의 양식을 작성하였다. 또한 위원회는 연방정부활동의 조직도를 처음으로 고안 작성하였으며, 정부 내에서 중복되는 운영사항들에 대해 많은 연구를 수행하였다.

1911년 여름 위원회는 의회에 제출되는 예산안을 작성할 때 사용해야 할 새로운 양식을 정부부처와 기관들에 송부하였다. 그러나 의회는 이 새로운 양식을 무시하고 기존의 양식을 그대로 요구하였다. 정부부처와 기관들은 의회의 회기가 시작된 이후까지도 대통령에게 새로운 양식에 따른 예산안을 송부하지 않았다. 이러는 과정 속에서 태프트 대통령은 1912년 1월 17일 의회에 「정부 서비스의 경제성과 효율성Economy and Efficiency in the Government Service」이라는 메시지를 송부하였다. 또한 1912년 6월 27일 「국가예산의 필요성The Need for a National Budget」이라는 위원회 보고서가 발간되었다.

이들 두 가지 문서는 연방정부의 예산제도 발전에 결정적으로 기여하였으며, 또한 구체적인 정부운영 절차의 개선에도 역시 기여하였다. 연방정부 역사에서 그 조직구조가 자세하게 연구된 것은 처음이었으며, 또 정부지출의 성격에 대해 자세한 정보가 수집된 것도 처음이었다. 더욱더 중요한 것은 이들 서류에서 재정계획과 정부사업의 관리에 대해 최고행정관Chief Executive의 책임이 강조되었다는 사실에 있다.

태프트 대통령이 의회에 송부한 메시지는 경제성 및 효율성 위원회를 소집한 배경, 위원회의 작업에 대한 설명, 또 이들이 작성한 조직도를 설명하는 데 많은 부분을 할애하였다. 그 전반에 걸쳐 태프트 대통령은 행정부의 운영과 통제수단으로서 국가예산제도를 확립하는 중요성을 강조하였다. 또한 "예산의 헌법적 목적은 정부가 국민들 의견에 순응하고 행동에 책임을 지도록 만드는 것이다"라고 설명하고 있다. 예산제도가 협소한 의미의 경제성과 효율성을 위한 도구로만 인식되지는 않았다는 것을 의미한다. 태프트 대통령은 다음과 같이 설명하였다.

우리는 경제성과 효율성을 원하며, 또 우리는 목적을 가진 절약을 원한다. 정부가 지출을 증가시킬 수 없었기 때문에 수행할 수 없었던 유익한 사업들을 이제 정부가 수행할 수 있도록 하기 위하여 우리는 자금을 절약하고자 한다.[50]

「국가예산의 필요성」이라는 위원회 보고서도 광범한 내용을 담고 있는 서류였다. 위원회는 예산제도의 운영에 대한 정보를 수집할 목적으로 다른 나라들의 중앙정부에 설문지를 배포하였다. 이를 통해 획득한 정보는 면밀하게 연구되었으며, 위원회 보고서는 외국 정부의 경험을 거의 전부 파악하고 있었다. 보고서를 의회에 제출하면서 태프트 대통령은 그 목적을 다음과 같이 설명하였다.

제출된 보고서의 목적은 …(중략)… 대통령과 의회가 협조할 수 있는 방안을 제시하는 것이다. 하나는 수행되어야 할 행정사업들을 의회와 국가에 명확하게 밝히는 것이며, 또 다른 하나는 대통령이 입법해야 할 입법사항

---

50 House Doc. No. 458, p. 16 참조. Burkhead(1956), p. 19에서 재인용.

을 명확하게 대통령에게 밝히는 것이다.[51]

위원회 보고서에서 예산은 여러 가지 목적, 즉 의회승인을 위한 서류, 행정부 수반의 통제 및 관리수단, 정부부처와 기관들의 행정적 기초 등에 기여하는 것으로 인식되었다. 위원회의 중요한 관심은 헌법적 문제로서 예산제도가 어떠한 방법으로 권력분립에 기초한 대통령제 정부구조에 적합할 것인가였다. 이 점을 검토함에 있어 위원회는 예산제도가 '신탁관리trusteeship의 헌법이론'에 기초하였다고 설명하였다.

정부는 신탁의 수단이며, 정부관료는 피신탁인이다. 시민들은 그들의 주권범위 내에서 신탁의 수혜자이고 신탁자들이다. 대통령은 중요한 정부관료로서 예산에 대한 책임을 져야 한다. 그는 예산제안서와 요약설명서를 제출해야 한다. 정부부처와 기관의 장들은 대통령에게 자료를 제출해야 하며, 대통령은 어떻게 이들을 설명할 것인지를 정리하는 책임을 부담해야 한다. 재정부 장관은 대통령이 이러한 의무를 수행할 수 있도록 지원해야 한다. 대통령의 책임은 의회뿐만 아니라 일반 국민에 대해서도 부담되어야 한다. 예산을 통해 대통령은 적절히 검토된 광범위한 사업들을 국민들에게 명확하게 제시하는 책임을 질 것이다.

태프트 대통령의 이와 같은 자세에도 불구하고 당시의 의회는 예산제도를 진지하게 검토할 준비가 되어 있지 않았다. 여타의 정책적 그리고 정치적 이유들 때문에 공화당의 진보주의자들Progressive

---

51 House Doc. No. 854, pp. 4–5 참조. Burkhead(1956), p. 19에서 재인용.

Republicans과 민주당이 강력히 연대하여 국가예산제도에 대한 제안뿐만 아니라 1912년 회기 동안의 대통령 제안 전부를 반대하였다. 위원회의 보고서가 접수된 직후 의회는 '선드리 시빌 지출승인법안Sundry Civil Appropriations Bill'을 개정하여 정부부처와 기관들이 대통령위원회가 제시한 양식이 아니라 기존의 법률에 의한 양식에 따라 지출예산 요구서를 제출하도록 요구하였다. 그러나 대통령은 자신이 행정각부에 지시한 대로 지출예산 요구서가 작성되어야 하며, 또 이를 요구할 수 있는 헌법적 권한이 있다고 주장하였다. 결국 정부부처와 기관의 장들은 두 가지 종류의 지출예산 요구서 중 하나는 의회의 요구에 따라, 또 다른 하나는 위원회의 보고서에서 제시된 대통령의 요구에 따라 작성하였다.

이러는 가운데 태프트 대통령은 1912년의 선거에서 패배하여 윌슨 Thomas W. Wilson 대통령이 3월에 취임하였고, 의회는 민주당이 장악하였다. 선거 후 의회가 소집되어 국가예산보다 더 중요하다고 생각되는 문제들을 처리하였다. 더욱이 연방정부에 대한 재정적 압박이 이 당시에는 다소 완화되었다. 사업환경은 좋았으며 연방정부는 제16차 헌법개정의 통과로 개인소득세라는 중요한 재원을 확보하였다. 제1차 세계대전 이후까지 국가예산제도를 확립하려는 추가적인 노력이 취해지지 않았다.

경제성 및 효율성 위원회의 작업이 즉각적인 법개정으로 이어지지는 않았지만 장기적으로는 상당한 가치를 갖게 되었다. 위원회의 명성 그리고 대통령의 강력한 지지에 의해서 예산은 국가적으로 중요한 의제로 부각되었다. 이는 연방정부보다는 도시정부와 주정부에서 예산개혁에 대한 관심을 촉발시켰다. 예산개혁에 대한 수많은 기고문들이 나타났으며, 이렇게 고조된 관심들이 마침내 좋은 결과를 가져다주었다. 예산제도에 적대적이었던 의원들이 지지하는 쪽으로 입장을 바꾼 것이다. 기업가 집단, 특히 전국상공회의소National Chamber of Commerce도 예산제도에 관심을 표명하였다. 마침내 1916년에 진보주의자, 공화당, 민주당의 정당 강령에 국가예산제도에 대한 적극적 지지 의사가 포함되었다.

### 주정부의 예산제도 발전

연방정부처럼 주정부에서도 예산에 대한 관심이 도시정부보다 늦게 나타났다. 그 이유는 연방정부에서 예산제도의 발전을 방해하였던 것과 같은 요인들이라 할 수 있다. 1900년대 초기까지 주정부들은 심각한 재정압력을 느끼지 못하였다. 이 당시 주정부의 총지출은 2억 달러 미만이었으며, 일반적으로 수입은 지출을 충당할 만큼 적절하였다. 주정부의 주요 재원이었던 일반 재산세는 증가하는 재정소요를 충당할 만큼 충분하였다.

더욱이 주 헌법을 개정하는 주에서도 예산제도의 개선보다는 오히려 그 반대의 방향으로 변화하였다. 헌법개정으로 주지사들은 그들이 애초에 보유하였던 행정권한의 일부를 박탈당했다. 또한 주지사의 입법활동에도 추가적인 제한이 부과되었다. 주 감사관 또는 주 재정관과 같이 재정권을 가진 주정부의 많은 중요직이 선출직이었으며, 주지사의 통제를 받지 않았다. 또한 가끔은 집행기관의 장도 주지사가 임명하지 못하고 선출직이었기 때문에 행정권한이 더 많이 분산되는 결과를 낳았다. 주정부의 지출항목 체계도 행정부의 예산발전을 제한하였다고 할 수 있다. 입법되는 지출승인항목의 목적과 유형이 간혹 주 헌법에서 제시되기도 하였다.

주 행정부의 권한이 이렇게 제한된 이유는 19세기 미국의 민주정부popular government에 대한 철학을 반영하는 것이다. 행정부의 권한이 제한될 때 비로소 그 권한은 임의로 행사되지 않으며, 또 개인의 자유를 보호하기 위해서도 행정부의 활동범위는 엄격하게 통제되어야 한다. 억압적인 폭정은 행정부와 입법부의 임의적인 활동에서 나오는 것이기 때문에 행정부 또는 입법부를 일방적으로 신뢰할 수는 없다. 시민의 권리는 정부의 책임을 제한함으로써 보존될 수 있으며, 이러한 제한을 달성하는 하나의 방법은 입법부와 행정부의 권력을 엄격하게 분리하는 것이다.

이러한 시각이 주 헌법에서 구현되었기 때문에 행정부가 예산을 편성하는 제도를 도입하는 것은 정부구조와 권력분립에 중요한 변화를 의미하였다. 주정부에서 완벽한 형태의 행정부 주도의 예산제도가 도입되기 이전에 한때 '통제위원회Board of Control'라는 제도가 시도되었다. 통제위원회는 많은 주, 특히 위스콘신Wisconsin, 캘리포니아, 뉴욕 등에서 구성되었는데, 통상 주지사, 행정부 간부들과 의회지도자들로 구성되었다. 이를 통해 예산을 통제하려는 시도가 있었으나, 효과적인 예산제도가 성립하기 위해서는 필수적으로 행정부의 리더십과 책임이 구현되어 있어야 했다.

도시정부와 연방정부의 예산제도 개혁에 영향을 주었던 요인들은 주정부의 예산제도에도 영향을 주었다. 1900년대가 시작되면서 주정부들은 증가하는 재정적 곤란에 직면하였다. 카운티county와 도시정부들의 재정소요가 증가하였고, 일반 재산세가 점차 주정부의 세입재원에서 멀어지기 시작하였다. 주정부가 일반 재산세를 포기하면서 주정부의 효율성과 경제성 제고에 대한 압력이 증가하였다. 이 과정에서 예산제도는 효율성과 경제성을 달성하는 중요한 수단으로 간주되었다. 또한 '보스의 지시'와 '보이지 않는 정부'에 대한 적개심으로 야기된 개혁의 분위기는 점차 주정부에도 영향을 끼치기 시작하였다. 도시정부, 연방정부의 경우처럼 주정부에 대해서도 납세자 연맹, 상공조합들, 상공회의소 등이 예산절차에 대한 개혁을 요구하였다. 그리고 궁극적으로는 태프트 대통령의 '경제성 및 효율성 위원회'의 발간물이 효과적인 예산제도의 가능성을 국민들에게 주지시키는 데 결정적으로 기여하였다.

이들 압력에 의한 결과가 1910년 이후 주정부에서 명확하게 나타나기 시작하였다. 주지사가 예산을 편성하여 의회에 제출하도록 인정하는 첫 번째 주 법률이 1910년 오하이오Ohio 주에서 제정되었다. 1911년에는 위스콘신, 캘리포니아에서 부분적으로 예산제도가 등장함과 동시에 주정부의 재정절차 개선이 이루어졌다. 1913년에는 6개 주에서 주지사가 예산법률을 제정하였다. 그런데 1916년에 메릴랜드 Maryland 주에서 행정부 예산편성의 완벽한 체제를 비로소 구축하였다. 이후 개혁은 급속도로 전파되었다. 1920년까지 44개의 주들이 예산제도를 개선하는 노력을 경주하였다. 이들 중 23개 주들은 행정부 주도의 예산제도를 채택하였다.

이 기간 중 주정부에서 가장 주목할 만한 것은 1915년의 뉴욕 주 헌법총회New York State Constitutional Convention에서 나타난 예산제도에 대한 제안이었다. 유명한 법률가이자 정치가인 룻Elihu Root은 이 총회에서 '보이지 않는 정부'가 민주주의를 저해한다는 내용으로 연설하였다. 정부제도에 대한 책임 있는 통제를 회복하기 위해서는 개혁 중에서도 특히 예산개혁이 이루어져야 한다고 주장하였다. 헌법총회에서는 예산제도에 대한 헌법조항을 정비하고자 하였던 '경제성 및 효율성 위원회'의 위원으로부터 증언을 청취하였다. 연방정부의 예산제도를 반대하였던 유명한 의회의원인 핏츠제랄드Fitzgerald는 이제 입장을 바꾸어 뉴욕 주의 예산제도를 찬성하는 발언을 하였다.

헌법총회에서 제안되었던 예산제도는 입법부 권한을 엄격하게 제한하고 주정부 최고행정관의 강력한 리더십이 필요하다는 것이었다. 그런데 제안된 새로운 뉴욕 주의 헌법은 주민투표에 의해 기각되었는데, 이는 예산조항에 대한 반대 때문이 아니라 더욱더 논란거리가 된 다른 쟁점 때문이었다. 뉴욕 주와 달리 메릴랜드 주에서는 예산제도 개혁을 포함한 주 헌법개정안이 1916년 주민들에 의해 승인되었다. 이는 뉴욕 주의 개정안처럼 행정부의 강력한 예산제도를 확립하는 방안이었다. 이러한 개정은 이후 다른 주, 즉 뉴멕시코New Mexico, 유타Utah, 매사추세츠Massachusetts 등으로 확산되었다. 행정부 주도의 예산제도는 주 재정지출과 세금을 억제하는 효과적 수단으로 투표자들에게 홍보되었다.

### 연방정부의 행정부 예산편성제도 확립

이 당시에 행정부 예산편성제도의 도입에 가장 비판적인 입장은 피츠패트릭Edward A. Fitzpatrick의 『민주주의의 예산편성Budget Making in a Democracy』에서 제기되었다. 피츠패트릭은 행정부 주도의 예산편성제도를 두 가지 측면에서 비판하였다. 첫째, 행정부 예산편성제도가 확립되는 과정에서 필수적으로 나타나는 행정부 권한의 확대를 우려하였다. 둘째, 예산제도가 정부 서비스의 효율성과 품질을 개선하는 수단이 아니라 감축도구로서만 사용된다는 생각을 하였다. 첫 번째에 대한 피츠패트릭의 우려는 다음과 같이 설명되었다.

행정부 예산제도가 없었다면 권력을 장악한 프러시아의 군부집단이 독일 국민들에게 비도덕적인 사상을 결코 주입시키지 못했을 것이고, 또 독일이 집단화된 테러와 공포의 동의어가 되지 않았을 것이다. …(중략)… 소위 '행정부 예산제도' 계획은 우리 정부의 구심점을 이동할 것을 제안하고 있다. 이는 독재적인 행정권력으로 나아가는 것이다. 예산제도의 부산물로서 정부에 이러한 변화가 나타나는 것이다.[52]

또한 피츠패트릭은 경제성과 효율성이 정부정책의 목표여야 한다는 사실을 인정하지 않았다. 경제성은 항상 삭감을 의미하며 서비스 수준의 개선을 의미하지 않고, 예산제도는 공공지출의 삭감을 위한 수단에 불과하다고 생각하였다. 또한 그는 무의미한 경제성과 서비스 수준의 삭감을 통해 재정균형은 이미 달성되었다고 지적하였다. 이러한 그의 생각이 당시에 얼마나 폭넓게 수용되었는지 판단하기는 어렵지만, 적어도 행정부 예산편성제도에 대한 명시적인 반론의 근거로 사용되었을 것이다.

그가 예상한 변화는 비로소 많은 세월이 흐른 뒤에야, 즉 행정부 예산편성제도에 내재되어 있는 대통령의 권한을 극대화한 1970년대 초반의 닉슨 대통령 시절에 실현되었다. 피츠패트릭은 정부가 국민들

---

52 Edward A. Fitzpatrick, *Budget Making in a Democracy*, Macmillan Company, New York, 1918, p. iv와 292 참조. Burkhead(1956), p. 25에서 재인용.

에 대해 더 많은 해명책임을 부담하길 원했지만, 다른 개혁주의자들은 대통령의 권한을 강화하는 것이 오히려 해명책임을 강화하는 방법으로 간주하였다. 책임이 확정되었을 때 결과에 대한 비난과 칭찬이 명확해질 수 있다고 생각하였기 때문이다.

그런데 제1차 세계대전 종료 이후 이러한 반론의 목소리는 점차 사라졌다. 행정부 예산편성제도는 대통령의 권한을 강화하기 위해 필수적이며, 대통령은 국민들이 원하는 것을 청취하고 그들이 원하는 바를 추구해야 한다. 민주정부를 강화하기 위해서는 행정기능을 강화해야 하며, 행정부가 책임감을 갖고 국민들의 요구에 순응하기 위해서는 그 중요한 도구로서 예산제도를 확립해야 한다. 이러한 논의가 점차 주류를 이루면서 행정부 주도의 예산이 확립되어야 한다는 것은 이미 반론의 여지가 없는 것처럼 보였다. 점차 대부분의 학문적 논의는 행정부 예산편성제도 내에서 행정부와 의회의 상대적 역할에 초점이 맞추어졌다. 의회에서 이루어진 대부분의 토의는 조세부담의 경감 필요성과 행정부 예산집행에 대한 회계통제에 더 많은 관심을 표명하였다.

1919년 하원은 굿James W. Good 의원을 위원장으로 하는 예산제도특별위원회Select Committee on the Budget를 구성하였다. 예산제도특별위원회는 태프트 대통령 시절의 '경제성 및 효율성 위원회'와 동일한 과업을 수행하였다. 행정부 주도의 예산제도에 대한 유일하고도 심각한 반대는 하원의장 캐논Joseph Cannon과 같은 거물들에 의해 제기되었다. 그는 아주 강력한 어조로 독재자였던 이집트의 파라오와 러시아 황제들이 행정부 예산제도를 가졌으며, 또한 이것이 미국 헌법에는 규정되어 있지 않다고 비판하였다.

그러나 이러한 반대가 매우 심각하게 제기되지는 않았다. 의회의 다수 의원들은 특히 하원 지출승인위원회Appropriations Committee의 의장은 행정부 예산제도가 국가재정에 대한 의회의 통제능력을 오히려 강화하고 개선할 것이라고 지적하였다. 예산제도특별위원회는 행정부 예산제도에 대해 호의적인 보고서를 제출하였다. 보고서는 예산제도의 개혁으로 해소하고자 하는 문제점들을 명시하며 기존 제도를 평가하였다.

지출은 수입과 연계하여 검토되지 않는다. 정부의 재정요구에 대한 대통령의 의견 중에서 어떤 것이 사실상 법률로 규정되어야 하는지, 의회는 대통령이 재정 및 작업계획을 신중히 검토하도록 요구하지 않는다. 지금 의회에 제출되는 지출소요 추정액은 개별 부처, 청, 기관의 요구액만을 나타낼 뿐이며, 이들을 전체적으로 조화시키는 어떠한 형태의 상위 조정도 이루어지지 않고, 또 이들을 재정부가 정리한 국가전략 그리고 향후 수입전망에 전반적으로 부응하도록 만드는 조정절차가 없다.[53]

보고서에 대한 의회의 토론에서는 건전재정 회복을 위한 예산제도의 중요성이 강조되었다. 상원 재정위원회 의장인 상원의원 맥코믹 Medill McCormick은 다음과 같이 설명하였다. "미국의 기업가들은 국가예산의 필요성을 울부짖고 있다." 예산제도는 지출감축, 조세감소, 특히 이 당시 기업가들이 집중적으로 비판하였던 초과 이윤세의 감소

---

53 U.S., Congress, House, Select Committee on the Budget, *National Budget System*, 66th Cong., 1st sess., 1919, H. Rept. 362 to Accompany H. Rept. 9783, p. 4 참조. Pfiffner(1979), p. 14에서 재인용.

를 위한 수단으로 인식되었다.

행정부 예산제도에 대한 법안은 1919년 10월 21일 하원에서 285 대 3으로 통과되었는데, 이는 재정문제에 대한 보수주의자와 점진적 개혁주의자를 포함하여 서로 다른 정치적 집단으로부터 광범한 지지를 반영하는 것이다. 그러나 상원은 당해 회기에 베르사이유 조약Versailles Treaty에 대한 토론 때문에 시간 제약으로 의결하지 않았다. 1919년 12월 의회의 다음 회기가 개의되면서 법안이 상원에 이첩되었을 때 대통령 대신 재정부 장관이 예산편성을 책임지도록 수정되었다. 양원 협의회에서는 대통령이 예산편성의 책임을 지되 새로이 설립되는 예산실Bureau of the Budget은 재정부 내에 두도록 하는 최종안이 합의되었다. 1920년 5월 상원과 하원은 법률제정 결의를 완료하였다.

행정부 예산편성제도를 제안하는 법률은 1920년의 '예산회계법Budget and Accounting Act'으로 명명되었다. 그런데 이 법률 내에는 연방 재정개혁의 일부로서 총괄통제관Comptroller General이 주도하는 회계검사원General Accounting Office의 설치가 규정되었다. 회계검사원장은 대통령에 의해 지명되지만, 대통령에 의해 해임될 수 없도록 규정되었다. 윌슨 대통령은 회계검사원장의 임명권과 해임권은 헌법적으로 분리될 수 없다는 이유로 1920년의 예산회계법에 대해 거부권을 행사하였다.

1920년 가을의 선거는 국가예산제도보다 더 중요한 쟁점, 즉 미국의 유엔 참여에 집중되었다. 양 정당의 정강에서는 예산제도의 필요성을 강력하게 지지하였다. 선거에서 공화당이 승리하였는데, 하딩Harding 대통령은 '유사기업businesslike'과 같은 행정을 호소하였다.

1921년 6월 10일 월슨 대통령이 거부권을 행사한 내용과 거의 비슷한 내용의 법률이 하딩 대통령에 의해 수용되었다. 하딩 대통령은 그의 첫 번째 예산제안 설명서에서 "공화정 수립 이래로 정부업무에서 가장 큰 구조조정"이라고 말했다.

그 시기의 분위기와 새로 확립된 국가예산제도에 대한 전반적인 기대는 재정부 예산실의 초대 실장이었던 도즈Charles G. Dawes의 언급에서 잘 나타나 있다. 예산실의 개소식을 위해 모든 정부부처와 기관들의 장과 실·국장들이 1921년 6월 21일 국세청Department of the Interior 강당에 모였다. 하딩 대통령이 개회사를 하였고, 그다음 도즈 실장이 연설을 마칠 때 대통령을 바라보며 이렇게 말하였다.

> 저는 대통령 각하께 말씀드리고자 합니다. 각하 앞에 있는 사람들은 각하가 그 위대한 직위에서 해야 할 일과 그 복잡함을 알고 있습니다. 우리들은 현재 우리의 국력이 쇠약해지고, 사람들은 일자리를 잃었으며, 궁핍과 절망이 도처에 깔려 있으며, 그리고 정부비용을 줄여 사람들의 등에 짊어져 있는 조세부담을 더는 데 우리가 일조해달라는 각하의 요청을 알고 있습니다.[54]

단일의 기구가 국가예산을 총괄적으로 조정·편성하고, 그 기구가 행정부에 소속되는 이러한 예산제도는 미국이 서유럽보다 거의 1세기 늦게 발전하였다. 이렇게 늦게 발전한 이유는 미국 사람들의 의

---

[54] Charles G. Dawes, *The First Year of the Budget of the United States*, Harper & Brothers, New York, 1923, pp. 18–19 참조. Burkhead(1956), p. 28에서 재인용.

식에 내재되어 있는 만만디慢慢的 정신 때문이 아니라, 제1차 세계대전 발발 이전에는 정부 재정운용의 상대적 중요성이 경제운용에 비해 낮았기 때문이다. 시정부 및 주정부의 영역이 확대하면서, 비로소 1920년대에 이르러 이들 정부에서 예산제도에 대한 압력이 나타났기 때문이다. 연방정부에 대한 개혁의 압력은 연방지출이 급속도로 증가하고, 또 이 때문에 연방재정이 압박을 받고 있을 때 강하게 나타났던 것이다.

행정개혁은 위기에 거의 도달할 때 진행된다는 것은 모든 국가에서 발견되는 특징일 것이다. 또한 예산제도가 미국의 정부기관에서 중요한 정부개혁이라는 사실은 의심의 여지가 없다. 예산편성제도의 정착은 행정부가 운영상의 책임을 적극적으로 부담하고, 또 이 책임을 수행할 의향이 있다는 것을 암묵적으로 의미하는 것이다. 이러한 책임부담은 동시에 행정권한의 조직화를 의미하고, 민간부문의 경제력에 비해 정부부문의 경제력이 상대적으로 중요하다는 것을 의미하게 된다.

미국에서 행정부 주도의 예산제도 발전은 권력분립의 원리에 대한 정면충돌로 간주될 수 있다. 헌법에서 행정부와 입법부의 권한은 명확하게 구분되어 있었으며, 또 헌법에서는 재정권한이 전적으로 입법부의 것임을 천명하고 있다. 이러한 관점에서 볼 때 미국의 행정부 예산편성제도 확립은 가히 혁명적이었으며, 이는 정부구조의 근본적 변화를 반영함과 동시에 근본적 변화를 초래하는 것이었다.

이러한 혁명은 정부를 사회복지의 적극적 도구로 활용하고자 하였던 전문적인 정치학자와 공무원들, 그리고 정부지출을 감축하고 조세부담을 낮추려고 하였던 보수적인 기업가 집단에 의해 촉발되었다.

이들 서로 다른 두 가지 그룹들은 '경제성과 효율성'이란 미명으로 미국 정치에 아주 강력하게 호소할 수 있었던 것이다. 행정부 예산제도는 각종 정부사업에 대한 행정부의 책임을 명확하게 하는 것이다.

1921년에 제정된 예산회계법Budget and Accounting Act은 대통령에게 매년 국가예산을, 또 필요한 경우에는 추가 또는 보결 추정금액을 의회에 제출하도록 하는 권한을 부여하였다. 예산실의 권한은 여러 정부부처 또는 기관의 추정치를 취합, 연결, 정정, 감액 또는 증액하는 것이다. 따라서 대통령은 정부기관의 요구가 그의 정책적 우선순위에 일치하지 않는다면 거절할 수 있다. 그리고 정부기관은 의회의 요구가 있는 경우를 제외하고는 의회에 직접 예산요구서를 제출하는 것이 금지되었다. 그리고 예산기능에 추가하여 예산실은 행정기관의 관리 실태를 평가하고 경제성 및 효율성의 관점에서 그 개선사항을 모색하도록 요구되었다. 의회는 이 새로운 법률에 부응하여 의회의 예산절차를 변경해야 한다고 생각하였다. 1920년 하원은 지출승인위원회에 모든 지출을 소관하도록 통합하였고, 1922년 상원도 같은 방식을 채택하였다.

20세기 들어와 수십 년간 공감대가 형성되었던 개혁이 1921년에 비로소 제도화되었다. 과거의 문제점을 해결하기 위해 전반적인 변화를 수용하였는데, 새로운 예산과정에서 대통령의 권한은 현격하게 증가하였다. 의회는 이에 대한 제약을 법률로 제정하지 않았다. 대통령은 행정부 내부에 적용되는 예산규율을 지시할 수 있었다. 결국 1921년 이후에 대통령은 연방예산 절차를 지시할 뿐만 아니라 사실상 지배한 것으로 평가된다.

# 의회 예산권의 제한과 대통령 거부권

## 권력분립과 행정부 예산편성제도

1900년대 초기부터 논의가 시작되어 1921년에 채택된 행정부 예산제도는 미국 연방정부의 운영방식에 중대한 변화를 초래하는 조치라 할 수 있다. 예산을 대통령의 책임하에서 조정·편성한다는 것은 재정에 관한 권한을 전적으로 의회에 부여한 미국 헌법 규정에 위배될 뿐만 아니라, 당시 의회가 예산에 대한 권한을 실질적으로 행사해왔음을 감안한다면 이는 가히 혁명적인 조치임에 분명하였다. 또한 이러한 배경 때문에 1900년대의 예산전문가들은 미국식의 삼권분립하에서 행정부 주도의 예산제도를 어떻게 개발하는 것이 적절할 것인지에 대해 많은 고민을 하였다.

사실 미국의 예산제도를 논의하기 위해서는 먼저 미국이 독립과 함께 법률과 관행으로 정착한 '권력분립separation of power의 사상'을 살펴보아야 한다. 이 사상에 의하면 중앙정부의 권한은 행정, 입법, 사법부의 세 가지로 나뉜다. 권한의 이러한 분리에 따라 견제와 균형check and balance이라는 제도가 확립되었으며, 이 때문에 영국에서 발전해온 '입법부의 단순 다수결'로 작동되는 의원내각제 형태의 정부가 미국에서는 나타나지 않았다.

권력분립에 기초한 미국 연방정부의 제도는 다음 인용문과 같이 몇몇 중요한 정치평론가들로부터 신랄하게 비판되었다. 그럼에도 이러한 권력분립의 사상은 미국의 주정부와 지방정부에서도 보편적으로 채택되었다. 권력분립은 모든 주정부와 도시정부의 구조적 질서로서 채택되었던 것이다. 물론 부분적으로 많은 도시에서는 입법권과 행정권을 통합한 정부 형태가 조직되었지만, 미국의 중앙 및 주정부는 권력분립의 원칙에 기초하였으며, 또 이는 역사적으로 언제까지나 지속될 것으로 기대되었다.

> 정부의 기능은 오직 공적 의지public will를 형성하고 집행하는 입법과 행정 두 가지로서 사법부는 단순히 법률준수권한law-enforcing power의 기능을 할 뿐이다. 이러한 관점에서 볼 때 권력분립은 정부 내에서 갈등을 조장하고, 책임을 분산시키며, 제도적 비현실성을 극복하기 위하여 정부 외에 단단한 당조직을 필요로 하며, 단순성과 효율성 대신 혼잡성과 불명료성만을 초래할 뿐이다.[55]

미국 독립 이후 1910년대까지 권력분립의 사상은 재정운용의 측면에서는 행정부의 책임을 확립하기보다는 그 반대의 방향으로 관행을 정착시켰다. 연방정부가 처음 설치되었을 때에는 예산이 매년 행정부의 재정부 장관에 의해 의회에 제출될 것으로 기대되었다. 그러나 초대 장관 해밀턴 이후로는 입법부와 행정부 사이의 갈등이 너무 격화되면서 의회는 '예산의 분권화'를 추구하였다. 또한 당시의 대통령들은 행정부가 예산안을 편성해야 한다는 사실을 주장하지 않았다. 따라서 예산의 권한은 의회의 위원회에 귀속되어 중앙정부의 예산편성은 오직 입법부의 기능으로 인식되었다.

미국의 주정부들도 연방의회의 방법을 사실상 채택하였다. 1850년대 이후 많은 주에서 주지사의 권한이 약간 증가하였지만, 주지사는

---

55 비어드(Charles A. Bread)의 언급으로서 Buck(1929), p. 16에서 재인용.

재정계획과 관리에서 기껏해야 명목상의 대표에 불과하였다. 주 행정부의 권한은 주지사와 무관한 행정관료들, 그리고 주 헌법 또는 법률에 따라 설치된 각종 위원회에 분배되었다. 행정기관들은 사업을 수행하는 데 필요한 자금을 통상 입법부에 곧바로 요청하여 승인받았다. 주정부 전반에 대한 계획, 사업의 조정, 책임 있는 지시 등이 전혀 없었다.

이러한 사정은 지방정부에서 더욱더 악화된 상태로 전개되었다. 대부분의 도시에서 시장은 기껏해야 오직 명목적인 행정권한을 가질 뿐이었고, 시의회가 시 자금에 대한 지출승인을 하였으며 독립적인 행정기관들과 함께 시정부를 운영하였다. 더구나 카운티county 정부들은 명목에 불과한 행정부의 장長조차 없어 훨씬 더 심각한 상황이었다고 할 수 있다. 이들 재정은 매년 카운티 의회의 결정에 따라 계획성 없이 집행되었다.

1910년대 미국 정부가 정착할 수 있는 예산제도를 연구하였을 때 많은 예산전문가들은 '영국식 예산제도'를 분석하여 이를 미국에 적용할 수 있는 방안을 모색하였다. 1910년까지 구축된 영국식 예산제도의 핵심에 대해 이들이 발견한 사항은 다음 세 가지로 요약될 수 있었다. 첫째, 행정부는 예산을 편성하며 중요한 제안사항에 대해서는 관련 논의자료를 함께 의회에 제출한다. 둘째, 입법부는 예산을 비판적으로 조사하고 그 제안을 통과시키는 데 일정한 제한 내에서만 이들을 수정할 수 있을 뿐이었다. 셋째, 수상과 내각은 예산의 적정한 집행에 대해 시민들 또는 그 대표자들에게 전적인 책임을 질 수 있도록 정부 내에 기구와 절차가 마련되어 있다.

미국의 예산전문가들은 미국이 정부운영의 원칙으로 채택한 권력분립의 정신을 준수하면서 영국식 예산제도에 포함된 이 세 가지 요소를 어떻게 구현할 것인지를 고민하였다. 행정부 수반이 예산을 편성하여 의회에 제출해야 한다는 생각이 예산전문가들 사이에 보편적으로 합의되었으나, 주정부, 지방정부에 따라서는 이러한 원칙이 현실적으로 그대로 수용되기는 어려웠다. 또한 입법부의 예산심의 절차와 관련하여 의회의원들은 예산을 공개적으로 토의하거나 행정부 수반과 행정 관료들이 예산안을 설명·변호하기 위해 회의장에 나타나는 것을 좋아하지 않았다. 이러한 절차가 일부 지역에서는 의회의 존엄성과 권위를 경시하는 것으로 간주되기까지 하였다.

더구나 행정부 수반이 정부의 행정과 예산집행을 전적으로 책임지도록 하는 것은 더욱더 어려운 일이었다. 대부분의 주정부에서는 오직 제한된 범위에서만 주지사의 행정적 통제가 가능하였기 때문이었다. 따라서 이러한 주에서는 주지사에게 예산명세 작성과 예산집행을 통제하는 지위를 부여하기 이전에 먼저 행정구조 개편에 대한 충분한 계획을 수립할 필요가 있었다.

주 행정부가 예산의 편성·집행에 완전한 책임을 져야 한다고 주장하는 이들 예산전문가는 행정조직을 구조조정하여 주지사를 주행정의 책임자로 두고, 또 그의 리더십이 효과적으로 발휘되도록 하기 위해 입법절차를 재조정하고자 노력하였다. 뉴욕시 도시연구부는 이러한 제안을 1915년에 소집된 뉴욕 주 헌법총회를 준비하면서 제시하였다.

뉴욕시 도시연구부의 제안은 다음과 같은 내용을 담고 있었다. 주지사는 행정기관들을 통합한 행정부의 실질적 수장이 되어야 하고, 적절한 참모들의 도움을 받아 예산을 편성해야 하며, 예산이 의회에 제출될 때 제안사항을 실행할 수 있도록 예산법안이 함께 있어야 하며, 주지사와 핵심간부들은 예산을 변호하거나 이에 관한 질문에 대답하기 위해 의회에 출석해야 하며, 의회의 소수파 또는 소수정당의 실질적인 비판을 수용할 수 있도록 그 절차가 확립되어야 하며, 의회는 주지사가 제안한 지출 각항을 증액하도록 허용되지 않아야 하며, 마지막으로 주지사와 의회 사이에 교착상태가 지속되면 이를 해결하기 위한 신속한 방안이 있어야 한다.

뉴욕 주 방안이 제안된 직후 이 방안은 '행정부 예산제도Executive Budget System'로 명명되었는데, 이에 대해 많은 비판도 동시에 제기되었다. 이들 중 일부는 이 제도가 행정부를 강화하고 입법부의 권한을 부당하게 제한함으로써 궁극적으로는 민주적 통제를 희석시킬 것이라고 주장하였다. 그러나 전반적으로 볼 때 예산과정의 세 가지 중요 단계, 즉 '편성, 결정, 집행'에서 행정부는 첫 번째와 세 번째를 통제하고, 입법부는 두 번째에서 주도적 역할을 하고 세 번째에서는 독립된 조사결과가 제공되어야 한다는 쪽으로 의견이 모였다. 예산권한의 이러한 분배는 미국의 정부제도와 부합할 뿐만 아니라 효과적인 예산제도의 건전한 기초가 되는 것처럼 보였다.

뉴욕시 도시연구부의 제안내용 대부분을 포함하였던 뉴욕 주 헌법안은 다른 정치적 이유로 주민투표에서 부결되었지만 이후 미국의 많은 주에서 모범적인 전형으로 채택되기 시작하였다. 다만, 입법부가 예산의 심의과정에서 어느 정도의 권한을 행사할 수 있어야 하는가에 대해서는 논란이 지속되었다. 즉, 과연 의회는 주지사가 제안한 지출 각항을 증액할 수 없어야 하는가?

영국에서는 의회가 지출승인을 함에 있어 행정부 수반이 제안한 지출 각항을 증가시키지 않는다는 관례를 역사적으로 정착시켰다. 이러한 관례는 입법부와 행정부의 관계에서 비롯된다. 영국에서는 행정부의 수반인 수상Prime Minister과 내각의 각료들은 통상 의회의 의원들로서 이 집단은 의회 내에서 일종의 위원회를 형성한다고 말할 수 있다. 이 위원회의 장인 수상은 행정부의 수반일 뿐만 아니라 하원의 책임 있는 지도자가 된다.

수상의 지도력에 문제가 있으면 내각은 실권하고, 그의 직위는 다른 사람에게 이전되어 정부업무를 수행하는 새로운 내각이 구성된다. 일반적으로 예산은 당해 연도에 의회에 제출되는 가장 중요한 제안이기 때문에 이를 편성 및 제출하는 작업은 행정부 수반의 지도력을 검증하는 중요한 도구로 인정된다. 어떠한 경우이건 의회가 예산의 확정을 거부하면 이는 내각의 실권과 동일하기 때문에 예산은 행정부 수반의 책임을 검증하는 중요한 수단이 되어왔다.

### 의회의 예산수정에 대한 제한

1910년대 미국의 주정부에서 예산운동이 지속되고 있을 때 예산편성당국이 제안한 지출승인법안을 입법부가 변경하는 데 제한을 둘 것인가에 대해 많은 논의가 있었다. 여기서는 입법부의 예산변경 결정에 대해 부과될 수 있는 '제한'으로 두 가지가 검토되었다. 첫째, 예산편성당국에 의해 제안된 매년도 지출승인법안의 지출 각항 증액에 대한 제한을 들 수 있다. 둘째, 특수 또는 의원입법의 형태로 제안되는 지출승인법안의 통과에 대한 제한을 들 수 있다. 이들 제한은 이론적으로 또 경험적으로 발전해온 것들이다. 전자는 영국 예산제도의 이론과 경험을 미국에 정착하려는 시도에서 제기되었고, 후자는 미국의 입법부에서 특수 지출승인법안의 처리에서 나타났던 아주 잘 못된 관행을 없애려는 것이었다.

첫 번째 사항과 관련하여 일부 예산운동가들은 입법부 증액금지 라는 제한이 강제되지 않는다면 실질적으로 행정부 예산편성제도를 정착하는 것이 불가능하다고 주장하였다. 이 문제는 1915년의 뉴욕 주 헌법총회에서 장단점이 토론되었는데, 그 예산항목을 삭감하거나 삭제하는 경우를 제외하고는 입법부가 주지사의 지출승인법안을 변 경하는 것을 금지하는 조항이 궁극적으로 헌법안에 포함되었다. 그 러나 이 헌법은 주민투표에 회부되었지만 다른 정치적인 이유로 부결 되었다.

뉴욕 주에 이어 행정부 예산제도의 도입에 적극적이었던 주는 메릴 랜드 주였다. 주 헌법개정안의 초안을 만들기 위해 존스홉킨스 대학 교Johns Hopkins의 총장이자 태프트 대통령의 '경제성 및 효율성 위원 회'의 위원이었던 굿나우Frank J. Goodnow가 위원장이 되는 특별위원회 가 구성되었다. 여기서 마련한 개정안에 의하면 의회는 주지사가 제 안한 지출승인법안에 포함된 지출 각항을 증액할 수는 없으며 오직 삭제 또는 삭감만 할 수 있을 뿐이다. 다만, 예외적으로 의회에 대한 지출항목에 대해서는 증액 또는 감액할 수 있고, 또 사법부에 대해 서는 오직 증액만이 허용되었다. 개정안에 수반되었던 위원회의 보고 서에 의하면 "이러한 제한이 건전한 예산제도를 확립하기 위한 근본 요소라고 우리는 판단하고 있다. 이러한 제한은 가장 선진적으로 재 정을 운영하는 정부의 예산제도에서도 나타나고 있다."[56] 메릴랜드의

---

56 Buck(1929), p. 407 참조.

주 헌법개정안은 1916년 11월의 주민투표에서 채택되었다.

　메릴랜드 주의 헌법개정안에 포함된 이 조문은 1918년에 채택된 웨스트버지니아West Virginia 주의 예산제도 개정에도 그대로 채택되었다. 실질적으로 같은 내용의 조문이 네바다Nevada, 뉴멕시코, 유타 주 등의 예산법Budget Law에 포함되었는데 이후 삭제되었다. 이 조문이 포함된 인디애나Indiana 주에서는 의회에 부과된 이러한 제한 때문에 1921년에 예산제도 개정안이 의회에서 두 번씩이나 부결되었다. 1927년 11월에 뉴욕 주 주민들이 채택한 행정부 예산제도를 위한 개정안에 의하면 이 조문은 다음과 같이 수정되어 있었다.

　입법부는 지출 각항의 삭제 또는 삭감이 아니라면 주지사가 제출한 지출 승인법안을 수정할 수 없다. 다만, 최초 법안과 구분하여 명확하게 설명되고 또 그 각각에 대해 단일의 목표와 목적이 명시되면 지출승인의 항목을 추가할 수 있다. 그런데 이 조항에서 설명되고 있는 어떠한 제한도 입법부 또는 사법부의 지출승인항목에 대해서는 적용되지 아니한다.[57]

　그런데 "다만 최초 법안과 구분하여 명확하게 설명되고, 또 그 각각에 대해 단일의 목표와 목적이 명시되면 지출승인의 항목을 추가할 수 있다"는 단서조항으로 표시되어 있는 지출 각항의 추가에 대해서는 주지사가 거부권을 행사할 수 있다. 메릴랜드 주의 개정안에 없었던 이 조항이 뉴욕 주에서 포함되었던 이유는 메릴랜드와 웨스트버지니아 주의 경험에서 비롯된 것이다. 이들 주에서는 주지사의 예

---

57 Buck(1929), pp. 407-8 참조.

산법안에 대한 증액금지를 피하기 위하여 주의회가 예산심의 중에 주지사를 설득하여 수정 예산안을 제출하도록 설득하였다. 수정 예산안은 매년의 예산법안이 의회에서 최종 통과되기 이전에 주지사가 언제든지 제출할 수 있기 때문이다.

이들 주의 경험으로부터 많은 예산전문가들은 미국에서는 영국의 예산제도와 같이 '입법부 증액금지'를 통해 행정부가 예산의 편성과 결정 모두를 주도하는 제도를 구축할 수 없는 것처럼 보였다. 행정부와 입법부의 권력분립에 기초하여 조직된 미국의 정치체제를 변경하려고 하지 않는 한 미국이 채택하는 예산절차에서 이러한 차이점은 불가피한 것으로 생각되었다. 대통령제하에서도 예산편성은 기본적으로 행정부 기능이 될 수 있지만, 그 승인과 결정은 본질적으로 입법부의 기능이 되어야 한다는 것이다.

1921년 연방정부에서 채택된 예산회계법에서는 이러한 차이점이 충분히 인식되었다. 이 법률에 따라 연방의회는 대통령의 예산안에 대해 의회가 적합하다고 판단하는 모든 것을 변경할 수 있는 권한을 완벽하게 보유하게 된 것이다. 그러나 관행적으로 의회는 대통령의 예산안이 연방정부의 최대 요구금액을 설정하는 것으로 간주하고 있다. 비록 때때로 특정 정부부처와 기관들의 요청금액을 상당한 정도 변경할지라도 의회는 가능한 행정부가 제안한 총금액을 증액시키는 결정을 내리지 않았다.

결국 영국의 예산제도에서는 입법부 증액금지가 중요한 특징이 되지만 미국과 같은 권력분립하에서는 입법부에 대한 제한이 사실상 불필요한 것으로 간주되었다. 권력분립하에서는 입법부에 의해 결정된 예산계획을 실질적으로 집행할 수 있도록 행정부의 권한을 최대한 인정하는 것이 중요하다. 비록 입법부가 지출기관의 소요액을 초과하여 지출항목을 증액시켰다 할지라도 행정부는 자신의 권한으로 이러한 지출을 통제할 수 있고, 또 그 초과금액은 잉여금으로 남게 될 것이다. 또한 의회도 행정부가 작성한 명확한 재정계획 상의 금액을 별 이유도 없이 증액하여 승인하지 않는다. 미국의 정부체제하에서는 예산을 편성하고 집행하는 권한이 행정부에 귀속되도록 하는 것이 가장 중요하고 필요한 일이다. 미국이 영국과 달리 권력분립 체제를 유지하는 한 예산요구를 결정하고 승인하는 권한은 전적으로 입법부의 것이어야 하며, 예산의 집행에 대해서는 어떠한 방해와 제한이 없이 행정부에 귀속되어야 한다.

### 대통령의 거부권

입법부의 예산결정에 대한 두 번째 제한은 특수 또는 의원입법의 형태로 발의되는 지출승인법에 대한 것이다. 예산의 전체 계획을 감안하지 않은 채 입법부의 개별 의원이 '특수 지출승인법안Special Appropriation Bill'을 발의하는 데 대해서는 제한이 있어야 할 것인가? 1910년대 이전 미국의 각급 정부에서 벌어졌던 다양한 경험들을 생각하면 의회의 이러한 권한은 제한되는 것이 마땅할 것이다. 과거 이러한 권한은 주의회에서 많이 남용되었는데, 의원 발의가 자유로이 제한 없이 행사됨으로써 대규모 '돈육 덩어리' 지출승인과 재정적자가 초래되었던 것이다.

다수의 특수 지출승인법안들이 여러 의원에 의해 발의되고, 법안들이 회부된 위원회에서는 아주 소홀하게 검토되어 본회의에 제안되었으며, 회기 마지막 날 거의 정신없이 급하게 통과되었다. 주지사의 거부권이 행사되지 않는다면 이러한 법안들은 주의 재정을 악화시킬 것이다. 연방의회 역시 마찬가지로 불미스런 경험을 갖고 있다. 하천 및 항만 개량, 공공건설, 연금 등에 대한 지출승인을 요구하는 말 그대로 수백만 달러에 달하는 수백 건의 의원입법안들이 여러 위원회에 의해 '포괄적 지출승인법안'으로 묶어졌다. 비록 이들은 양심적인 의원들에 의해 '사기와 절도행각'으로 표현되기도 하였지만, 연방의회에서 정식으로 통과되고 대통령의 거부권을 회피하였다. 이 당시 의원들은 "만약 당신이 절도할 예정이라면 우리 서로 나누어 가져 불만이 없도록 합시다"라고 타협하는 데 익숙하였던 것이다.

주의회가 일정한 규칙을 채택하여 의원입법안을 스스로 규제한다면 의원들의 지출승인법안 도입은 제한될 수 있을 것이다. 그러나 이것이 실패하였기 때문에 의원입법안에 대한 입법부의 권한을 제한하고자 하는 헌법조항이 여러 주, 특히 메릴랜드, 캘리포니아, 매사추세츠, 뉴욕 주 등에서 나타난 것이다. 이들 조항의 내용은 대체로 다음과 같이 규정되어 있었다. 입법부가 신규로 포함하고자 하는 여타의 지출항목들을 검토하기 전에 입법부는 주지사가 제안한 지출승인법안의 항목들을 먼저 결정해야 한다는 것이다. 또한 개별 주에 따라서는 추가적인 제한도 강구되었다.

메릴랜드 주에서는 무분별한 신비목新費目 설치를 제한하기 위해 다음과 같은 조항들을 설치하였다. 신비목을 설치하는 지출항목들을 주지사가 제안한 법안과 구분하여 별도의 법안들로 작성할 것을 요구하고, 이들 각각은 당해 법안의 총금액을 조성하기 위한 직접 또는 간접적인 조세수단을 담고 있어야 하고, 반드시 본회의의 다수결에 따라, 또 찬성자와 반대자가 기록되어 통과되어야 하고, 거부권을 갖고 있는 주지사가 동의해야 한다. 웨스트버지니아 주에서도 예상되는 흑자가 지출항목을 충당하기에 충분하다면 각각의 특수 지출승인법안에 조세수단이 포함될 것을 요구하지 않는다는 사실을 제외하고는 메릴랜드 주와 유사한 조항들을 포함하였다.

캘리포니아 주에서는 각각의 지출승인법안이 단일의 특정한 목적을 설명할 것을 요구하였으며, 또 입법부에 의해 통과된 후 주지사가 법안의 일부 또는 전부에 대해 거부권을 행사할 수 있어야 한다고 규정하였다. 매사추세츠 주에서는 모든 특수 지출승인법안은 포함된 지출항목들을 충당할 수 있는 일정한 조세수단을 제공해야 하고, 입법되었을 때에는 주지사로 이송되어 법안의 지출항목 전부 또는 일부에 대해 거부 또는 감액될 수 있다. 뉴욕 주에서는 주지사의 제안이외의 지출항목들은 별도의 법안을 구성하여 법률로 공포되기 이전에 행정부의 승인을 받아야 한다고 규정되었다. 네브라스카Nebraska의 헌법은 주지사의 예산제안을 초과하여 통과된 모든 지출항목이 의회의 각 원에서 5분의 3 의결로 통과되어야 하며, 통과되었을 때에는 행정부의 거부권이 행사되지 못한다.

이와 같이 '특수 지출승인법안'에 대한 각 주의 헌법적 제한들은 다음과 같이 간단히 요약될 수 있다. 즉, ① 주지사의 예산안이 통과되기 전에 이 법안들은 검토될 수 없다, ② 이 법안들은 단일의 작업 또는 목적단위로 구성된다, ③ 이 법안들은 포함되어 있는 지출항목들을 충당하는 조세수단을 제시해야 한다, ④ 이 법안들은 의회에서 다수결 이상의 결의로 통과되어야 한다, ⑤ 이 법안들은 주지사의 승인을 얻어야 한다.

이러한 헌법상의 조항들은 상당한 효과를 발휘하였던 것으로 판단될 수 있다. 1916년에 예산제도 개정안을 통과하였던 메릴랜드 주의 경험을 통해 이를 알 수 있다. 이 개정이 통과되기 직전의 의회 회기에서는 35개 또는 40개의 '특수 지출승인법안'이 통과되어 주지사의 승인을 받았다. 주 재정에서 약 150만 달러의 적자가 생길 때까지 이러한 일들이 여러 회기에 걸쳐 지속되었다. 그런데 예산제도의 개정안이 시행된 이후 1918년의 의회에서는 오직 7개의 특수 지출승인법안이 통과되었는데, 이들 중 2개는 다른 2개와 중복되었으며 주지사는 중복을 이유로 4개 모두를 거부하였으며 그 외의 것들은 반으로 감액되었다.

1920년의 의회는 6개의 특수 지출승인법안을 입법하였는데 이들 모두가 거부되었다. 주지사는 또한 주 재정에 미래 지출부담을 부과시키는 64개의 고속도로 법안도 거부하였다. 1922년의 의회는 1개의 '특수 지출승인법안'을 입법하여 주지사가 승인하였다. 1924년의 의회는 상이군인의 지원을 위하여 3년 동안 매년 2만 5000달러를 제공하는 법안을 통과시켰다. 소규모의 일반 재산세로 당해 지출항목에 필요한 자금을 조성하였는데, 주지사는 이를 승인하였다. 1927년 의회는 주의 문장紋章을 개선하기 위해 채권발행으로 조성된 15만 달러를 제공하는 법안을 통과시켰다. 이 법안은 주지사가 승인하였다.

이러한 사실에서 알 수 있듯이 메릴랜드 주에서는 무분별한 신비목설치를 제한하는 제도를 마련함으로써 '특수 지출승인법안'의 폐해가 거의 사라질 정도로 줄어들었던 것이다. 의회 내부에서 규칙이 제정되고 적절히 준수됨으로써 이러한 결과가 달성될 수 있었던 것이다. 결국 의원입법 지출승인법안에 대해 몇 가지 제한이 필요하고, 또 이들 제한은 아주 강력해야 한다는 것은 대단히 중요하다. 메릴랜드 이외의 주에서도 '특수 지출승인법안'에 대한 헌법적 제한의 효과가 꽤 상당한 것으로 나타났다. 이러한 제한으로 얻은 가장 중요한 사실은 의회가 예산의 총량적 계획을 무시하는 것을 방지할 수 있었다는 것이다.

주의회와 달리 연방의회는 '특수 지출승인법안'의 문제를 다른 방법으로 해결하였다. 연방의회는 의회의 규칙과 규정으로 지출항목을 제안하는 상임위원회의 권한을 재구성하는 방법으로 규제하였다. 1921년 예산회계법을 통과할 때 의회는 여러 위원회들의 지출승인 기능을 단일의 위원회로 통합하였다. 모든 지출승인법안을 지출승인 위원회로 회부할 것을 요구하고, 또 여타 위원회는 그들이 보고하는 법안에 자금의 지출승인을 제공하는 조문을 삽입하지 못하도록 의회의 규칙을 제정하였다.

그 결과 모든 의원입법 지출승인법안은 지출승인위원회로 회부되었는데, 이 지출승인위원회는 개별적인 의원입법을 본회의로 송부할 것인지 여부를 판단하는 권한을 가진다. 그런데 이러한 판단을 위해서는 대통령의 예산안이 기초하고 있는 국가 재정상태를 감안할 것이 요구된다. 따라서 지출승인을 위한 잡다한 제안들이 예산계획과 연계되어 판단되는 제도가 마련되었던 것이다. 1921년 이전의 기존 의회제도에서는 각종 위원회가 일반 법안에 대한 수권 또는 사업인 준뿐만 아니라 이를 수행하기 위한 금전의 지출승인까지 담당하였기에 이것이 가능하지 않았던 것이다.

의원입법을 통한 지출항목에 대한 발의를 규제하기 위해 연방의회에서 채택한 이러한 새로운 절차는 기존 방법에 비해 상당히 개선된 것이었다. 그럼에도 전국보다는 지역적 이해를 대변하고, 그 가치가 의심스러운 많은 사업이 여전히 인준되고 시행되었다. 분명 이들에 대해서는 추가적인 조치가 필요할 것이다. 미국은 행정부 수반의 거부권을 통해 이 문제를 해결하고자 하였다.

다시 말해, 법안은 입법부가 여전히 회기 중에 있으면서 행정부에 의해 서명될 때까지, 또는 행정부가 법안을 송부 받은 후 일정 기간이 경과할 때까지 법률로 성립하지 않는다. 예산법안을 승인하기 위해 행정부에 부여된 권한은 통상 '거부권power of veto' 또는 재의요구권으로 나타난다. 그러나 이 권한의 행사에는 다양한 형태가 있다. 예컨대, 지출승인법안의 거부권에서 대통령은 '항목별 거부권line-item veto'을 가지고 있지 않기 때문에 개별 법안을 전체적으로in toto 승인하거나 거부해야 한다. 다시 말해, 대통령은 부적절한 항목으로 생각하는 것을 삭제한 후 그 지출승인법안의 나머지를 승인할 수 없는 것이다. 1861년에 설립된 남북전쟁 당시 남부연합국Confederacy의 헌법에서는 행정부에게 지출승인법안의 특정 항목들을 거부할 수 있는 권한을 인정하였다. 이 조항은 연방정부 차원에서 선진화된 제도로 생각되었으나 남부연합국이 붕괴되면서 폐기되었다.

그런데 다수의 주에서 주지사가 지출승인법안 승인에서 항목별 거부권을 행사할 수 있도록 규정되었다.[58] 주지사가 항목별 거부권을 행사할 수 있게 되자 입법부는 예산항목의 포괄범위를 확대하여 주지사가 거부권을 행사하기 어렵도록 만들었다. 일찍이 1885년 펜실베이니아Pennsylvania 주에서는 주지사가 특별한 헌법적 권한도 없으면서 입법부가 제안한 부적절한 내용들을 삭제하고자 지출승인법의 특정

---

58 1929년 당시에 주의 4분의 3 이상이 주지사에게 항목별 거부권을 부여하였다.

조항을 거부하였다. 1901년 주 대법원이 이러한 관행을 지지함으로써 이후 광범하게 사용되었다. 그 후 약 10여 개의 다른 주에서도 주지사가 지출승인의 개별 항목들을 거부하려고 하였으나, 다수의 주 법원들은 헌법에서 특정한 권한이 부여되지 않는 한 이러한 항목별 거부권이 무효라고 판시하였다.

예산제도 개혁을 추진한 미국의 여러 주에서 입법부의 예산결정에 대한 제한과 함께 주지사의 거부권에 대한 논의가 이루어졌다. 만약 입법부의 결정이 행정부가 제안한 지출항목들을 삭제 또는 삭감하는 데 한정된다면 주지사의 거부권은 그다지 필요하지 않을 것이다. 반대로 입법부의 예산결정에 아무런 제한이 부과되지 않는다면 행정부의 거부권이 필요하다. 이때 거부권은 지출승인항목의 삭제뿐만 아니라 삭감을 허용할 수 있도록 확대되어야 한다. 그래야 비로소 행정부는 입법부의 증액에 대항하여 자신의 지출제안을 방어하는 적절한 수단을 가질 수 있을 것이다. 입법부가 행정부의 거부권을 재의결한다면 그 증액에 대한 책임은 당연히 입법부에 있어야 할 것이다.

주정부의 예산제도 개혁에서는 입법부의 예산수정에 대한 제한과 행정부의 거부권이 활발하게 토의되었지만, 연방정부가 1921년 예산회계법을 채택할 때에는 이에 대한 논의가 그다지 나타나지 않았다. 입법부가 예산을 결정해야 한다는 미국 헌법은 개정되지 않았기 때문에 미국의 연방의회는 행정부 예산제도가 도입된 이후에도 예산결정에 관한 전권을 보유하였다. 또 이에 대항하여 지출승인법안에 대한 대통령의 거부권은 항목별 거부가 아니라 총체적인 거부권으로 당연하게 인정되었다.

## 회계검사원의 설치[59]

### 초기의 회계검사제도

미국의 헌법 기초작업의 과정에서는 많은 논란이 있었으나 행정부, 입법부, 사법부의 명확한 권력분립에는 공감대가 형성되어 있었다. 헌법에 명확한 내용이 규정되지 않은 사항에 대해서는 헌법이 제정된 이후에도 많은 논란이 지속되었다. 특히, 첫 번째 의회의 첫 회기인 1789년에 행정부 내에 외무부Department of Foreign Affairs(이후 국무부로 바뀜), 전쟁부Department of War, 재정부Department of Treasury의 3개 부처를 설치하는 법률을 제정하는 과정에서 많은 논란이 일었다.

1789년 3개 부처를 설치하는 법률이 제정되었는데 외무나 전쟁과 달리 재정에 대해서는 의회의 통제가 행정부보다 더 컸기 때문에 재정부에 대한 법률은 외무부와 전쟁부의 법률과 많이 달랐다. 외무부와 전쟁부는 '행정부처Executive Departments'로 규정되었으나, 재정부는 단순히 '부처Department'로 규정되었다. 이러한 구분이 있었던 이유는 초기의 의회가 헌법에서 외무와 국방을 대통령의 권한으로 규정하였으나 재정은 그렇지 않다고 간주하였기 때문이다. 다시 말해, 재정권한은 의회가 헌법상 보유하는 수입, 지출 및 차입권한에 더욱 직접적으로 연관되어 있다고 보았기 때문이다. 외무부와 전쟁부의 장관은 '기관장principal officer'으로 명명되었으나, 재정부 장관은 '부처 대표head of the department'로 생각되었던 것이다.

각 부처의 설치법률에 의하면 외무부 장관과 전쟁부 장관은 '미국

---

59 본 절의 내용은 대부분 Mosher(1979)를 참조 정리하였다.

대통령이 수시로 지시 또는 위임한 바에 따라 직무를 수행하고 집행'
하도록 요구되었다. 반면 재정부 장관은 이와 같이 규정되지 않았다.
그의 임명과 해임을 제외하고는 재정부 설치법률은 대통령을 전혀 언
급하지 않고 있다. 재정부 장관은 대통령과 관계없이 의회의 양원에
재정문제에 대한 다양한 보고, 명세 및 계획을 제출하도록 요구되었
다. 또한 그는 재정운용에 관한 모든 문제를 감독하도록 지시되었다.

주요 실·국장의 임명에 대해서만 규정한 다른 부처의 설치법률과
달리 재정부 법률은 많은 하위관리들과 그 직무를 꽤 자세히 열거하
고 있다. 즉, '통제관comptroller'은 계정을 감독하고 장관의 지불명령서
에 맞서명countersign하며 감사관의 설명을 검토하고 기타 직무를 수
행한다. '국고관treasurer'은 자금을 수취·보관 및 지급하며, '감사관
auditor'은 모든 회계자료를 수령하고 점검·증명한다. '등록관register'은
모든 회계자료를 기록한다.

1789년의 재정부 설치법률은 다른 부처의 설치법률과 마찬가지 방
법으로 한 명의 부처장을 규정하고 있지만 내부조직·권한·책임을 자
세하게 규정하였다. 이는 재정부가 행정부뿐만 아니라 의회의 기관
처럼 의회와 특히 긴밀한 관계를 유지하도록 하는 데 그 목적이 있었
다. 1789년 재정부법Treasury Act of 1789은 이후 기간의 재정부와 비교할
때 그 특징을 모두 다섯 가지로 정리할 수 있다.[60]

첫째, 연방 재정관리의 핵심이라 할 수 있었던 재정부의 자금인출
에 대한 '지불명령제'를 들 수 있다. 재정부 법에 의하면 재정부 장관
은 '법률로 규정된 지출항목에 따라 재정부로부터 인출되는 자금 모

---

60 Mosher(1979) 참조.

두에 대해 지불명령'을 승인한다. 또한 이러한 모든 지불명령은 통제관에 의해 맞서명되어야 한다(Sec. 3 참조). 국고관은 '재정부 장관이 발급하고, 통제관이 맞서명하며, 등록관이 기록한 지불명령에 따라서만 같은 금액을 지불'하도록 지시되었다. 여기서 지급과 회계의 중요한 근거는 지불명령이었고, 지불명령의 근거는 지출승인법과 기타 법률이었다. 등록관과 국고관의 업무는 재량권이 없이 단순히 기계적이었다. 통제관의 업무는 법률적인 사항에 대해서만 판단을 하는 것이었기에 많은 고민을 해야 하는 자리가 아니었다. 재정부 장관과 통제관은 재정부의 지불명령을 승인하는 데 그 적법성에 대한 해명 책임을 갖는다.

둘째, 초기 재정관리의 중요한 특징은 재정부에 의한 고도의 중앙 집중적 통제에 있었다. 지불명령제도 자체가 중앙집중적 성격을 띠고 있었을 뿐만 아니라, 연방정부의 모든 지급이 재정부 감사관에 의한 감사, 재정부 통제관의 감사검토가 이루어진 이후에만 결산 처리되었다. 심지어 재정부가 다른 기관, 특히 전쟁부의 회계 및 조달기관이었던 적도 몇 년 있었다. 지불명령과 감사제도에 의한 재정부의 이러한 엄격함 때문에 정부부처의 관리회계 발전이 거의 1세기 이상 지체되었다고 평가된다.

셋째, 초기 재정관리제도는 서로 견제할 수 있도록 책임을 다수의 서로 다른 관리들에게 분배하였다. 통제관은 장관이 발급한 지불명령과 감사관이 검토·증명한 계정들을 점검하였다. 등록관은 계정에 대한 회계를 처리하였다. 국고관은 다른 관리들의 적절한 승인이 없다면 자금을 나누어 줄 수 없었다. 재정부 내에서 자금의 절도 또는 오용은 이들 모두의 담합과 공모가 없는 한 어려웠다. 그러나 이러한 제도를 유지함으로써 나타나는 비용 또한 상당하였다. 지급청구서를 판단하고 이에 따라 지급하는 일이 많이 지체되었다. 회계와 감사는 공공기관의 관리도구라기보다는 장애가 되었다.

넷째, 초기 재정제도의 특징은 '정형성의 규칙rule of specificity'으로 명명될 수 있다. 모든 거래, 모든 증서는 그 형식과 내용에 하자가 있는지 확인하기 위하여 감사관과 통제관에 의해 철저하게 검토되었다. 그 결과 서류작업에 따른 지연이 나타났다. 또한 책임을 지는 관리들이 행정적 결정을 머뭇거리고 조심하는 결과가 초래되었다.

다섯째, 초기 재정제도의 가장 중요한 특징으로는 행정부와 입법부로부터 거의 독립적이었다는 데 있다. 중요한 경제적 문제를 제외하고 제1대 워싱턴 대통령은 국내 재정문제에 거의 관여하지 않았다. 의회도 회계에 대한 재정부 보고서를 접수·점검할 위원회를 구성하지 못하였다. 결국 재정부 통제관은 재정부 내에서 그 지위상으로나 업무상으로나 상당한 독립성을 유지하였다.

그런데 초대 재정부 장관 해밀턴은 해외 또는 원격지에 대한 지급제도를 일부 변경하였다. 해밀턴은 청구서에 따라 부처의 장에게 선금급을 제공하였던 것이다. 부처장은 자금을 집행하고 이미 지급한 자금의 회계자료를 재정부 감사관에게 제출하였으며, 통제관은 이를 검토하고 최종적으로 결제한다. 이는 거래에 대한 사전감사가 아니라 사후감사가 되었다. 1808년경 여러 부처에 지출관을 지정하는 추가적인 제도가 확립되었다. 지출관에게는 선금급이 제공되었으며, 지출관은 이의 적정한 사용에 대해 해명책임을 지고, 또 자금이 유용되지 않도록 책임을 부담하였다. 이는 비법률적인 관행으로 등장하였는데, 지출관 제도는 1823년까지 법률적으로 확정되지 않았으나 급격하게 확산되었다.

지출관의 발전은 재정부로부터 일종의 분권화를 의미한다. 의회에서는 재정에 대한 해밀턴 장관의 주도권을 제어하고자 이러한 분권화를 지속 추진하였다. 즉, 1792년에는 전쟁부에 '회계관' 제도를 설치하여 부처 내 대부분의 계정들을 결제하는 권한을 부여하였다. 전쟁부 장관은 지출항목에 대하여 지불명령을 발급할 수 있도록 허가되었다. 그의 회계관들이 맞서명하면 국고관은 바로 자금을 지불하도록 승인되었다. 유사한 규정이 1798년 해군부Department of Navy의 설치법률에도 포함되었다. 거의 같은 기간에 체신청장Postmaster General에게 우편수입을 직접 운영비로 지불할 수 있고, 그 대리인의 계정들을 우선 결제할 수 있는 권한을 부여하였다. 이러한 방법으로 가장 큰 기관 3개가 재정관리의 상당한 자율성을 확보하였다.

이를 통해 네 겹의 회계 및 감사제도가 확립되었다. 처음에는 부처 내 관리에 의해, 그다음에는 지출관에 의해, 세 번째는 재정부의 감사관에 의해, 네 번째는 통제관에 의해 감사가 이루어졌다. 최종적인 결제에 이르기까지의 이러한 절차는 분명 지루하고 중복적이었으며 업무는 지체되고 상충되기까지 하였다. 정부 거래가 증가하면서 이러한 문제는 점점 더 심각해졌고, 미국의 남북전쟁으로 이 제도 전체가 붕괴되었다. 그러면서 재정부 장관과 통제관의 권한은 초기의 상황과 달리 점차 쇠락하기 시작하였다.

### 19세기의 발전과정

남북전쟁 이후 행정적·재정적 혼란이 계속되었고, 또 계정의 결제가 과도하게 지체되는 데 대해 문제가 제기되었다. 이를 해소하여 정부 계정의 신속한 결제를 위하여 1817년에 법률이 제정되었다. 이 법률에서는 재정부의 책임을 강화하는 건국 초기의 의도대로 전쟁부와 해군부의 회계관 제도를 철폐하고 "채무자이건 채권자이건 미국에 관련된 모든 청구와 소요는 그것이 무엇이건 관계없이 재정부에서 결제 및 조정되어야 한다"고 규정하였다. 이에 따라 재정부로 중앙집중이 이루어졌다.

또한 1817년의 법률은 재정관리를 위한 검토와 그 결제를 촉진하기 위하여 두 번째 통제관을 설치하였다. 두 번째 통제관에게는 전쟁부와 해군부의 계정처리 책임이 부여되었다. 이에 따라 첫 번째 통제관의 직무는 아주 형식적이 되었다. 감사관의 경우에도 각자 소관부처를 달리하며 4명의 감사관이 추가되었다. 첫 번째 감사관은 재정부와 그 외 몇 개 부처의 계정들을 감사하였다. 두 번째와 세 번째 감사관은 전쟁부의 계정들을, 네 번째 감사관은 해군부를, 다섯 번째 감사관은 국무부 인디언 문제, 체신청의 계정을 소관하였다. 1849년에 의회는 '통관위원Commissioner of Customs'을 설치하여 그에게 통관분야에 대한 첫 번째 통제관의 권한을 부여하였다. 그는 실질적으로 세 번째 통제관이 되었다. 결국 1817년의 법률이 제정되면서 재정부의 권한은 다시 강화되었다. 그러나 통제관과 감사관의 숫자가 늘어나면서 재정부 등록관의 지위는 그야말로 명목상의 지위로 전락하고 말았다.

남북전쟁 이후 거의 30여 년간 연방정부의 행정에 대해 다양한 연구가 진행되었다. 이들 모두는 업무와 재정거래에서 비용절감, 운영 효율성 제고, 신속한 업무처리 등을 목표로 하였다. 1869~1871년의 패터슨Patterson 위원회, 1875~1876년의 붓웰Boutwell 위원회, 1887~1889년의 콕렐Cockrell 위원회, 1893~1895년의 도커리-콕렐Dockery-

Cockrell 위원회 등이 여기에 해당된다.

　이들 모두는 행정부와 무관하게 의회의 상원 또는 하원에 의해 설치되었으며, 또 이들의 보고서는 의회에 제출되었다. 이들 모두는 행정부의 업무감독은 대통령의 책임이 아니라 의회의 것이라는 걸 전제하였다. 또 이들 모두는 행정부 업무가 비효율, 낭비, 지체, 부패의 대명사라고 인식한 국민과 의원들을 대변하였다. 그런데 이들 위원회 중에서 도커리-콕렐 위원회는 민간기업의 특출한 3명의 회계사를 자문위원으로 고용하였다. 자문위원의 성격을 반영한 탓인지 이 위원회는 재정관리, 회계, 감사에 초점을 맞추어 여러 부처의 업무를 단순화하고자 하였다.

　이 위원회는 29개의 보고서를 제출하였으며 보고서의 많은 사항들이 법률로 제정되었다. 이의 가장 중요하고 오래 지속된 업적은 재정부의 회계 및 감사조직과 절차를 근본적으로 개선한 것이었다. 이들 대부분은 1894년 도커리법Dockery Act에서 구체화되었다. 이 내용은 거의 전부 1921년 회계검사원General Accounting Office이 설립될 때 이 기관의 장인 통제총괄관Comptroller General으로 이관되었다.

　우선 도커리법은 1789년의 최초 법률처럼 2명의 통제관과 1명의 통관위원을 단일의 재정부 통제관으로 통합하였다. 통제관의 주된 임무는 모든 정부부처에 최종적으로 적용되는 지출승인법의 통일적 해석을 제공하는 것이었다. 그는 지출관 또는 부처장의 요구에 따라 지불의 적법성에 대해 사전적인 의견을 제시하도록 요구되었다. 또한 그는 체신회계를 제외하고는 모든 정부회계의 유지 및 제출 형태를 규정하도록 임무를 부여받았다. 대신 그는 감사관이 검사한 모든 회계를 재검토하는 과다한 일상사로부터 벗어났다. 또한 통제관은 부처

혹은 기타 청구인이, 또는 감사관이 제기하는 예외 또는 의문에 대한 심판원의 지위를 부여받았다. 이에 대한 그의 결정은 모든 행정부처에 대해 최종적 판단으로 간주되었다.

6명의 감사관은 그대로 유지되었다. 그러나 이들의 책임은 강화되었고, 각각의 소관은 부처를 기준으로 명확하게 정리되었다. 전쟁부, 해군부, 재정부, 내무부, 체신청에 1명씩의 감사관이 배정되고 여섯 번째 감사관은 국무부와 여타 부처들에 대한 책임이 부여되었다.

도커리-콕렐 위원회는 연방정부 재정관리에 대해 의회의 우위를 확인시켰다. 그러나 도커리법은 행정부의 해명책임을 강조하며 입법부에 의한 행정부 감사를 전혀 검토하지 않았다. 1789년부터 1921년까지 연방재정의 내부통제제도의 핵심은 재정부 장관, 재정부의 통제관, 감사관에 있었다. 이들 모두는 상원의 동의에 따라 대통령이 임명하고 대통령이 해임할지라도 이들 통제관과 감사관은 재정부 장관, 대통령, 의회와 다소 독립적으로 업무를 수행하였다. 그런데 이들의 작업은 대부분 증서와 원장계정의 자세한 사항들을 검토하는 데 집중되었다. 이는 기술적·법적·반복적·기계적 작업으로서 의회의 관심을 크게 끌지 못했다. 다시 말해, 아직까지는 미국 의회가 이들의 보고서를 수령, 조사 및 결정하는 정기적인 절차를 확립하지 못했다.

### 회계검사원의 독립

재정관리를 개선하려는 다양한 노력들이 이어지면서 의회의 상·하 각원은 예산특별위원회Select Committees on the Budget를 설치하였다. 상원이 상원의원 맥코믹을 의장으로 하여 7월 14일에 먼저 구성하였다. 하원은 이 문제를 주도적으로 제기하였던 하원의원 굿을 의장으로 하여 7월 31일에 구성하였다. 굿 의장의 첫 번째 결정은 당시 저명한 재무행정 전문가 윌라우비Willoughby의 도움을 받아 청문회를 계획하고 '예산 및 감사법안Budget and Auditing Bill'을 마련하는 것이었다.

일반 국민의 관심은 1919년 9월 22일부터 10월 4일까지 개최되었던 하원의 이 위원회 청문회에 집중되었다. 1919년의 위원회 청문회에 참석하였던 47명의 증언자 대부분은 예산과 독립감사의 필요성에 의문을 제기하지 않았다.

법안에서 감사조항과 관련하여 증언자 대부분은 독립된 감사를 선호하였으나 구체사항들에 대해서는 많은 이견이 있었다. 핵심적인 쟁점은 감사기능의 정부 내에서의 지위였다. 재정부 장관 글래스Carter Glass는 재정부의 감사기능을 제거하는 데 적극적으로 반대하였다. 반면 재정부 소속이었던 통제관 워윅W.W. Warwick은 독립된 지위를 주장하였다. 다른 증언자들과 의원들이 일반적으로 감사기능을 재정부와 행정부 전체로부터 독립하는 것을 선호하였다. 청문회에서는 행정부의 감사 개입에 대한 불평이 쏟아졌다. 굿 의장은 감사에 대한 정치적 영향력에 대해 다음의 사례를 하원 토론과정에서 언급하였다.

저는 클리블랜드 대통령 시절의 정부였다고 생각합니다. 대통령이 어떤 지출항목을 다른 목적에 사용하고자 하였는데 약간의 독립성을 가진 재정부 통제관이 그럴 수 없다고 지적하였습니다. 그러나 대통령은 계속하여 주장하였고, 마침내 "나는 그 자금을 써야겠어. 만약 내가 통제관의 생각을 바꾸지 못한다면 나는 통제관을 바꿀 것이다"라고 말했습니다. 독립성이 약했기 때문에 그들이 어느 정당을 지지하건 관계없이 통제관들은 모두 동일한 상황에 실질적으로 직면했습니다.

의원이 되기 전에 18년간 재정부 감사관으로 근무하였던 앤드류 William E. Andrews가 이 문제를 거들었다. 위원회 증언에서 앤드류 의원은 감사관에 대한 행정부 지배를 다음과 같이 언급하였다.

저의 경험한 바에 의하면 이들이 행정부의 통제로부터 벗어나지 못한다면 우리가 영영 효과적인 회계제도를 갖지 못한다는 것은 진실입니다. 그들이 지금의 위치에 머무는 한, 판단을 왜곡시키는 영향을 그들은 얼마간 받게 될 것입니다.

위원회의 대부분 위원뿐만 아니라 이 문제를 증언하였던 대부분의 사람은 의회가 책임지고 행정부의 이러한 왜곡을 제거해야 한다는 사실에 동의한 것처럼 보였다. 이들은 공적 금고에 대한 의회의 권한은 새로운 감사원Office of Auditor을 설립하여 강화해야 한다고 생각하였다. 템플Henry W. Temple 의원은 다음과 같이 말하였다.

저에게는 전반적인 내용이 미국의 헌법정신으로 돌아가는 것 같았습니다. 이전에 의회가 보유하였고 또 보유해야 할, 그러나 행정부에 의해 실제 대부분 잠식당했던 권한 같은 것을 회복하였습니다.

많은, 아마도 대부분의 의원은 독립된 감사를 행정부 예산제도를 도입하는 데 대한 보상quid pro quo으로 간주하였다. 굿 의장 자신도 예산실Bureau of Budget이 설치되어 행정부 예산제도가 도입되면 그 균형을 잡기 위해 감사부Auditing Department가 필요하다는 인식을 하였다.

지출의 적법성을 결정하고 회계감사를 하는 준사법적 성격의, 별도로 구분된 조직이 마침내 등장하였습니다. 이 부처는 낭비를 제어할 목적을 가졌습니다. 또 이 부처는 예산실에 대응하는 권한을 가지는 것으로 의도되었습니다. 이 부처가 감시하고 있다는 것을 예산실은 항상 유념할 것입니다. 그리고 모든 승인된 지출항목들이 적법하게 사용될 것입니다.

굿 의장이 주도한 이 위원회는 영국의 경험에 상당한 영향을 받았다. 감사원의 장인 통제총괄관Comptroller General이란 명칭도 영국의 '통제 및 감사총괄관Comptroller and Auditor General'에서 따온 것이었다. 의회에 대한 특별보고 관계를 설정하는 것도 그러하였지만, 통제총괄관의 임기를 일생 동안 연장할 필요가 있다는 주장도 영국의 경험을 반영한 것이었다.

위원회의 증언에서 하원 지출승인위원회의 의장이었던 셜리Swagar Sherley는 영국의 제도를 인용하면서 감사관이 오직 의회에 대해서만 해명책임을 지도록 한 독립성의 필요성을 강조하였다. 즉, "독립된 감사의 창설은 영국의 의회제도에서 글래드스톤이 도입한 위대한 개혁이었습니다. 그리고 여기서 가장 무서운 사람은 정부지출에 대한 적법성, 정당성, 적정성을 판결하는 권한을 가진 사람이었습니다." 다른 의원들과 증언자들은 이러한 견해에 공감하였는데, 법안의 청문회와 토론과정에서 내내 언급되었다.

한 가지 중요한 측면에서 미국의 통제총괄관에 대한 법안내용이 영국의 모형과 기본적으로 달랐다. 영국의 '통제 및 감사총괄관'은 지급을 거부하고 계정의 최종적 결제권한을 가지지 않았다. 즉, 그는 단순히 감사하고 의회에 보고만 하였다. 반면 미국 재정부의 통제관은 이러한 권한을 가지고 있었는데, 이 권한이 통제총괄관으로 이관되었다.

의회에 책임을 지는 독립된 감사의 필요성이 공감대를 형성하자 권력분립에 기초한 대통령제 정부체제에서 이를 어떻게 수용할 것인지에 많은 의문이 제기되었다. 최고책임자는 어떻게 임명되며, 그 임기와 해임권은 어떻게 규정되어야 하는가? 의회에 대한 책임은 어떠한 공식적 절차에 따라 표현되어야 하는가? 감사 결과를 강제하는 권한은 무엇이어야 하는가? 아니면 그는 단순히 감사하여 의회에 보고만 해야 하는가? 의회의 어느 곳에서 그 보고서를 수령하고 판단할 것인가?

위원회는 이 모든 의문들을 실질적으로 고민하지 않았으나 법안(H.R.9783)에 합의하여 하원 총회에 보고하였다. 대부분의 내용이 굿의 최초 제안에 기초하였는데, 이 법안은 통제총괄관과 통제부총괄관의 지시하에 독립된 회계부처를 창설하는 것이었다. 이 2명의 통제관은 상원의 동의하에 대통령이 임명하였다. 이 두 사람은 종신채용 또는 70세의 강제퇴직 시까지 재임할 수 있었다. 이들은 재정부의 통제관과 감사관의 모든 권한과 의무를 수행하였다.

이 법안은 오랜 토의와 많은 의문을 야기하였으나 하원에서 큰 이견이 없이 채택되었다. 1919년 10월 21일 285 대 3의 표결로 하원을 통과하였다. 그러나 상원은 베르사이유 조약과 국제연맹에 대한 논의 때문에 가을의 휴회 시까지 이를 토의하지 않았다. 윌슨 대통령은 국가예산과 감사제도에 대해 큰 관심을 표명하며, 상원이 이 법안을 즉각 통과시켜 줄 것을 요구하였다.

상원의원 맥코믹의 지휘하에 상원의 예산특별위원회가 1919년 11월과 1920년 1월에 5일간의 청문회(H.R.9783)를 개최하였다. 상원

은 하원에서 통과된 법안의 모든 조항에 이견을 제기하며 수정안을
제시하였다. 맥코믹과 위원회는 하원의 제안에 대해 많은 다른 의견
을 표명하였다. 우선 예산실이 대통령의 직접적인 지시를 받지 않고
재정부 장관의 소속하에 두기를 원하였다. 또한 통제총괄관의 임기
를 7년으로 제한하고 행정부처와의 독립성을 강조하기 위해 '회계부
Accounting Department' 대신 '회계검사원General Accounting Office'이란 명칭
을 부여하고자 하였다.

하원의 위원회처럼 상원의 위원회도 영국 하원의 공공회계위원회
에 상응하는 새로운 위원회를 의회 내에 설치할 것을 주장하는 다
양한 주장들을 청취하였다. 전국조세연맹National Tax Association의 밀
스Ogden L. Mills는 다음과 같이 증언하였다. 그러나 상원도 하원과 마
찬가지로 이 제안을 무시하였다.

행정부처의 지출과 의회승인 자금의 추적을 위하여 매년 또는 의회나 그
위원회가 요구하는 때에 수시로 지출 각 항목들을 조사, 검토, 비판하고
의회에 보고하는 권한과 의무를 가진 양원의 합동위원회가 구성되어야
할 것입니다.

상원과 하원은 이후 양 법안의 차이에 대해 회의를 개최하였다. 상
원이 제안한 '회계검사원'이란 명칭이 채택되었다. 통제총괄관과 통
제부총괄관은 상원의 동의로 대통령이 임명하는 것으로 정리되었다.
이들 모두는 각각 15년의 임기로 규정되었으며, 대통령의 서명이 필
요하지 않는 탄핵, 그리고 양원의 공동결의 이외에는 해임될 수 없는
것으로 규정하였다. 이러한 수정된 법안은 양원을 만장일치로 통과

하여 1920년 6월 2일 대통령에게 회부되었다.

그런데 윌슨 대통령은 통제총괄관의 해임에 관한 이와 같은 규정이 대통령의 헌법적 권한을 침해하는 것으로 판단하였다. 따라서 6월 4일 대통령은 이 법안에 거부권을 행사하여 의회로 다시 송부하였다. 윌슨은 거부권에 대한 설명에서 다음과 같이 언급하였다.

> 저는 너무 안타깝게도 거부권을 행사합니다. 저는 본 법안의 목표에 전적으로 동의하고 또 제303조에 규정된 내용이 헌법을 위배한다는 것을 제외한다면 기꺼이 본 법안을 승인할 것입니다. …(중략)… 이 조항의 효과는 의회의 탄핵 또는 공동결의를 제외하고는 어떠한 이유에 의해서도 이 두 관리를 해임할 수 없다는 것입니다. 저는 이러한 관리의 임명권에는 당연히 해임권이 수반되는 것이 헌법에서 항상 인정한 구조라고 생각합니다. 저는 의회가 임명권자 그리고 그에 따른 해임권을 제한할 헌법적 권한이 없다고 확신합니다.

윌슨 대통령의 거부권에 대한 투표는 178 대 103으로 재의결에 필요한 3분의 2를 확보하지 못하였다. 하원은 결국 해임조항만을 단순히 삭제하였다. 그러나 상원은 이에 반발하여 회기 내에 의결하지 않았다.

1921년 봄 연방의회의 67차 회기가 개의되었다. 하딩 대통령이 승리하여 취임하였다. 상원은 새로운 법안(S.1084)을 4월 26일에 만장일치로 통과하였고, 하원은 5월 4일에 335 대 3으로 가결하였다. 윌슨 대통령의 거부를 감안하여 전년도 법안에서의 유일한 개정사항은 통제총괄관과 통제부총괄관의 해임에 대한 것으로, 이들은 언제든지 의회의 '합동결의'로 해임될 수 있도록 하였다. 여기서 '합동결의'는 공동결의와 달리 대통령의 승인을 필요로 하였다. 이는 통제총괄관의 해임을 더욱 어렵게 만드는 것이었다.

## 행정부의 강력한 재정통제

### 행정부 예산편성제도의 정착

1921년의 예산회계법은 예산과정에서 대통령의 우위를 제도적으로 보장한 계기가 되었다. 대통령이 정부의 예산요구를 취합·조정하여 그 결과를 단일안으로 의회에 제출하도록 의회는 명확하게 요구하였다. 그런데 명확하지 않았던 것은 이러한 권한의 사용방법 그리고 새로운 기능에 따라 나타나는 대통령 권한의 제도적인 확대범위였다. 이 법률은 대통령이 예산실을 통해 재정정책을 조정하도록 요구함과 동시에 예산실에 대해서는 '공공 서비스 수행에서 경제성과 효율성을 더 많이 제고할 수 있는 방안'을 모색하도록 요구하였다.[61] 이 때문에 예산실은 조직, 예산항목 또는 기관의 기능조정을 권고할 수 있게 되었다. 예산실의 관리기능이 점차 확대될 수 있었던 이유는 부분적으로 이 조항에 근거하였다.

1921년 6월 새로운 법률을 서명한 후 하딩 대통령은 도즈를 최초의 예산실장으로 지명하였다. 도즈는 예산실을 조직하기 시작하여 중앙의 조정절차를 제안하는 예산지침Budget Circular 49를 12월에 시달하였다. 여기서는 정부기관의 모든 입법제안, 즉 그 효과가 국고자

---

61 44 Stat. 20, Sec. 209 참조. Pfiffner(1979)에서 재인용.

금의 부담을 초래하거나, 자금지출을 초래할 지출원인행위를 정부에 부담시키는 입법제안은 의회의 승인을 얻기 전에 모두 예산실에 제출되어야 한다고 설명하였다. 새로운 입법은 예산실의 승인하에서만 제안될 수 있고, 각종 입법안에 대한 정부기관의 의견은 예산실의 견해를 포함하여 표명될 수 있었다. 행정기관들은 여기에 부정적인 반응을 보였는데, 하딩 대통령은 대통령이 직접 개입하지 않고 통상적인 업무들만을 조정할 것이라고 이들을 설득하며 한발 물러섰다.

하딩 대통령은 중앙조정 권한을 매우 적극적으로 행사하지는 않았으나, 쿨리지Calvin Coolidge 대통령이 취임하자 이는 대통령 권한의 중요한 수단이 되었다. 쿨리지 대통령은 경제성의 추구 및 공공지출의 감축을 위하여 이 권한을 사용하였다. 그는 이 목적을 달성하기 위하여 비록 핵심적인 문제에까지 이르지는 않았지만, 중앙조정기능을 아주 적극적으로 행사하였다. 새로운 지출을 요하는 제안은 모두 엄격하게 검토하여 대부분 대통령의 프로그램에 부합하지 않는 것으로 판단하였다. 후버Herbert Hoover 대통령의 재임기간 동안에도 같은 형태의 조정작업이 이루어졌다. 이러한 시스템은 실질적인 정책조정을 위한 것이 아니라 단순히 지출감축을 위한 것이었다.

대공황의 도래와 함께 정부가 경제에 더욱 적극적인 역할을 수행하였는데, 루스벨트 대통령은 예산에서도 더욱 적극적인 역할을 수행하였다. 1933년 경제법Economy Act에 따라 루스벨트 대통령은 행정명령Executive Order 6166을 발급하였다. 이 명령의 목적은 1905년의 '보결자금 금지법Antideficiency Act'을 수정하는 것이었는데, 이 법은 자금의 조기지출과 이에 따른 보결자금을 방지하기 위하여 회계연도 내내 정부부처에 자금배정을 할 수 있는 권한을 부여하였다. 1933년의 명령은 예산항목에 따른 예산배정 그리고 이의 취소 및 수정기능을 정부부처의 장으로부터 예산실장으로 이관하였다.

1934년 루스벨트 대통령은 중앙의 입법조정기능에 중대한 변화를 초래하는 조치를 취하였다. '국가위기위원회National Emergency Council' 회의에서 그는 지출에 관한 것뿐만 아니라 모든 입법제안이 의회에 제출되기 이전에 조정되어야 한다고 선언하였다. 즉, "법률들을 살펴보면 어떠한 조정기관도 없습니다. … 그래서 나는 최종적으로 국가위기위원회에서 조정 및 통과되고 필요한 경우에는 나에게로 … 결국 어떠한 경우에도 내게로 이송될 수 있을 것입니다." 이러한 제안은 1935년 예산지침 336에 명문화되었는데, 여기서는 정책적 문제에 관한 입법이 국가위기위원회를 거쳐 대통령에게 제출되는 규정을 포함시켰다. 루스벨트 대통령은 제안된 법률을 수용불가, 수용가능 또는 필수적 법률로 구분하고 필수적 법률에 대해서만 대통령이 지원하였다. 이러한 절차는 대통령의 권한을 확대하는데 기여한 혁신적 변화였다.

뉴딜정책이 점차 완화되면서 국가위기위원회의 중요성과 입법조정적 역할도 점차 줄어들었다. 1937년 예산지침 336은 예산지침 344로 대체되었는데, 여기서는 재정적인 의미가 없는 실질적인 입법제안도 예산실로 이첩되어 조정되어야 한다고 규정하였다. 1938년 예산실장 벨Bell은 입법적 조정을 위해 전담 요원을 배치하였다. 또한 예산실은 의회를 통과한 법안의 서명 또는 거부에 관한 정부기관의 입장을 모두 통제하게 되었다. 이러한 절차는 1939년 예산지침 346에서 공식화되었다.

루스벨트 대통령은 연방정부의 관리방식을 점검하고 이를 개선하기 위하여 브라운로우Louis Brownlow, 메리암Charles E. Merriam, 걸

릭Luther Gulick이 참여한 '행정관리위원회Committee on Administrative Management'를 구성하였다. 대통령의 연구위원회는 1937년 1월 8일 루스벨트 대통령에게 보고서를 제출하였으며, 1월 12일 대통령은 의회에 대한 특별연설에서 이 제안을 제시하였다. 위원회는 다섯 단계의 프로그램을 제안하였는데, 백악관 참모진의 확대, 정부 내 경영적 기관managerial agencies의 개발, 보상제도의 확대, 독립기관들을 주요 행정부처의 하나로 소속시키고, 감사총괄관Auditor General에 의한 모든 재무거래의 독립적 사후감사 확립 등이었다.

이 제안은 20세기 중앙정부의 개혁방향, 즉 행정부의 책임과 권한을 확대하는 방향과 일치하였다. 이는 해명책임성을 제고하고 사회적 입법을 가속화한다는 점에서 자유주의자들의 지지를 얻을 수 있었고, 또 경제성과 효율성 제고를 위한 재정통제의 강화란 측면에서 보수주의자들의 지지를 얻을 수 있었다. 위원회의 언급을 인용하자면, "간단히 말해, 이 효율성의 규범은 추진력, 지시 및 행정관리의 중심지로서 책임감 있고 효과적인 집행장執行長의 설치를 요구한다." 의회에 이러한 변화를 제안하면서 루스벨트 대통령은 이러한 개혁이 권력분립이라는 헌법정신에 부합한다고 주장하였다. "제가 여러분 앞에서 제시하는 것은 더 많은 권력을 요구하는 것이 아니라, 헌법이 대통령에게 부여한 권한을 효과적으로 이행할 수 있도록 관리기법 및 작업배분 권한을 요구하는 것입니다."

행정관리위원회의 제안은 의회에서 토의되어 1939년의 '구조조정법Reorganization Act'에 반영되었다. 이 법을 통해 대통령은 정부기관 사이의 기능 이전, 기능 통합 또는 기관 폐지를 의회에 제안할 수 있게 되었다. 제안된 구조조정안은 10일 이내에 의회의 양원에서 다수결로 거부되지 않는 한 자동적으로 효력을 발휘하게 될 것이다. 이 법률에 따라 추진된 첫 번째 조치는 대통령의 행정실Executive Office을 설치하여 재정부의 예산실을 여기로 이관하는 것이었다.

1935년 예산실은 여전히 40여 명 이내의 요원들을 보유하였는데, 구조조정에 따른 업무확대와 제2차 세계대전의 영향으로 그 수는 약 600명까지 급격히 증가하였다. 예산실은 구조조정에 의해 새로운 기능과 업무를 수행하게 되었는데, 특히 대통령 프로그램의 관점에서 정부의 모든 활동을 조정해야 했다. 이들은 입법안뿐만 아니라 행정명령과 각종 선언을 통해 대통령에게 요구되는 내용을 조정하고 연방정부의 다양한 행정적 문제로 업무영역을 확대해나갔다.

1940년 8월에 행정명령 8512가 발동되면서 더욱더 중앙집중적인 재정통제가 이루어졌다. 이 명령에 의하면 연방기관들은 재정부에 회계자료를 제출해야 하는데, 이의 형태와 내용은 예산실에 의해 결정된다. 이는 연방정부에 대한 일률적인 회계 및 중앙보고를 의미하는 것이다. 또한 연방기관들은 각 예산항목의 집행진도에 대하여 월별 보고를 제출해야 한다. 예산실이 연방정부 전반의 지출 및 지출원인 행위의 진척도를 점검할 수 있게 되었다.

그런데 제2차 세계대전이 발발하자 연방정부 사업의 조정기능은 '전쟁동원실Office of War Mobilization'로 이관되었다. 트루먼Harry S. Truman 대통령이 취임했을 때 그는 루스벨트 대통령과 달리 예산실보다는 전쟁동원실에 의존하였다. 전쟁이 종료되자 전쟁동원실의 역할은 고도의 정책적 판단 이상을 포괄하도록 확대되었다. 트루먼 대통령이 전쟁 이후 입법적 문제에 대한 자문을 여기서 받음으로써 예산실은 정책결정에서 큰 소리를 내지 못했다. 그러나 그 명칭이 변경되었던

'전쟁동원 및 복구실Office of War Mobilization and Reconversion'이 1946년 폐지됨으로써 예산실은 다시 대통령을 위한 중앙조정기능을 수행하는 유일한 기구가 되었다. 예산실장 웹Webb은 백악관과의 조정기능에서 중요한 역할을 수행하였는데, 예산실이 다시금 중앙조정기능의 핵심으로 재등장하였다.

### 대통령의 중앙조정기능 강화

1950년대 예산실은 행정부처가 의회에 대해 입법제안을 할 때 면밀한 통제기능을 수행하였다. 그런데 1960년대에 대통령의 정책수단으로서 예산실의 역할은 감소하기 시작하였다. 케네디John F. Kennedy 대통령과 존슨Lyndon B. Johnson 대통령은 자신들의 입법 프로그램들을 추진하는 데 매우 적극적이었는데, 이들은 예산실의 고위관료들이 자신들의 요구에 적합하지 않다고 판단하였다. 따라서 조정기능을 위하여 이들은 주로 백악관의 개인 참모들을 활용하였다. 중요한 문제에 대한 입법적 조정기능은 예산실에서 백악관으로 이전되었다. 즉, "대통령을 지원하는 데 예산실이 실패했던 이유는 대체적으로 볼 때 이의 제도적 지위 때문이었다. 예산실이 대통령직 내부로 제도화되었을 때 예산실은 대통령으로부터 멀어졌다."[62]

1969년 4월 닉슨 대통령이 취임하자마자 '행정조직 대통령자문위원회President's Advisory Council on Executive Organization'를 구성하여 애쉬Roy Ash를 위원장으로 임명하였다. 행정부처의 조직을 점검하고 정책수행

---

62 Allen Schick, "The Budget Bureau that Was: Thoughts on the Rise, Decline, and Future of a Presidential Agency", *Law and Contemporary Problems*, 1974, p. 532 참조. Pfiffner(1979) p. 20에서 재인용.

에 더욱 효과적인 변화를 제안하고자 하였다. 닉슨 대통령은 애쉬의 보고서와 1967년의 예산실 기획본부의 보고서를 검토한 후 의회에 1970년 구조조정계획 2Reorganization Plan II를 제출하였다. 의회는 이를 반대하지 않아 1970년 7월 1일에 실행되었다. 여기서는 '관리예산처Office of Management and Budget: OMB'와 함께 국내문제에 대한 각종 정책을 조정하기 위하여 '국내위원회Domestic Council'를 설치하였다. 국내위원회는 주로 연방정부가 해야 할 것에 관심을 기울이고, 관리예산처는 이를 수행하는 방법, 그리고 얼마나 잘 수행하는가에 주로 관심을 기울이도록 하였다. 관리예산처는 예산기능과 관리기능을 수행하며 기존의 예산실을 대체하였다.

이러한 구조조정의 가장 중요한 목표는 입법조정을 위해 국내위원회에 백악관의 참모기능을 부여한 것이고, 또 관리예산처를 대통령의 지시에 더욱 부응하도록 만드는 것이었다. 닉슨 대통령이 개혁하고자 하였던 관리예산처의 중요한 문제점은 고위 예산관료들이 여타 정부기관과 긴밀하게 밀착되어 있다는 것이었다. 이를 타개하기 위하여 그는 대통령의 정책 프로그램에 충성하지 않는 경력직 공무원보다 정치적인 임명직이 예산을 더 많이 통제할 수 있기를 희망하였다. 관리예산처의 정책기능을 경력직 공무원 대신 정치적으로 임명된 본부장associate director의 감독하에 두었다. 따라서 이전의 예산실과 달리 대통령의 정책적 의지는 관리예산처의 하위조직에서부터 구현되기 시작하였다.

1970년의 구조조정에서 나타난 가장 중요한 변화는 중앙의 입법조정기능이 예산실의 입법지원국에서 정무적으로 임명된 본부장들로 이전된 것이다. 1958년부터 1966년까지 입법지원국장이었던 휴스

Phillip Hughes와 1949년부터 1957년까지 국장이었던 존스Roger W. Jones는 자신들이 정책을 결정하였다. 그러나 1967년에 입법지원국장으로 임명된 롬멜Wilfred H. Rommel은 존슨 대통령과 닉슨 대통령을 거치면서 입법에 관한 기술적 작업만을 수행하였으며 정책수립에 아무런 영향력이 없었다. 대부분의 정책결정은 정무적으로 지명된 자 또는 특별히 중요한 이슈에 대해서는 국내위원회에 의해 수행되었다.

또한 각 기관들로부터의 예산요청에도 중요한 변화가 있었다. 기존의 방식하에서는 각 기관에 대한 예산편성이 예산실장에 의해 이루어졌으나, 1970년의 구조조정을 통해 정부기관들은 대통령에게 직접 보고하며 예산을 요구할 수 있었다. 그런데 닉슨 대통령 시절에는 관리예산처장 슐츠George Schultz가 각 기관에 제시한 예산수치는 대통령의 결정으로 간주되었다. 여기서는 항변이 더욱 어려워졌으며 사실상 불가능해졌다. 닉슨 대통령의 구조조정 이후 정치적으로 임명된 중간관리자 계층이 권력과 정보의 핵심에 위치하였다. 이들은 행정부 외부에서 정무적으로 임명되었으며, 또 이들은 예산과정에서 의회의 헌법적 권한에 둔감하였기 때문에 의회와의 조정을 등한히 하였다.

결과적으로 관리예산처는 이전의 대통령 예산실보다 더 정치적으로 인식되었으며, 또 대통령이라는 제도보다는 닉슨 개인에 더욱더 신속하게 반응하였다. 예산에 관한 관리예산처의 판단은 대통령 개인의 입장과 아무런 차이가 없는 것으로 인식되었다. 대통령의 생각을 대변하기 시작한 백악관의 강력한 참모들은 점차 예산실의 전문 경력관료들의 책임성을 심각하게 훼손하였다. 결과적으로 대통령에 대한 객관적이고 전문적인 자문이 점차 사라지게 된 것이다. 이는 닉슨 대통령 시절 의회와 행정부의 예산전쟁을 초래한 가장 중요한 요인이었다.

# 1974년 의회예산법의 제정

## 의회예산제도의 1946년 개혁

제2차 세계대전 중 연방정부의 규모와 권한이 크게 증가하면서 의회의 예산제도에 대한 개혁 필요성이 인식되었다. 1945년 2월 다양한 제안들에 대한 연구를 위하여 '의회조직합동위원회Joint Committee on the Organization of Congress'가 설치되었다. 그 결과 의회의 내부절차를 대폭 정비하는 내용을 담은 1946년의 '입법부 재再정비법Legislative Reorganization Act'이 마련되었다. 가장 핵심적인 내용은 위원회 조직이 정비된 것인데, 상임위원회의 수가 하원의 경우 48개에서 19개로, 상원의 경우에는 33개에서 15개로 축소되었다. 의원들의 봉급은 인상되었으며 보좌기능도 강화되었다. 의회가 예산을 더욱 포괄적으로 검토하고 의회의 예산 우선순위를 더욱 효과적으로 확정할 수 있도록 이 법률은 '입법부 예산안Legislative Budget'을 도입하였다.

입법부 재정비법 제138조에서는 '합동예산위원회Joint Committee on the Budget'의 설치가 규정되었는데, 이는 하원의 세입위원회와 지출승인위원회 그리고 상원의 재무위원회Committee on Finance와 지출승인위원회의 위원들로 구성된다. 합동위원회는 대통령의 예산안을 검토하여 지출승인 상한금액을 매년 2월 15일까지 의회에 제안해야 한다. 합동위원회는 지출상한을 명시하는 '공동결의안'에 대한 보고서를 작성하고,[63] 만약 지출액이 추정 수입을 초과하면 다음의 내용을 포함

---

[63] '공동결의안'은 대통령의 서명을 요하지 않기 때문에 법률적 효력이 없다. 의회는 여러 가지 대외정책이나 국내문제에 대한 의회의 입장을 나타내는 수단으로 공동결의안을 채택한다. 이에 반해 '합동결의안'은 대통령의 서명을 요하여 법률적 효력을 가진다.

시킬 것이다. "당해 회계연도의 추정 지출액이 추정 수입액을 초과하는 경우 ○○○달러의 금액까지 국채가 증가할 것으로 의회는 인지하고 있다."

제138조의 목적은 당시까지 의회의 예산절차에서 중대한 결점으로 널리 인식되었던 것들을 치유하는 것이었다. 당시에는 의회 내에서 수입과 지출을 동시에 서로 연계하여 검토할 기회가 없었다. 또 하원과 상원은 서로 분리된 채 예산 관련 법률을 제정하였으며, 하원의 지출승인위원회는 서로 독립된 소위원회로 분산되어 있었다. 입법부 예산안은 의회가 예산을 포괄적으로 검토할 수 있는 기회를 부여하고 지출상한액을 스스로 부과함으로써 이전보다 훨씬 더 일관성을 가지고 예산을 심의하도록 하는 것이다.

또한 이 법률은 예산과정에서 행정부를 견제할 수 있도록 의회의 권한을 강화하는 것이다. '의회조직합동위원회'에 의하면 "행정부는 지출항목들을 혼합하고, 미지출 잔액과 예상 잔액을 앞뒤로 열거하며, 불가피한 보결자금을 요구하거나 또는 의회의 엄격한 통제를 회피하고자 하였다."[64] 이 법률은 의회의 권한을 재확인하는 것이기도 하였지만, 민주당의 행정부와 공화당의 의회 사이에서 나타난 정파 간 대립의 결과였다. 또한 입법부 예산안은 균형예산을 달성할 것으로 기대되었기 때문에 의회로부터 광범한 지지를 받았다.

그런데 1946년의 입법부 재정비법이 기대와는 달리 운영과정에서 제대로 그 효력을 발휘하지 못하였다. 대통령 예산안에서 60억 달러

---

64 U. S. Congress, *Congressional Record 25*, July 1946, 92, p. 10047 참조. Pfiffner(1979), p. 111에서 재인용.

를 삭감하여 이를 국채상환과 세율인하에 사용하도록 요구하는 공동결의안이 1947년 하원을 통과하였다. 그러나 상원에서는 그 삭감액이 45억 달러로 축소하는 수정안이 채택되었다. 양원 협의회에서는 난관에 봉착하였는데, 결국 1948 회계연도의 입법부 예산안이 채택되지 못하였다. 예산삭감의 규모와 잉여분의 처분에 대한 이견 때문에 이러한 결과가 초래되었던 것이다.

1948년에는 양원이 행정부 예산안에서 25억 달러를 삭감하는 입법부 예산안이 합의되었으나 구체적인 삭감방법이 명시되지 않았다. 공동결의안은 아무런 효력을 발휘하지 못했으며, 결과적으로 의회는 삭감된 규모보다 60억 달러가 더 많은 예산을 승인하였다. 1949년에는 공동결의안의 시한을 2월 15일에서 5월 1일로 변경하였는데, 이 시한까지 대부분의 예산항목들이 하원과 상원을 이미 통과하였기 때문에 입법부 예산안이 채택되지 못하였다. 1950년에는 입법부 예산안을 마련하려는 노력조차 기울여지지 않았다.

입법부 예산안을 효과적으로 실행하지 못한 중요한 이유 중 하나는 이를 정쟁의 수단으로 활용하였기 때문이다. '의회조직합동위원회'가 인정한 바와 같이 "의회는 자신의 소관하에서 행정부 기관들을 지속적으로 조사 및 점검할 수 있는 적절한 수단을 오랫동안 보유하지 못하였다."[65] 하원의원 캐논Clarence Cannon은 공화당이 조세감축을 도모하기 위하여 입법부 예산안을 활용한다고 비판하였다. 버크헤드Jesse Burkhead 역시 부분적으로는 정쟁적 요인이 실패요인이라고 생각

---

[65] U. S. Congress, *Congressional Record 25*, July 1946, 92, p. 10047 참조. Pfiffner(1979), p. 112에서 재인용.

하였다. "확실히 입법부 재정비법 전체는 행정부를 길들이려는 적대적 태도로서 일관하였다."[66]

그런데 입법부 예산안의 실패가 정쟁적 요인만으로 설명될 수는 없었다. 이 법률의 가장 중요한 결함 중 하나는 지출상한의 설정시한을 2월 15일로 규정한 것이다. 이 때문에 위원회는 예산검토를 위한 충분한 시간을 갖지 못하여 여러 가지 세부적인 사항들을 검토하기 이전에 결정을 내려야만 하였다. 더구나 상한액을 수정할 수 있다는 규정이 없었기 때문에 새로운 상황이 발생해도 상한액을 변경하지 못하므로 최초의 결정금액을 준수하거나, 아니면 포기해야만 하는 경직적인 구조가 나타났던 것이다. 의회는 회계연도 개시 6개월 전부터 엄격한 상한을 준수하기가 어려웠다. 캐논은 "증언을 듣기 전에 배심원의 평결을 기대할 수 없는 것처럼 우리는 의욕적이지만 가망이 없는 이러한 제안을 준수할 수가 없다"고 말하였다. 역설적으로 이러한 경직성 때문에 강제할 수단이 없는 상한액이 제시되었던 것이다. 강제이행의 수단이 없는 상태에서 상한액을 요구하는 이러한 문제점이 1974년 의회예산법의 제정과정에서는 가장 진지하게 논의되었다.

입법부 예산안을 실행하는 과정에서 나타난 또 다른 문제점은 '합동예산위원회'가 지출삭감이 이루어질 예산항목을 명시하지 않았다는 것이다. 공화당은 삭감될 예산항목을 명시하지 않은 채 예산삭감의 공적을 차지하고자 하였다. 합동예산위원회의 소수당 위원은 다

---

66 Jesse Burkhead, "Federal Budgetary Developments: 1947–1948", *Public Administration Review*, Vol. 8, No. 4, Autumn 1948, p. 269 참조. Pfiffner(1979), p. 112에서 재인용.

음과 같이 언급하였다. "지출삭감을 항목별로 구분한 추정치가 다수당의 보고서뿐만 아니라 공동결의안에도 포함되지 않았다. 사실 이러한 추정치가 어떻게 가능할 것인지에 대해 아무런 정보가 없었다." 정치적인 그리고 실행상의 문제점 외에도 '합동예산위원회'는 102명의 위원으로 구성되었기에 운영하기에는 너무 규모가 컸다. 또한 이 위원회는 그 자체에 정규 직원이 없었기 때문에 의회의 여타 직원들과 행정부의 예산실이 제공하는 정보에 주로 의존하였다. 1974년의 의회예산법은 1940년대의 이와 같은 경험을 감안하여 1946년의 입법부 재정비법Legislative Reorganization Act 제138조의 문제점들을 극복하려는 시도였다고 할 수 있다.

### 포괄적 지출승인법안

입법부 예산안이 실패하자 의회는 예산과정에서 통일성을 제고하기 위하여 또 다른 시도를 하였다. 1946년의 '입법부 재정비법'을 마련하기 위한 공청회에서 예산실장 스미스Harold Smith는 "모든 연도별 지출승인법안을 단일의 법안으로 통합하여 지출승인함으로써 의회의 정책이 더욱 일관성 있게 수립될 수 있을 것이다"라고 증언하였다.

이러한 제안은 1946년의 법률에 반영되지 않았지만 상원의 1947년 공동결의안에는 반영되어 있었다. 그러나 이 당시 상원에서는 아무런 조치가 취해지지 않았는데, 1949년 9월에 유사한 내용이 상원을 통과하였다. 하원은 이 결의안을 통과시키지 않았지만 하원 의원 캐논은 하원의 지출승인위원회에서 다음 회기에 '포괄적 지출승인법안Omnibus Appropriations Bill'을 채택할 것이라고 선언하였다. 그는 이를 위원회의 내부절차로 간주하여 공동결의안과는 무관한 것으로 생각하였던 것이다.

1950년 봄 의회는 1951 회계연도의 지출승인을 검토하며 포괄적 지출승인법안을 실행하기 위하여 상하원 지출승인위원회의 소위원회와 함께 공청회를 가졌다. 지출승인위원회 내에서 예산절차는 전년도와 크게 다르지 않았다. 1950년 5월 10일에 포괄적 지출승인법안이 하원의 승인을 받았으나 8월 28일까지 상원을 통과하지 못하였다. 1950년 9월 6일에 트루먼 대통령은 이 법안을 서명할 수 있었다. 이는 1949년의 예산과 달리 두 달이 앞당겨졌으며, 대통령의 예산안에 비해 20억 달러 이상이 삭감된 것이었다. 포괄적 지출승인법안이 이로써 완결된 것은 아니었다. 1951 회계연도에는 5개의 보결자금 및 보완적 지출승인법이 통과되었다. 이는 한국전쟁이 예기치 않게 발발한 때문이었지만 단일의 지출승인법안이라는 목적을 달성하지는 못했다.

1950년의 포괄적 지출승인법에 대한 경험을 캐논 의장은 "매년도의 예산과 국가의 재정문제를 처리함에 있어 단일의 지출승인법안은 매우 실용적이고 효율적인 방법이다"라고 결론지었다. 캐논의 확신에도 불구하고 1951년 1월에 소집된 하원의 지출승인위원회에서는 31 대 18로 이 방법을 부결하였다. 상원의 지출승인위원회 역시 포괄적 지출승인법을 반대하였다.

캐논 의원은 "미국 재정부에 손을 뻗치는 껄떡거리는 로비스트들과 압력집단들 그리고 자신의 권한범위를 확대하고자 하는 모든 관료들이 포괄적 지출승인법안을 반대한다"고 주장하였다.[67] 그러나 이

---

67 George B. Galloway, *The Legislative Process in Congress*, New York: Thomas Y. Crowell Co., 1955, p. 123 참조. Pfiffner(1979), p. 112에서 재인용.

러한 주장이 명확하게 설명되지는 못하였다. 하원의원 필립스Phillips 에 의하면 단일의 지출승인법안은 돈육 덩어리pork barrel로 전락할 가능성이 매우 높다고 주장하였다. 대규모 지출승인법안에서는 의원들이 상대적으로 금액이 큰 항목들을 점검하기 때문에 개별 지출항목들을 은닉하기가 쉽다는 것이다. 개별 의원들이 신중하게 검토하기에는 포괄적 지출승인법이 너무 방대하다는 비판과 일맥상통하는 것이다. 또 다른 관점에서는 포괄적 법안이 지출의 일률적 삭감과 같은 획일적 조치에 더욱 쉽게 노출된다고 비판받았다.

포괄적 지출승인법안에 대한 또 하나의 반론은 지출승인위원회에 더 많은 권한이 집중된다는 것이다. 1951년에 법안이 부결된 이유는 지출승인위원회와 여타 상임위원회 사이의 권한 격차가 더 크게 벌어졌기 때문이라고 할 수 있다. 1953년 상원은 포괄적 지출승인법안을 또 한 번 의결하였는데 하원은 이를 거부하였다. 이후 미국에서 포괄적 지출승인법안은 채택되지 않았다.

### 합동연구위원회의 설치

1946년의 '입법부 재정비법'과 1950년의 '포괄적 지출승인법안'이 실효성 없이 표류하면서 1960년대 후반에 의회의 예산통제를 개선하기 위한 다양한 형태의 법안들이 나타났다. 지출승인법안에 대하여 대통령의 항목별 거부권item veto을 제안하는 법안뿐만 아니라 회계연도를 의회의 회기에 따라 구분하는 법안들도 있었다. 제89차 회기(1965~1967)에서만 '합동예산위원회Joint Committee on the Budget'를 개편, 신설하는 법안들이 15개나 있었다. 여기에 포함된 많은 의견이 예산제도를 개선하기 위한 오래된 제안들이었지만 이들 법안의 어느 것도 실질적인 예산개혁을 유도하지 못하였다.

입법부와 행정부 사이에는 예산과 재정운용에 관한 갈등이 지속적으로 있어왔지만, 1969년 닉슨 대통령이 취임하면서 이러한 갈등은 격화되었다. 그는 관리예산처의 고위직들을 경력직 전문관료 대신외부 인사들을 정치적으로 임명하였다. 그 결과 관리예산처는 대통령의 입장에 더욱더 신속하게 반응하게 되었다. 더구나 닉슨 대통령은 의회의 무책임한 재정운용을 "다양한 지출 프로그램들이 마치 서로 아무런 연관이 없는 것처럼 독자적으로 입법되는 의회의 진부하고도 따분한 절차"라고 비난하였다. 이에 대해 의회는 대통령의 '지출유보impoundment'를 제한하고 관리예산처장의 상원 인준을 요구하면서 예산편성에 대한 대통령의 통제를 제한하기 위한 입법들을 추진하였다.

닉슨 대통령이 재임하던 1973년 5월 의회는 예산통제를 강화하기위하여 관리예산처의 처장과 부처장의 인준을 요구하는 법안을 통과시켰다. 관리예산처의 역할이 점차 강력해지는 것을 견제하고 또 예산의 정책결정과정에 의회가 더욱더 많이 관여하기 위하여 의회는 당시 현직에 있던 애쉬와 말렉Fred Malek에 대해서도 이 법을 적용하고자 하였다.

1973년 5월 18일 닉슨 대통령은 이 법안이 권력분립의 근본 원칙을 중대하게 침해한 것이라고 생각하여 이를 거부하였다. 이 법안은관리예산처장에 대한 대통령의 해임권을 방해할 수 있기 때문에 헌법위반이라고 판단하였다. 또한 관리예산처장은 자문과 참모기능을수행하기 때문에 대통령에 의해 통제되어야 하며 상원의 인준을 받을 필요가 없다고 주장하였다.

6월 25일 상원은 거부권을 재의결하였지만 하원은 대통령의 거부를 수용하였다. 현직의 처장과 부처장에 대한 적용을 배제하도록 법안이 수정되었다. 또다시 거부권이 행사되는 것을 두려워하여 하원은 대통령이 보유하는 관리예산처에 대한 권한을 관리예산처장으로 이관한다는 조항을 삭제하였다. 이 법률은 1974년 2월 6일 상원에서 통과되었고 3월 2일 닉슨 대통령에 의해 서명되었다.

대통령과 의회의 예산갈등이 격화된 더욱더 결정적인 계기는 1972년 가을 대통령이 요구한 1973 회계연도의 지출재량권을 상원이 거부하면서 나타났다. 1972년 7월 의회의 연설에서 대통령은 당시의 예산위기가 의회의 무책임한 재정운용 때문에 야기되었다고 주장하며 1973 회계연도의 지출을 2500억 달러로 제한할 수 있는 권한을 요구하였다. 대통령과 의회의 예산갈등이 격화되면서 의회 내 예산절차의 문제점이 의원들에게 가시적으로 분명하게 부각되었다.

가장 중요한 결점은 의회 내에서는 예산을 총체적으로 검토하여 상충하는 우선순위를 선택하는 체제가 결여되었다는 것이다. 의회가 대통령의 예산안을 수차례 삭감하였지만 이에 상응하는 금액이 '뒷문지출backdoor spending'이라는 의회의 직접지출direct spending로 상쇄되곤 하였다. 지출유보라는 대통령의 조치에 대해서도 의회의 불만이 집중되었다.[68] 그 결과 '예산통제에 관한 임시 합동연구위원회Joint Study Committee on Budget Control'를 설치하여 예산의 전반적 절차에 대한

---

68 '지출유보'란 의회에서 제공된 지출승인에 대한 행정부의 거부로 정의될 수 있다. 승인된 예산권한의 적어도 일부에 대한 지출원인행위 또는 지출을 실질적으로 배제하거나 연기하는 행정부의 작위적 또는 무작위적 행동을 의미한다. 예산배정, 사업집행에 대한 통제를 통하여 또는 특정 사업의 취소 등의 형태로 나타난다.

개선안을 의회에 제시하도록 하였다.

의회의 예산지출과 총수입에 대한 통제를 개선할 목적으로 의회가 채택해야 할 절차로서 당해 연도의 예산수입을 총체적으로 점검하여 충분히 조정하고, 매년도 예산지출에 대한 총괄적인 검토를 가능하게 하고 지속시키는 절차를 포함하고 있었다.[69]

'예산통제에 관한 임시 합동연구위원회'는 의회의 예산절차를 개선하기 위한 작업에 착수하여 1973년 2월 7일 중간보고서를 제출하였다. 이 보고서에는 위원회가 추구하는 목표를 설명한 후 해결해야 할 의회예산절차의 다양한 문제점들을 분석하였다. 중간보고서 이후 합동연구위원회는 많은 작업을 수행하여 1973년 4월 18일 최종 보고서를 제출하였다. 이는 1974년 '의회예산 및 지출유보 금지법 Congressional Budget and Impoundment Control Act'의 제정으로 이어졌다.

'의회예산 및 지출유보 금지법'(일반적으로 '의회예산법'으로 불림)에 대한 의회의 지지는 압도적으로서 상원에서 75 대 0, 하원에서 401 대 6으로 가결되었다. 의회의원들은 의회의 재정권한을 회복하는 데 전반적으로 찬성하였다. 진보주의자들은 닉슨 대통령의 복지사업에 대한 지출유보를 통제하고자 하였다. 반면 닉슨 대통령을 포함한 보수주의자들은 의회가 스스로의 규율을 정하여 지출을 삭감할 수 있도록 하고 싶었다. 1974년의 의회예산법에 대한 지지자들은 1921년 예산회계법을 통과시킨 개혁주의자들과 재정적 보수주의자들의 연합과 같았다. 물론 1921년 그 당시의 법률은 대통령의 예산권을 확대하

---

69 U.S., Congress, House, Joint Study Committee on Budget Control, *Interim Report: Improving Congressional Control over Budgetary Outlay and Receipt Totals*, 7 February 1973, H. Rept. 93–13, p. 1 참조. Pfiffner(1979), p. 124에서 재인용.

는 것이었다. 1974년의 법률은 1921년 이후 50여 년간 엄청나게 확대된 대통령의 지출권을 억제하고자 하였다.

## 1974년 의회예산법

합동연구위원회는 대통령 예산안을 총괄적 관점에서 검토할 '특별예산위원회'의 설치를 양원 모두에 제안하였다. 하원의 위원회는 21명의 위원을, 상원의 위원회는 15명의 위원을 각각 제안하였다. 위원의 3분의 1은 지출승인위원회에서, 또 3분의 1은 세입관련 위원회에서, 그리고 나머지 3분의 1은 여타의 상임위원회로부터 구성되도록 하였다. 예산위원회의 의장은 지출승인위원회와 세입 관련 위원회 사이에서 서로 순환될 것이다. 이 위원회를 지원하기 위하여 양원 공동의 전문 직원들이 배치된다.

이들 2개의 예산위원회는 매 회기 출범 시 각자의 원에 공동결의안을 제출해야 한다. 이들 결의안은 예산의 총지출과 신규 예산권한에 대한 한도금액을 지정할 것이다. 또한 수입금액과 국채의 적정 수준을 제시하고, 각 상임위원회의 소관별 지출한도액을 설정한다. 이러한 방안은 지출승인위원회의 전통적인 재량권을 심각하게 위협하는 것이다. 만약 새로운 예산위원회가 지출한도액을 설정한다면 지출승인위원회는 이 지출한도 내에서만 재량권을 행사할 수 있는 것이다. 예산위원회가 소관별 한도금액을 결정하는 것은 합동연구위원회에서 만장일치로 채택될 만큼 광범한 지지를 받고 있었다.

신축적인 적용을 위하여 공동결의안에 대한 수정이 가능하도록 하였는데, 다만 '일치성의 규칙rule of consistency'을 준수하도록 요구하였다. 즉, 지출증액의 제안은 반드시 다른 용도의 지출감액을 수반해야 한다. 따라서 의회는 회계연도 개시 6개월 전에 한도금액을 설정하여 스스로를 구속하는 결의안을 채택하는 것이다. 또한 이 결의안이 실행될 수 있도록 의회는 예산심의절차에 관한 여러 가지 규칙들을 설정하였다.

합동연구위원회의 제안은 1974년에 통과된 의회예산법에 반영되었다. 이 법안의 기초자들에 의하면 이 법률의 목적은 "의회의 예산통제를 보장하고, 연방정부 수입과 지출의 적정 수준을 의회가 판단할 수 있도록 하고, 지출유보에 대한 통제 시스템을 구축하고, 국가의 예산 우선순위를 확립하고, 의회에 대한 행정부의 정보제공을 보장하는 것"이다.[70] 이는 의회의 재정에 관한 권한과 책임을 회복시키는 것이다. 이러한 과업을 수행하기 위하여 의회예산법은 의회에 새로운 예산절차를 구축하였던 것이다.

이 법률은 10개의 장章으로 구성되는데, 이들은 다시 4개의 영역으로 정리될 수 있다. 첫째, 제1장과 제2장에서는 하원과 상원에 '예산위원회'와 '의회예산처Congressional Budget Office'를 설치하는 내용이 포함되어 있다. '의회예산처'는 의원들이 대통령 예산안을 검토하는 데 필요한 분석보고서를 작성하여 의회에 제공한다. 둘째, 제3장과 제4장에서는 새로운 예산절차와 이들의 집행기한을 규정하였다. 셋째, 제5장에서 제9장까지는 새로운 회계연도, 대통령 예산안에 대한 예산용어와 정보의 개선, 연방정부 프로그램에 대한 평가 및 검토 개선, 법률의 발효기간 등을 규정하고 있다. 넷째, 제10장은 지출유보

---

**70** U. S. Congress, Senate, Conference Committee, *Conference Report*, 12 June 1974, 93-924, p. 49 참조. Pfiffner(1979), p. 137에서 재인용.

를 통제하기 위한 절차를 규정하고 있다.

우선 예산위원회는 하원에서 23명의 위원으로 상원에서 15명의 위원으로 각각 설치되었다. 하원의 위원회는 지출승인위원회와 세입위원회에서 각 5명, 하원 지도부에서 2명, 나머지 위원회로부터 11명 등으로 구성되었다. 예산위원회의 기능은 각각의 원에 공동결의안을 보고하는 것이다. 이 결의안을 통해 의회는 총지출, 수입, 국채 등의 금액을 결정함으로써 국가의 재정정책을 설정할 수 있는 것이다. 이들 2개 위원회의 초점은 예산을 통하여 거시경제정책을 집행하는 것인데, 이는 이전에 그 어떤 위원회도 수행하지 않았던 것이다. 또한 이 위원회는 예산의 상충하는 우선순위들을 선택한다.

이 새로운 예산위원회의 기능은 전통적인 예산절차를 보강하는 데 한정되어야 하며 여타 위원회의 권한을 대체해서는 안 된다는 인식이 널리 있었다. 상원의원 재빗Javits은 상원 예산위원회에서 "어떠한 경우에도 우리는 지출승인위원회와 경쟁하거나 중복되는 대안을 검토하지 않아야 한다"고 말하였다.[71] 개혁법안을 통과시키기 위해서는 의회의 기존 권력집단에 대한 위협을 최소화할 필요가 있었기 때문이다. 법안의 최종적인 내용은 기존의 권력에 도전하지 않으면서 절차상의 중요한 변화를 초래하는 것이었다.

의회예산처 처장은 하원과 상원의 의장에 의해 지명되며 4년의 임기를 가진다. 대통령 예산안에 대한 정보와 분석을 의회에 제공하고 우선순위에 대한 여러 가지 대안을 보고하는 것은 의회예산처의 임

---

71 *Congressional Quarterly Weekly Report 32*, No. 36, September 7, 1974, p. 2418 참조. Pfiffner(1979), p. 138에서 재인용.

무이다. 또한 의회예산처는 '예산기록관리scorekeeping'를 하는데 이는 의회의 여러 가지 지출항목들이 합동결의안에서 설정된 한도금액을 충족하는지 점검하는 것이다. 의회예산처는 의회가 행정부의 자료와 분석에 크게 의존하지 않도록 의회에 중립적인 예산추정과 경제전망의 능력을 제공하는 비정파적인 기관이다.

법률로 규정된 새로운 예산절차는 회계연도의 개시일을 10월 1일로 변경하였다. 7월 1일을 변경함으로써 의회는 예산을 검토할 기회를 3개월 더 많이 가지는데, 대통령은 여전히 예산안을 1월에 제출하기 때문이다. 대통령은 다음 회계연도의 예산을 제출하며 예산주기를 시작하는데, 여기서는 특정한 경제적 가정하에서 현행의 연방정부 사업을 지속하는 데 필요한 예산자원을 추정한다.

의회 소집 15일 이후에 대통령은 의회에 예산안을 제출하고 의회의 모든 위원회는 3월 15일까지 각자의 소관에 속하는 예산 관련 사항들에 대하여 예산위원회에 보고서를 제출한다. 이는 예산위원회가 공동결의안을 마련할 때 참고해야 할 지침을 제공하기 위한 것이다. 의회예산처는 4월 1일까지 대통령의 예산안과 그 대안들에 대한 분석을 예산위원회에 제출해야 한다.

4월 15일까지 2개의 예산위원회는 각 원에 첫 번째 공동결의안을 보고한다. 공동결의안은 의회가 설정하는 연방 재정운용의 총량적 수준이며, 또 의회 예산안을 마련하기 위한 기본지침이 된다. 공동결의안은 총량적인 예산권한, 지출, 연방수입, 흑자 또는 적자, 국채 등의 적정 수준을 설정할 것이다. 법안의 초안에서는 이들 총액은 당해 회계연도 동안 의회를 구속하는 한도금액이었다. 그러나 이러한 법안은 통과되기 어려울 것처럼 보였다. 의회는 경제적 사정의 변동을 감안하지 않는 예산에 구속되는 것을 원하지 않았다. 따라서 법안이 변경되어 최초의 총액은 향후 공동결의안에 의해 변경될 수 있도록 하였다.

예산총액은 다시 기능별 영역으로 구분되는데, 이 구분은 지출승인 소위원회에서 마련하는 지출승인법안들의 구분과 일치하지 않는다. 즉, 예산위원회는 특정 프로그램과 특정 기관들보다는 예산의 우선순위나 재정정책과 같은 광범한 문제에 관심을 가져야 한다. 행정적인 구분보다 기능적인 구분을 사용하는 이유는 예산의 하위분류에 더 많은 재량권을 부여함으로써 지출승인위원회의 권한을 보호하고자 하였기 때문이다. 지출승인위원회는 기능별 구분에서 책정된 한도금액 내에서 작업해야 하지만, 서로 다른 프로그램에 이 금액을 배분하는 방법을 결정할 수 있을 것이다.

5월 15일 이전에 의회는 예산위원회의 보고서를 검토하여 최초의 공동 예산결의안을 채택해야 한다. 또 의회의 입법위원회들은 이 기한까지 신규 예산권한을 인준하는 모든 법률을 보고해야 한다.[72] 이두 가지 사항에 대한 기한이 준수되어야 지출승인위원회는 수권법의 범위 내에서 또한 공동결의안에서 설정된 예산목표의 관점에서 예산을 편성할 수 있을 것이다. 5월 15일 이후에 지출승인위원회는 과거와 마찬가지로 각종의 지출법안들을 진행할 것이지만 첫 번째 공동결의안의 지침을 준수하게 될 것이다.

노동절(9월 첫째 월요일)의 일주일 후 신규 예산권한에 관한 모든 결

---

[72] 수권법 또는 사업인준법을 제정하는 상임위원회를 '입법위원회(Legislative Committee)' 또는 '사업인준위원회(Authorizing Committee)'라고 부른다.

정이 완료되면 9월 15일까지 두 번째의 공동결의안이 통과된다. 두 번째 결의안의 목적은 의회가 경제적 사정 또는 사업 필요성에 대한 변화를 감안하도록 하는 것이다. 9월 25일까지 지출, 수입, 부채 관련 법률을 두 번째 결의안에 부합하도록 조정해야 한다. 이러한 조정이 있고 난 이후에는 예산권한 총액을 초과하는 지출증액 또는 결의안의 금액에 미달하는 수입감액이 어떠한 법률에 의해서도 상정될 수 없을 것이다. 그런데 필요한 경우 의회는 마지막 결의안의 한도액 내에서 기능별 총액을 수정하는 공동결의안을 또다시 통과시킬 수 있다.

따라서 법률에서는 변동이 불가능한 엄격한 지출제약을 규정하지는 않는다. 다만 어떠한 변경도 명시적으로 또 신중하게 이루어질 수 있는 체제를 제공할 뿐이다. 모든 위원회는 예산의 여타 부분을 감안하지 않은 채 소관 지출을 더 이상 증가시킬 수 없게 되었다. 의회 전체가 결의안의 변경을 의결해야만 하는 것이다.

새로운 예산절차뿐만 아니라 1974년 의회예산법은 '뒷문지출'을 제한하는 규정도 마련하였다. '뒷문지출'이란 지출승인위원회가 아닌 입법위원회에서 예산권한을 제공하는 입법을 말한다. 법안에 대한 하원의 초안은 모든 뒷문지출을 금지시켰다. 그러나 상원의 초안은 약간 느슨한 형태였는데 이것이 채택되었다. 의회예산법에서는 정부기관에 부여하는 모든 계약 및 차입권한은 지출승인법에서 그 자금이 제공될 때에만 부여될 수 있는 것으로 규정하였다. 입법위원회가 지출승인위원회의 엄격한 검토를 거치지 않은 채 시도하였던 뒷문지출은 사라지게 되었던 것이다.

법률규정에 따라 일정한 자격요건을 갖춘 사람들에게 자금을 제공하는 급여권한entitlement authority은 이제 조정과정을 거쳐야만 한다. 입법의 범위에 대해서는 여전히 관련 입법위원회가 결정할 것이다. 그러나 급여사업의 변경입법은 총회에서 검토되기 이전에 지출승인 위원회에 회부되어야 한다. 회부는 15일 이내에 이루어져야 하며, 예산결의안 총액을 초과하는 급여사업에만 적용된다. 지출승인위원회는 제공되는 자금을 제한하는 수정안을 제안할 수 있을 것이다.

양원의 협의회는 행정부의 지출유보를 제한하지 않는 예산개혁은 의미가 없다고 판단하였다. 볼링Richard Bolling은 다음과 같이 설명하였다.

"만약 대통령이 지출유보의 방법으로 의회의 의지를 무시한다면 의회가 지출승인을 위해 새로운 절차를 확립하는 것은 의미가 없는 일이다. 동시에 대통령의 지출유보를 통제하는 방법은 합리적이고도 적절해야 한다. 대통령의 행정부 관리능력을 부정해서도 안 되며, 의회가 결정한 사항을 다시 의결하도록 해서도 안 된다."[73]

1974년 의회예산법의 제10장에서는 지출유보를 통제하기 위한 두 가지 절차를 제시하였다. 만약 제공된 예산권한 일체가 당해 프로그램을 수행하는 데 필요하지 않거나, 재정운용상 예산권한의 유보가 필요하거나, 특정 연도에 제공된 예산권한이 당해 연도에 지출원인 행위가 되지 않아야 한다면 대통령은 의회에 이들의 '예산취소rescission'를 요청하는 특별 공문을 발송해야 한다. 의회는 40일 이내에 예산취소에 대해 긍정적인 반응을 보이거나, 아니면 당해 자금이

---

[73] U. S. Congress, House, *Congressional Record*, 18 June 1974, p. H5182 참조. Pfiffner(1979), p. 142에서 재인용.

사용되어야 한다. 만약 대통령이 다른 이유로 자금을 유보한다면 그는 의회에 '예산연기deferral'를 요청해야 한다. 기한에 대한 제한이 없이 의회의 양원 중 어느 한쪽이 지출유보에 반대하는 결의안을 통과한다면 대통령은 자금을 집행해야 한다.

## 의회예산법 이후의 예산개혁

1974년 의회예산법이 제정되면서 의회의 예산통제에 대한 권한이 회복되었다. 그런데 1970년대 이후에도 지속적으로 재정적자가 계속되면서 의회는 재정적자를 해소하기 위한 방안을 마련하고자 하였다. 이들 중에서 가장 획기적인 방안으로 기록될 수 있는 것은 레이건Ronald Reagan 대통령 재임 시 제정되었던 1985년의 '균형예산과 적자의 긴급통제법Balanced Budget and Emergency Deficit Control Act'을 들 수 있다. 이 법률은 3명의 제안자들의 이름을 따서 통상 '그램–루드만–홀링스Gramm-Rudman-Hollings'(이하에서는 GRH로 표기) 또는 'GRH Ⅰ 법률'이라고 부른다.

이 법률은 1986년부터 1990년 동안에 재정적자를 점진적으로 감축하여 1991년에 균형예산을 달성하도록 요구하였다. 이 목적을 달성하기 위하여 GRH Ⅰ 법률은 추정된 재정적자의 금액이 매 회계연도 목표치를 100억 달러 이상 초과할 때 '예산의 자동삭감sequestration'이 발동되도록 하였다. 대법원에서 GRH Ⅰ 법률을 헌법위반으로 판결한 이후 의회는 1987년에 '균형예산과 적자의 긴급통제 재확인법Balanced Budget and Emergency Deficit Control Reaffirmation Act'을 통과시켰는데 이를 'GRH Ⅱ 법률'이라고 부른다. 여기서는 균형예산의 목표연도를 1991년에서 1993년으로 연기하였다.

'예산의 자동삭감' 절차가 구비되어 있음에도 불구하고 재정적자의 실적치는 매 회계연도마다 GRH의 목표 수준을 초과하였다. 이는 GRH의 자동삭감 절차에 심각한 결함이 있었기 때문이었다. 이 법률에 의하면 재정적자의 실적치가 매년도의 목표치 범위 내에 있어야 할 것을 요구하지 않았다. 다시 말해, 10월 1일 회계연도가 시작한 이후 10월 15일에 추정된 재정적자가 GRH의 최대 허용범위를 초과하면 목표치를 달성하기 위하여 적자 발생의 이유를 감안하지 않고 일률적인 자동삭감이 발동되는 것이다. 자동삭감의 조치는 실제의 재정적자보다 추정 재정적자를 기준으로 하였기 때문에 재정적자의 추정치가 적당하게 주물러지고, 또 실질적인 절감보다는 회계상의 편법이 사용되곤 하였다.

더구나 GRH는 회계연도 중에 재정적자가 증가하더라도 그것이 추정상의 오차 때문이건, 경제적 환경의 변화 때문이건, 또는 새로 도입된 정책 때문이건 상관하지 않았다. 이와 같이 '일률적인 자동삭감'이 발동되기 때문에 재정적자를 억제하기 위한 행정부와 의회의 실질적인 통제가 오히려 나타나지 않았던 것이다. 이러한 결함들 때문에 GRH는 사실상 큰 효과를 발휘하지 못하였다. GRH는 재정적자의 목표치를 1991 회계연도에 640억 달러로 책정하였으나, 1990년 7월의 예측에서 벌써 2300억 달러에 달하였다.

재정적자에 대한 위기감이 지속되면서 의회와 부시George Bush 대통령은 1990년에 조세증가, 지출감축 그리고 새로운 예산통제제도 Budget Enforcement Rule를 합의하였다. 의회는 매년 입법하는 '포괄적 예산조정법Omnibus Budget Reconciliation Act'에 이러한 의욕적 내용을 담았는데, 이 내용을 토대로 하여 1990년 '예산통제법Budget Enforcement Act' (이하에서는 BEA로 표기)을 신설하였다. 여기서는 수입과 지출을 변화시켜 향후 50년에 걸쳐 재정적자를 4960억 달러 감소시킬 목표를 제시하였던 것이다.

GRH의 실패로부터 의회와 행정부가 얻었던 교훈은 경제환경의 변화와 사업비용의 재추정으로 불가피하게 지출을 조정해야 할 경우에도 연도별 적자한도를 고정시키는 것은 무의미하다는 것이다. 이에 따라 BEA는 세 가지 내용의 새로운 '적자통제제도'를 구비하였다. 첫째, 적자와 흑자 목표를 조정 가능하도록 하였다. 둘째, 재량적 지출discretionary spending의 한도cap를 설정하였다. 셋째, 수입 및 직접지출의 '자기부담규칙pay-as-you-go'(이하에서는 PAYGO로 표기)을 확립하였다.

GRH의 중요한 특징으로는 재정적자의 최대 허용범위가 변화하지 않는다는 것이었다. 즉, 경기가 나쁘면 정부수입은 줄고 지출할 곳은 많아지는데, 이 경우 GRH를 준수한다는 것은 정치적으로 어려울 것이다. 이에 반해 BEA는 대통령이 예산안을 의회에 제출할 때 대통령에게 최대 적자금액을 조정할 수 있는 권한을 부여하였기 때문에 자동삭감의 위험을 크게 감소시켰다. 최대 적자금액은 행정부의 경제예측 및 여타 회계 및 산술적인 변화를 반영하여 조정할 수 있도록 하였다.

BEA가 채택한 두 가지의 새로운 예산통제 방법 중 하나는 재량적 지출에 대해 한도금액을 설정하고 이를 위반할 때 예산의 자동삭감이 발동되는 것이다. 지출유형별로 관련 수입이 증가했다고 하여 한도금액이 증가하지 않으며, 한 가지 유형의 지출이 줄어든다고 하여 다른 유형의 지출을 증가시킬 수 있는 것도 아니다. 또한 한도금액에는 일정한 여유금액이 있어 자동삭감이 발동되려면 지출금액이 한도금액과 여유금액의 합계액을 초과해야 한다.

BEA가 채택한 또 하나의 새로운 예산통제 방법은 자기부담규칙인 'PAYGO'를 들 수 있다. 재량적 지출에 대한 한도금액과 달리 이는 의무적 지출에서 지출삭감 또는 조세증가로 대체되어야 하는 것을 말한다. 다시 말해, 수입감소는 의무적 지출사업의 감축 또는 수입증가로 대체되어야 하는 것이다. 만약 이러한 대체가 없다면 자동삭감이 발동되는 것이다.

## 통합예산제도

1921년 '예산회계법Budget and Accounting Act'이 통과되면서 미국은 근대적 재정제도의 기본 틀을 완성시킬 수 있었는데, 이때부터 미국은 사실상 행정부를 중심으로 하는 강력한 행정국가를 형성할 수 있었다. 비록 헌법에는 의회가 재정권을 보유하도록 규정하고 있었으나, 대통령이 정부기관의 제반 예산정보를 총괄 취합하는 예산편성권을 보유하였기 때문에, 또 그자신의 정치적 영향력과 함께 대통령은 실질적으로 재정권을 주도하였다. 대통령의 이러한 영향력은 1974년에 '의회예산 및 지출유보 금지법Congressional Budget and Impoundment Control Act'이 제정되기까지 큰 변화 없이 지속되었다.

1921년의 예산회계법과 1974년의 '의회예산 및 지출유보 금지법' 사이의 기간 동안에는 미국의 예산제도가 큰 변화 없이 지속되어 온 것으로 평가될 수 있다. 이 기간 동안 재정제도와 관련하여 의회를 통과한 중요한 법률들로는 1945년의 '정부기업통제법Government Corporation Control Act', 1950년의 '예산 및 회계절차법Budget and Accounting Procedures Act', 1955년의 '보완적 지출승인법Supplemental Appropriation Act' 그리고 법률에 특별한 명칭이 부여되지 않은 1956년의 '공법 84-863Public Law 84-863'을 들 수 있다.

1945년의 정부기업통제법은 정부기업에 대한 의회의 철저한 감독을 보장하기 위해 정부기업들에 대한 회계검사원의 독립된 감사를 규정하였다. 1950년의 예산 및 회계절차법은 정부기관의 재정정보를 주로 규정하였는데, 회계분류와 예산분류의 일치, 회계·예산분류와 정부조직의 연계, 작업성과와 원가정보 등에 대한 내용이 담겨 있다. 1955년의 보완적 지출승인법은 의회가 정부기관으로부터 지출항목(또는 예산과목)별 지출부담과 지출에 관한 정확한 자료를 획득할 수 있도록 하였다. 1956년의 공법 84-863은 원가기준과 발생주의 회계에 기초한 정보의 필요성을 요구하고 있다.

이처럼 1921년과 1974년 사이에 제정된 각종 법률들은 예산과 회계에 관한 각종 정보를 의회가 더욱 정확하게 파악하고자 하는 데 주된 목적이 있었다. 이들은 미국의 예산제도에 관한 역사에서 획기적이고 역사적인 변화라 하기는 어려울 것이다. 그런데 비록 법률의 형태를 취하고 있지는 않지만 미국의 예산제도에 관한 많은 문헌에서 1967년을 중요한 변화로서 기록하고 있다. 1967년 「예산개념에 관한 대통령위원회의 보고서Report of the President's Commission on Budget Concepts」는 연방예산에 미국 연방정부의 모든 활동이 포함될 것을 요구하는, 소위 '통합예산제도'가 확고하게 성립하였기 때문이다.

1967년 3월 미국의 존슨 대통령은 예산개념에 대한 위원회를 구성하고 위원장을 선임하며 다음과 같이 언급하고 있다. '대통령위원회는 미국 연방정부의 예산서가 공공정책과 재정계획에 대하여 이해가 용이하며 유용한 수단이 될 수 있도록 설계하는 것'을 주된 목적으로 삼았다. 이러한 대통령위원회는 1921년 예산회계법이 제정된 이후 예산제도에 대한 근본적 검토를 한 첫 번째 사례로서 기록될 수 있을 것이다.

예산개념과 양식에 대해 저를 자문할 위원회의 위원장직을 수락하신 데 대해 개인적으로 감사드립니다. 저는 귀하께서 이 중요한 개혁에 참여해 주실 것을 요청하였습니다. 저는 최근 예산안 시정연설에서 다음과 같이 지적하였습니다.

"오랜 기간 동안 여러 정부가 바뀌면서 전반적인 예산양식 또는 개별 계정들의 처리와 관련하여 몇 가지 측면에서 문제점들이 지적되었습니다. 이러한 사실들을 감안할 때 저는 예산개념에 대해 철저하고도 객관적인 검토가 이루어져야 한다고 믿습니다. 따라서 저는 초정파적으로 예산문제에 정통한 전문가들로부터 이 문제들에 대한 자문을 원합니다. 전문가들이 예산을 철저하게 조사하여 이 중요한 예산서류를 일반 국민과 의회가 이해할 수 있도록 예산양식에 대한 방향을 제안해주실 것을 희망합니다."

연방예산은 매년 연방정부의 활동에 대한 아주 광범하고도 자세한 일련의 재정정보를 제공합니다. 이들 상세한 자료가 부족하다는 지적이 거의 제기되지는 않았지만, 이 위원회가 제공되는 정보의 추가 또는 삭제를 제안할 수 있을 것입니다. 저는 이러한 제안을 환영합니다. 그러나 이 위원회가 주로 조사해야 할 분야는 중요한 예산총액 및 이들의 요약표현의 기

초가 되는 개념들을 정리하는 것입니다.[74]

이 당시 미국 연방정부의 예산서에 대해 제기되는 비판은 주로 세 가지 측면에서 설명될 수 있다. 첫째, 예산안에서 제시되고 사용되는 여러 가지 예산총액의 개념이 서로 상충하여 혼란이 야기되고 있다. 둘째, 개별 항목과 이들의 분류가 체계적으로 적절하게 회계 처리되지 않고 있으며 이들이 예산총액에 미치는 영향도 파악하기 어렵다. 셋째, 예산사업을 의회와 일반 국민이 이해하기 어렵고, 또 최근의 충분한 예산정보가 생산되지 못하고 있다.

이러한 문제점들을 해결하기 위하여 대통령위원회는 예산서의 목적이 무엇인가에 대한 근본적 의문을 제기하며 출발하고 있다. 예산 또는 예산서의 목적을 다섯 가지 측면에서 설명하였다. 첫째, 신규 프로그램, 자금의 지출승인, 세입 관련 법률개정 등 의회의 승인을 위한 대통령의 요구사항을 기술해야 한다. 둘째, 국가적 목표를 달성하기 위해 공공부문과 민간부문 그리고 공공부문 내의 자원배분에 대한 제안을 담고 있어야 한다. 셋째, 실업감소, 물가안정, 국가경제의 건전한 성장, 국제수지의 균형 등을 위한 재정정책들이 표현되어야 한다. 넷째, 연방정부 프로그램들에 대한 기관별 관리에 대한 기초가 되어야 한다. 다섯째, 민간기업, 노동자, 농민, 기타 이익집단 그리고 공적 금전과 자원의 정부신탁에 대한 국민의 평가 등에 긴요한 다양한 국가경제에 관한 정보를 제공해야 한다.

---

74 U. S. Government Printing Office(1967), Exhibit B, *Letter of Appointment to Commission Members*, p. 107 참조.

당시 미국의 예산은 이들 다섯 가지 목적 중에서 첫째, 둘째, 셋째에 대해 서로 다른 개념을 사용하고 있었다. 행정적 예산administrative budget, 통합현금예산consolidated cash budget, 국민소득계정예산national income accounts budget 등이 바로 여기에 해당된다. 그리고 예산에서는 이들 외에도 지출승인과 기타 지출권한에 대한 여러 가지 수치표들이 제시되었다. 이러한 관행은 어느 한 가지 개념의 예산이 모든 목적을 충족할 수 없다는 판단에서 사용되었던 것이다.

그러나 서로 다르면서 서로 상충되는 예산이 국민들과 의회의 오해를 불러일으키고 정부의 의사결정을 오히려 방해하였다. 이러한 문제를 해결하기 위해서는 예산에서 '통합예산unified budget' 개념이 사용될 필요가 있다는 인식이 확산되었다. '정부계정에 대한 통합적이고 포괄적인 설명서integrated and comprehensive statement of governmental accounts'가 서로 다른 다양한 목적을 충족할 수 있으면서 명료성, 일관성, 이해 가능성을 제고할 수 있다는 것이다. 다시 말해, 서로 상충하는 예산 개념들을 모두 폐지하고 대표적인 통합예산을 제시하고, 여기에 포함된 항목들을 조정·선택하면 다양한 개념들의 예산을 얻을 수 있도록 해야 할 것이다. 위원회는 예산의 개념뿐만 아니라 예산의 전 분야에 걸쳐 다양한 제안을 하였는데 이들 13개의 제안내용은 〈표 4〉와 같이 정리될 수 있다.

〈표 4〉의 제안내용 중에서 미국의 재정제도 역사상 가장 중요한 내용은 네 번째로서 '예산은 연방정부와 정부기관들의 모든 프로그램들을 포함해야 한다'는 것이다. 이 제안에 따라 연방정부는 1969년 예산 이후로 예산분석과 보고의 기초로서 '통합예산 개념unified or consolidated budget concept'을 사용해왔다.

표 4 · 대통령위원회의 제안사항

1. 당 위원회의 가장 중요한 제안은 통합예산의 요약표를 정리하여 일반 국민과 의회를 혼란스럽게 하고, 또 그 실질적 성격에 문제가 있었던 현행의 세 가지 또는 그 이상의 여러 가지 상충된 개념들을 폐지하는 것이다.

2. 예산은 포괄적 재정계획의 일부로 간주되어야 하는데, 여기에는 예산의 지출승인, 수입, 지출, 순융자뿐만 아니라 예산적자의 조달수단(또는 흑자의 사용)과 정부와 그 기관들의 차입 및 융자 프로그램에 대한 정보가 포함된다.

3. 예산서에서는 수입과 여타의 재정정책적 성격의 결정뿐만 아니라 지출승인을 포함하여 의회에 요구되는 의결사항들이 더욱 명료하게 표시되어야 한다.

4. 예산은 포괄적 재정계획의 핵심적 부분으로 간주되기 때문에 예산은 연방정부와 정부기관들의 모든 프로그램들을 포함해야 한다.

5. 당 위원회는 시점과 관련하여 예산 지출과 수입이 현행의 현금기준 대신에 '발생기준'으로 보고될 것을 제안한다.

6. 융자와 그 외의 지출을 예산에서(또한 융자를 제외한 지출계정의 흑자 또는 적자 계산에서) 구분하는 것은 고용과 소득에 미치는 직접적 영향에 대한 예산의 재정정책적 효과 때문에 중요하다.

7. 공공자원의 더욱 효율적인 사용을 제고하기 위해서는 연방정부의 직접융자 프로그램에 내재되어 있는 보조금을 구분·인식하여 기존의 예산정보에 추가할 필요가 있다.

8. 민간융자금에 대한 연방정부의 보험 또는 보증은 이들이 기본적으로 연방지출도 연방차입도 아니기 때문에 예산총액에 반영되지 않는 부분으로서 계속 유지되어야 한다.

9. 정부가 융자금을 계속 보유하면서 그에 대한 '배당증권'을 매각하는 경우, 이는 적자금액의 계산에서 지출의 공제항목이 아니라 적자조달의 수단(또는 흑자의 처분항목)으로 간주되어야 한다.

10. 예산요약에서는 예산적자 또는 흑자의 보전거래에 대한 수단이 포함되어야 한다.

11. 조세 이외의 기업형 또는 시장형 정부수입은 관련 지출의 대체항목으로 간주되어야 한다.
12. 의회와 일반 국민에 대해 예산정보는 ① 연도 내의 수정사항을 제공함으로써 더욱 자주, ② 분기 또는 반기 단위로 예산총액의 수치를 세분하여 더욱 자세하게, ③ 미래에 대한 예측을 포함하여 더욱 포괄적으로 제공되어야 한다.
13. 당 위원회는 자본 또는 투자지출과 경상 또는 운영지출을 별도로 구분하여 조달하는 '자본예산(capital budget)'을 강력하게 반대한다.

자료: U.S. Government Printing Office(1967), pp. 6–10 참조

이러한 기본 원칙에도 불구하고 일부 사업들에 대해서는 특별한 예외가 용인되어야 한다고 인식되었다. 1967년의 대통령위원회는 '지출계정expenditure account'과 '융자계정loan account'으로 구성된 '통합예산unified budget'이라는 표현을 사용하였는데, 지출계정과 융자계정의 구분이 애매하여 이 때문에 통합예산의 범위에 상당한 혼란이 야기되었다고 한다.[75] 그 결과 1974년 예산부터 이러한 구분이 철폐되었다. 이러한 구분이 철폐되면서 예산의 형식은 점차 많은 부분에서 이전의 '예산외off-budget' 거래들을 '예산내on-budget' 금액과 합쳐 총연방지출로 인식하였다.[76]

---

[75] OMB(2003), "Introduction: Structure, Coverage and Concepts", *Historical Tables, Budget of the United States Government*, Fiscal Year 2004 참조.

[76] 미국의 '예산외' 거래와 '예산내' 거래를 구분하는 과정을 이해하기 위해서는 미국의 펀드 제도를 이해할 필요가 있다. 우리나라의 일반회계, 특별회계란 이름은 사실상 영미권의 펀드(fund)를 번역한 것이다. 그리고 우리나라 정부에서 사용하는 각종 기금, 자금, 펀드 등 역시 영미권에서는 모두 펀드라는 용어를 사용하고 있다. 다시 말해 우리나라에서는 펀드라는 용어를 제도적 차이에 따라 회계, 기금, 자금, 펀드 등 다양하게 사용하고 있으나 영미권에서는 일정한 묶음의 자금이라는 측면에서 모두 동일하게 사

특히 1980년대에 누적된 재정적자를 해소하기 위해 1985년에 채택된 특단의 법률인 '균형예산과 적자의 긴급통제법Balanced Budget and Emergency Deficit Control Act'은 그 당시의 모든 '예산외' 항목들에 대하여 '예산외'의 지위를 박탈하였다. 다만, 법률에서 2개의 사회보장펀드인 '연방노인보험펀드Federal Old-Age Survivors Insurance Fund'와 '연방장애보험 신탁펀드Federal Disability Insurance Trust Fund'만을 '예산외'로 인정하였다. 또한 1989년의 '일괄예산조정법Omnibus Budget Reconciliation Act'에서는 1989년 회계연도부터 '우편서비스펀드Postal Service Fund'를 예산외로 규정하는 조문을 규정하였다.

'예산내on-budget'란 그 용어에서 지칭하는 바와 같이 예산에 포함되는 거래를 지칭한다. '예산외off-budget'는 비록 이들이 정부거래에 포함되기는 하지만 재정의 합리적 운용이라는 측면에서 예산에서 제외될 필요가 있는 거래들을 의미한다. '예산외' 항목들도 '예산내' 항목들과 동일한 형태의 지출과 수입을 수반하는 프로그램들을 수행한다. '예산외' 항목들의 지출이 '예산내'에서 제외되지만 '예산내' 지출과 마찬

---

용하는 것이다.

미국 연방정부의 예산(federal budget)은 연방펀드(federal funds)와 신탁펀드(trust funds)라는 두 가지 유형의 펀드로 크게 구분될 수 있다. 연방펀드는 한 개의 일반펀드(general fund)와 다수의 특별펀드(special funds), 그리고 다수의 회전형 펀드(revolving fund)로 구성된다. 회전형 펀드란 영업활동과 같이 재화와 용역을 제공하고 그 대가를 사용자로부터 수령하는 펀드를 의미한다. 연방펀드와 대비되는 신탁펀드에서도 영업활동의 성격을 띠느냐 여부에 따라 회전형 신탁펀드(revolving trust funds)와 비회전형 신탁펀드(nonrevolving trust funds)로 구분된다.

2001년도에 발간된 GAO 보고서에 의하면 연방정부에는 1999년 현재 모두 392개의 예산펀드가 존재하고 있다. 여기서 특별펀드는 149개, 회전형 펀드(대부분 공기업 펀드로 재분류)는 113개, 신탁펀드는 130개로 각각 파악되고 있다. 130개의 신탁펀드는 다시 비회전형 신탁펀드 120개, 회전형 신탁펀드 10개로 구성된다. 이를 우리나라의 예산제도에 비유하여 표현하자면, 미국의 연방예산은 일반회계 1개, 기타특별회계 149개, 기업특별회계 113개, 기금 130개로 구성된다고 할 수 있다.

가지로 경제적 자원을 정부의 특정 용도에 주입하고 정부의 부담이 된다는 측면에서는 마찬가지인 것이다. 따라서 연방정부의 각종 펀드가 '예산내'로 간주되느냐, 아니면 '예산외'로 간주되느냐의 여부는 그 금액이 예산서류의 다양한 요약표에서 표현되는 방법에 영향을 줄 뿐이다.

다시 말해, '예산외' 펀드는 연방정부에 의해 소유 및 통제되지만 이들의 거래가 법률적으로 '예산내' 총액에 포함되지 않는다. 펀드가 '예산외'로 간주될 때에는 그의 세입, 세출, 흑자 또는 적자가 '예산내' 세입, 세출, 흑자 또는 적자에 포함되지 않는다는 것을 의미할 뿐이다. 또한 '예산외' 펀드에서 승인되는 예산권한은 '예산내' 펀드의 예산권한 총액에 포함되지 않는다. 물론 '예산외' 펀드는 '예산내' 펀드와 같은 형태의 정부 프로그램들을 수행하고 있다. 결국 요약하여 설명하면, 예산서류에서 대부분의 요약표는 연방세출과 세입을 포괄적으로 보여주는 통합예산 총액을 표시하고 있지만, '예산내'와 '예산외' 금액을 구분·표시하여 여러 가지 재정운용의 의사결정에 도움을 주고 있다.

2001년 현재 '예산외' 펀드는 모두 3개로서 2개의 사회보장펀드와 우편서비스펀드라는 1개의 공기업 펀드로 구성되어 있다. 사회보장펀드는 1986년에, 우편서비스펀드(공기업펀드)는 1989년에 각각 '예산외'로 분류되었다. 사회보장펀드를 '예산외'로 간주하는 주된 이유는 사회보장은 독립된 실체로서의 재무상태에 대한 정책적 관심이 높으며 또 사회보장펀드의 잉여수입을 정부의 다른 지출로 대체 사용하면 사회보장제도가 훼손될 것이라는 우려가 있기 때문이다. 그리고 사회보장펀드의 세입인 사회보장세가 많이 징수되면 예산적자 규모가 왜

곡될 수 있다는 지적 때문에 '예산외'로 간주되었다. 반면 우편서비스 펀드는 일반 국민과의 영업거래에서 그 재원이 조성되고 그 규모가 상당하기 때문에 '예산외'로 간주되는 것이다.

그런데 미국 연방정부에서는 '예산내', '예산외' 이외에 '비예산non-budget'이란 항목도 존재한다. 이는 정부가 부담하는 비용을 의미하지 않기 때문에 예산에 포함되지 않는 정부의 거래를 지칭한다. 연방정부와 관련되지만 그 본질적 성격상 '비예산적non-budgetary'인 활동들은 예산에 포함되지 않아야 할 것이다. 예컨대, '정부소관기업Government-sponsored Enterprises'의 금융중개활동과 같이 그 활동을 정부가 수행하지 않기 때문일 수도 있고, 또는 규제와 같이 그 활동이 정부 자체의 원가原價가 아니기 때문일 수도 있다. 그럼에도 이들 활동들은 재정정책의 중요한 수단이다. 따라서 이들은 예산서류에서 설명되고, 경우에 따라서는 관련 금액이 예산자료와 함께 제시된다.

'정부소관기업' 이외의 '비예산' 항목으로는 연방융자, 보관자금, 조세지출tax expenditure, 규제 등이 있다. 1990년의 '연방융자개혁법Federal Credit Reform Act'에 의하면 융자사업에 대하여 그 성격상 예산에 포함되어야 할 원가 부분과 포함되지 않아야 할 그 외 거래들을 구분하여 예산개념을 정립하였다. 1992년 이후 직접융자와 융자보증의 원가는 정부로부터의 추정 현금유출의 현재가치에서 정부에 대한 추정 현금유입의 현재가치를 공제한 값으로 계산된다. 이들 원가가 다른 연방사업의 세출에 상응하는데 연방정부가 직접 하거나 민간융자를 보증할 때에 이 원가금액은 융자사업 계정의 세출로서 예산에 포함된다.

이에 반해 융자사업에서 일반인과의 현금거래-융자금의 지불과

상환, 보증에 따른 체납금 지불, 이자와 수수료 수입 등—는 별도의 금융계정financing accounts에서 기록된다. 따라서 금융계정의 거래 순액은 정부가 부담하는 원가로 볼 수 없다. 금융계정의 거래 순액은 개념적으로 비예산적이기에 법률에서는 이를 예산에서 제외한다.

연방융자 사업에 대한 예산상의 세출은 정부의 융자결정에 따른 정부부담 원가를 측정한다. 이러한 처리방법 때문에 자원을 서로 다른 용도에 배분하는 재정계획으로서의 목적을 예산이 더욱 효과적으로 달성할 수 있다. 사업원가와 편익을 비교할 수 있고, 융자사업의 원가를 여타 지출사업의 원가와 비교할 수 있으며, 특정한 융자보조의 원가를 다른 융자보조의 원가와 비교할 수 있게 되는 것이다.

'비예산' 항목으로 간주되는 보관자금은 그 소유권이 결정될 때까지(예컨대, 광산임대 경쟁입찰의 보증금과 같이) 정부가 일시적으로 보유하는, 또는 정부가 다른 사람의 대리인으로 보유하는(예컨대, 연방공무원 봉급에서 원천징수하였으나 아직 지급하지 않은 소득세와 같이) 금액을 기록한다. 가장 규모가 큰 보관자금은 '근검저축펀드Thrift Savings Fund'로서, 이는 퇴직을 대비한 납부제도인 '근검저축플랜Thrift Savings Plan'에 가입한 연방공무원의 대리인으로 주식과 채권을 보유한다. 이들 자산은 공무원의 재산이며 신탁 형식으로 정부가 보유하기 때문에 펀드의 거래는 정부 그 자체의 거래가 아니며, 따라서 개념적으로 비예산이 된다. 또 다른 예로 '인디언 종족펀드Indian Tribal Funds'가 있는데 이는 인디언 종족을 대신하여 정부가 위탁 형식으로 보유 관리한다.

'조세지출' 또한 '비예산' 항목에 속한다. 조세감면, 면제, 공제 등을 통칭하는 조세지출은 조세와 마찬가지로 민간자원의 용도배분과 개인 간 소득분배에 영향을 주는 중요한 인센티브 효과를 갖는다. 조세수입의 손실로 표현되는 조세지출은 자원배분과 소득분배에 대해 세출과 비슷한 효과를 가진다. 그러나 이들 효과는 예산의 세출로 기록되지 않고 또 예산의 세입으로 측정되지 않는다. 조세지출의 금액은 '비예산' 항목으로 분류되지만, 이를 예산서에서 추정 제시할 때 정책목표를 달성하는 대체수단으로서 지출사업, 조세지출, 규제 등을 합리적으로 비교·분석할 수 있을 것이다.

정책목표를 달성한다는 측면에서 규제 역시 정부지출과 마찬가지인데, 이는 예산서에 포함되지 않는 '비예산' 항목이다. 규제는 안전과 공해통제 등과 같이 특정 목적의 지출을 민간부문이 하도록 요구하면서 예산세출 또는 조세지출과 비슷한 경제적 효과를 가진다. 규제계획의 내용과 절차는 매년 '규제계획과 연방규제·비규제 활동의 현황Regulatory Plan and the Unified Agenda of Federal Regulatory and Deregulatory Actions'에서 기술·발간된다.

# 5
## CHAPTER

# 프랑스의
# 행정부 주도 재정운용
# : 이원집정부제

전 세계적으로 볼 때 18세기 말에 국왕이 존재하지 않았던 주권 국가로는 미국과 프랑스가 있었다. 이들 국가에서는 직접 또는 간접 선거의 형태로 행정부 수반인 대통령을 선출하였기에, 20세기에 이르기까지 영국식 의원내각제와 다른 형태의 민주주의 체제를 발전시켜 나갔다. 본 장에서는 앞의 장에서 살펴본 미국식 대통령제와 다른 형태의 권력구조로서 재정 민주주의를 발전시켜 나간 프랑스의 준대통령제 또는 이원집정부제를 조명하고자 한다.

## 프랑스의 공화국 역사

프랑스는 절대군주를 타도하고 공화정을 세운 1789년의 대혁명 이후 거의 200년 동안 30여 개를 상회하는 헌정체제를 경험하였다. 이 기간 중 16개의 성문헌법이 제정되었는데, 사실상 심의 성안되었으나 시행되지 않은 헌법, 16개에 달하는 임시정부와 과도정부, 그리고 다수의 헌법개정들을 감안한다면 프랑스의 헌법 변천사는 정말 경이적이라 할 수 있다. 200여 년의 역사 속에서 이처럼 다양한 헌법체제를 경험한 나라는 이 지구상에 프랑스가 유일할 것이다.[77]

1789년 대혁명 이후 프랑스는 다양한 헌정체제를 경험하였는데, 이 기간 중 모두 5차례의 공화국이 역사적으로 구분되고 있다. 제1공화국은 대혁명 이후 보통선거로 선출된 국민공회Convention Nationale가 구성된 1792년 9월부터 나폴레옹이 황제로 즉위한 1804년까지의 기간을 일컫는다. 이 기간 중에 국민의회가 구성되고 군주제가 폐지되었는데, 제1공화국(1792~1804년) 이후에는 제1제국(1804~1814년), 왕정복고(1814~1830년), 7월왕정(1830~1848년) 등의 체제를 거치게 된다.

제1공화국 이후 자본주의가 지속적으로 발전하였는데, 이에 힘입어 7월왕정 체제하에서 대은행가, 대상인 등 대부르주아가 정부를 좌지우지하고 있었다. 그런데 사회적·정치적 평등 이념이 강화되고 강력한 자유주의가 대두되면서 선거권 확대에 대한 요구가 거세게 나타났다. 신흥 부르주아의 정치적 불만과 노동자 계급의 사회주의적 요구가 반反정부 운동을 형성하며 1848년 2월 혁명이 발발하였다.

2월 혁명 이후 은행가·대지주·산업자본가들이 힘을 갖게 되어 질서당秩序黨을 결성한 후 온건한 헌법을 의회에서 승인받았다. 이 헌법에 따라 보통선거로 대통령을 선출하였는데, 이 선거에서 예상을 뒤엎고 나폴레옹 1세의 조카인 '루이 나폴레옹 보나파르트(나폴레옹 3세)'가 승리하며 제2공화국이 성립하였다. 농민들은 나폴레옹 1세의 영광을 그 조카가 재현해줄 것이라 믿었던 것이다.

그런데 나폴레옹 3세는 1851년 쿠데타로 의회를 해산하고 공화파

---

[77] 성낙인(1995), p. 58 참조.

의 세력을 숙청하였다. 이어 국민투표로 신임을 얻은 후 1852년 1월 헌법을 제정하며 황제로 즉위하였다. 이로써 나폴레옹 1세의 제1제국에 이어 제2제국(1852~1870년)이 형성되었던 것이다. 따라서 제2공화국은 2월 혁명이 일어난 1848년부터 제2제정이 성립한 1852년까지의 기간 동안 존속하게 된다. 제2공화국에 이어 나타난 제2제국 또는 제2제정은 나폴레옹 3세의 통치기간을 일컫는다. 제2제정은 1870년 프랑스-프로이센 전쟁에서 프랑스가 패하여 폐지되었는데, 곧이어 프랑스 제3공화국이 성립하였다.

제3공화국은 1870년부터 나치 독일에 점령된 1940년까지 존속한다. 제3공화국은 프랑스 역사에서 구체제('앙시엥 레짐')를 붕괴시킨 프랑스 대혁명 못지않게 중요하다. 앙시엥 레짐의 붕괴로 프랑스에서는 헌법 불안정 시대에 진입하지만, 제3공화국이 도래하면서 그 불안정에 종지부를 찍었던 것이다. 1789년의 프랑스 대혁명부터 1870년까지의 기간과 1870년부터 1940년까지의 기간은 거의 동일하다. 그런데 전자의 기간에는 12개의 헌법이 빠른 템포로 바뀌었지만, 후자의 기간에는 하나의 헌법만이 존속하였다.[78]

제3공화국은 '의원내각제적 공화제'로서 프랑스에 새로운 정치적 전통을 가져다주었고, 앙시엥 레짐 이래 경험한 적이 없었던 헌법의 안정이 유지되었다. 다시 말해, 프랑스는 헌정체제의 빈번한 변동을 거쳐 비로소 균형을 회복하였던 것이다. 제3공화국 이전의 의회는 군주제의 테두리 안에서 주로 기능하였지만, 제3공화국부터는 의회가 민주정치의 틀을 유지하는 기능을 수행하였다.

---

[78] 문광삼·김수현 역(2003), p. 140 참조.

그러나 이러한 균형과 안정은 정부의 약체와 정치적 불안정이라는 특징을 동시에 내포하고 있었다. 1875년부터 1940년까지 65년 동안 내각이 107번이나 바뀌어 행정부의 평균수명이 8개월에 불과하였던 것이다. 이러한 특징 때문에 프랑스는 제2차 세계대전에서 나치 독일에 점령당하는 수모를 겪었다고 평가받는다.

제3공화국의 제도는 1875년의 헌법에 의해 규정되는데, 행정부는 대통령과 내각이라는 두 가지 요소로 구성되었다. 대통령은 7년 임기로 의회 양원의 합동회의에서 선출되었다. 헌법에서는 대통령의 역할을 명확하게 규정하지 않았는데, 이 때문에 막대한 권한을 행사할 수 있었을 것이다. 그리고 대통령의 모든 행위에는 장관의 부서副署가 있어야 한다는 규정이 있었기 때문에 대통령은 주재는 하지만 통치는 할 수 없었다.[79]

장관들은 대통령에 의해 임명되었는데, 장관은 국회에 대하여 책임을 지고 국회의 신임을 얻어야만 하기 때문에 의회 다수의 지지를 받아야 했다. 대통령이 수상을 선택하면 수상은 장관들을 선택하고 대통령이 이들을 임명하였다. 의회의 양원은 내각을 불신임할 수 있지만, 또한 내각도 상원(원로원)의 동의를 얻어 하원(대의원)을 해산할 수 있었다. 그러나 상원(원로원)이 일치한 의견을 제출할 때에만 하원을 해산할 수 있었는데, 원로원은 내각에 포함된 정당이 이후 의원선거에서 승리할 것을 염려하여 쉽사리 의견의 일치를 보지 못하였다. 1877년 이러한 염려가 현실로 실현되며, 의회해산권은 쓰이지 않아 이 제도는 사실상 기능하지 않았다.

---

79 김병규 역(1979), pp. 73-75 참조.

제2차 세계대전으로 제3공화국이 붕괴되면서 프랑스는 나치 독일 치하의 비시Vichy 정부(1940~1944년), 그리고 영토를 회복한 이후의 임시정부(1944~1946년)를 거쳤다. 나치 독일의 패망으로 성립한 임시정부에서는 제헌의회가 구성되었는데, 프랑스의 장래 정치제도를 결정하는 국민투표가 있었다. 사회당, 공산당 그리고 인민공화운동의 3당 연립의 정치체제 속에서 헌법안이 마련되었는데, 첫 번째 헌법안은 1946년 5월 5일 부결되었고, 두 번째 헌법안이 1946년 10월 27일 채택되었다.

첫 번째 헌법안은 사회당과 공산당의 의견을 주로 반영한 반면 인민공화운동, 급진당, 온건파 등의 의견은 무시되었다. 이 헌법안의 특징은 단원제의 의회에 거의 절대적인 권한을 부여하는 것이었다. 첫 번째 헌법안이 거부된 이후 두 번째 헌법안을 마련하기 위하여 새로운 제헌의회가 구성되었다. 여기서는 인민공화운동이 우세하였으며 또 제정파의 타협 필요성이 강조되었는데 양원제, 대통령의 역할 강화, 의회에 대한 수상의 권한 강화(의회해산권의 절차 완화와 함께) 등을 규정한 헌법안을 마련하였다. 이 헌법안은 1946년 10월 13일 국민투표에서 다수의 기권표와 함께 채택되었다. 그런데 1946년 1월 21일 임시정부 대통령직에서 사임하고 고향에 머물던 드골De Gaulle은 첫 번째 헌법안뿐만 아니라 두 번째 헌법안에 대해서도 반대 입장을 표명하였다.[80]

프랑스는 제3공화국에서 행정부 약체와 정치적 불안정이라는 현상을 심각하게 경험하였지만, 제4공화국(1946~1958년)에서도 이러한

---

[80] 한명수(1992) 참조.

문제를 극복하지 못하였다. 제4공화국의 정부는 제3공화국의 정부보다도 더 불안정하여 내각의 평균수명이 8개월보다도 더 짧은 6개월을 넘지 못하였던 것이다.

의회는 양원제로서 하원인 국민의회Assemblée Nationale와 상원인 공화국평의회Conseil de la République로 구성되는데, 하원보다 상원의 권한은 매우 제한적이었다. 제4공화국에서 의회는 다당제로 구성되었는데, 1956년의 총선에서는 15개 이상의 정당이 원내에 진출하기도 하였다. 이러한 다당제는 원내 의석 획득에 희망을 가질 수 없었던 군소정당들이 비례대표제에서 의석을 차지할 수 있었던 투표방식에 기인한 것으로 설명된다.[81]

제4공화국의 대통령은 양원 합동회의에서 재적의원 절대다수의 득표로 당선되고 7년의 임기를 가졌다. 그런데 이러한 절대다수는 현실적으로 매우 어려웠는데, 두 번째 대통령이었던 르네 꼬띠René Coty는 1953년에 13차례의 투표를 치른 후에야 당선되었다. 이러한 대통령은 행정부의 수반이었던 수상이 동의하지 않는 한 어떠한 사안에 대해서도 주도적인 행동을 취할 수 없었다. 수상과 책임부서의 장관은 대통령의 행위에 부서를 해야 했기 때문에 대통령은 수상의 동의 없이는 명목상 규정된 그 어떠한 권한도 행사할 수 없었다.

제4공화국에서 수상은 제3공화국의 수상과 달리 실질적으로 행정부의 수반이 되었다. 수상은 행정부 수반의 자격으로 대통령에게 장관의 임명을 추천하였으며, 또한 장관을 면직할 수도 있었다. 이외에도 대통령이 주재하는 국무회의Conseil des Ministres 외에 수상은 대통령

---

81 한명수(1992), p. 7 참조.

이 참석하지 않는 내각회의Conseil de Cabinet를 주재하였다. 수상은 물론 제3공화국 수상과 마찬가지로 대통령의 행위에 부서를 하는 권한을 보유하였다.

제4공화국에서는 행정부와 의회의 관계를 임명, 책임, 해산의 세 가지 측면에서 명확하게 규정하고자 하였다. 우선, 수상은 정강에 대한 개인적 의견을 기초로 국민의회의 승인이 먼저 이루어지는데, 그 후에 장관의 임명을 대통령에게 추천하는 절차를 밟는다. 이는 제3공화국과 달리 행정부 구성에서 수상의 우월적 지위를 인정하는 것이었다. 두 번째로 제3공화국에서는 행정부의 책임체제를 명시적으로 제정하지 않았지만, 제4공화국에서는 이에 관한 절차를 명시적으로 확립하였다. 마지막으로, 의회해산의 측면에서 행정부에 의회의 해산권을 인정하였지만 이 권한을 현저하게 규제하며 해산권이 경솔하게 행사되지 않도록 하였다.[82]

그런데 제4공화국은 헌법 기초자들의 의도와 달리 행정부 약체와 정치적 불안정이라는 현상을 극복하지 못하였다. 프랑스도 의원내각제의 헌정체제를 구축하였으나 다당제의 전통 때문에 양당제가 확립된 영국과 달리 결과는 실패로 돌아갔던 것이다. 제4공화국에서는 정당의 수가 너무 많았고 또 국민의회 내에서 안정된 다수가 존재하지 않았던 것이다. 이 때문에 행정부 내에서 서로 다른 정당 출신의 장관들은 내각의 연대감보다는 자신의 정당에 대한 연대감이 더 강하였다. 당시의 정당체계와 선거제도는 유권자들이 정부의 정책방향에 영향을 미칠 수 없도록 하였다.

---

82 한명수(1992), p. 11 참조.

제4공화국이 종말을 고하던 1958년 프랑스는 3년 반 동안 지체되어 오던 알제리 내전을 종식시키지 못하고, 이 문제를 둘러싼 각 정파의 의견대립과 정부부처 간의 상충된 정책집행으로 거의 무정부상태에 이르렀다. 이러한 상황 속에서 알제리 전쟁을 수행 중이던 군부 내의 드골파와 르네 꼬띠 당시 대통령은 좀 더 강력하고 안정적인 국정수행을 위하여 행정부와 의회를 모두 장악하고 드골 장군의 재집권을 통한 새로운 형태의 정치체제 구축을 시도하고자 하였다.

1958년 6월 1일 국민의회는 드골 장군을 수상으로 임명하였고, 6월 3일 그에게 신헌법을 기초할 권한을 부여하였다. 다시 말해, 의회는 1958년 2개의 법률을 통과시켰는데, 하나는 제4공화국의 가장 전통적인 체제하에서 향후 6개월간 국정운용이 이루어져야 한다는 원칙을 규정한 것이고, 다른 하나는 행정부로 하여금 새 헌법을 준비하도록 하고 의회는 휴회 결의를 한다는 내용이었다. 이들 법률에 따라 제4공화국 제90조에 규정한 의회의 개헌안 발의권은 잠정적으로 행정부에 양도되었다. 의회는 제4공화국 헌법의 의회중심적 기본골격을 유지하면서 국가의 효율성, 안정성, 계속성을 위해 만성적인 내각 불안정을 치유할 수 있도록 행정부의 집행력을 강화하고 의회의 권한 약화를 용인하고자 하였다.

드골 장군은 국민의회에서 행한 정책선언에서 개헌을 통한 강력한 집행력 확보의 필요성을 역설하며 자신에 대한 지지를 호소하였다. 그는 당시 법무부 장관이었던 미셸 드브레Michel Debré를 중심으로 행정부 내에 15인 전문가 회의를 발족시켜 새 헌법조항을 성안케 하였고, 새 헌법의 실질적 발의권자인 '부처 간 회의Comite Interministeriel'를 자신이 직접 주재하였다. 이러한 절차를 통해 채택된 개헌안은 헌법

자문회의Comite Consultatif Constitutionnel의 의견수렴과 국사원Conseil d'Etat 심의, 그리고 국민투표의 절차를 거쳐 최종 확정토록 하였다.

신임수상 드골 장군은 프랑스의 정치적 난국이 정당들의 파괴적 영향력에 기인하고, 또 이는 국민의회의 과도한 권한에서 비롯된 것으로 확신하고 있었다. 그는 헌법개정을 통하여 행정부의 권위를 강화하여 헌법적 균형을 바로잡아야 한다는 생각을 하였다. 대통령의 위상을 재구축하고 행정부의 권위를 강화하며 의회의 주도권을 상대적으로 약화시킨다는 취지하에서 제5공화국의 헌법초안이 마련되었다. 드골은 헌법승인 절차로서 국민의회 의결을 채택하지 않고 곧바로 국민투표에 상정하였는데, 이는 다양한 정당들의 주장을 무시하기 위한 의도를 갖고 있었다. 새 헌법안은 1958년 9월 28일 국민투표에서 79%의 압도적 찬성으로 가결되었고, 1958년 11월의 국민의회 선거를 거쳐 1959년 1월 드골은 제5공화국 초대 대통령으로 취임하였다.

제5공화국 초기 국민의회는 감히 드골에게 도전하지 못했고, 또 그의 수상 미셸 드브레는 계속하여 드골에게 충성하고 있었다. 1960년에서 1962년 사이에 행해진 일련의 국민투표에서 알제리의 자치와 독립에 대한 드골의 정책이 국민적 지지를 받는 것으로 확인되었다. 그런데 알제리 위기가 해결되면서 비非드골주의자들은 제5공화국의 헌정체제에 도전하며 제4공화국의 체제로 복귀하더라도 별 문제가 없을 것으로 판단하였다. 이에 따라 대통령과 의회가 정면대결하게 되었는데, 드골 대통령은 의회를 무시한 채 대통령 직선을 위한 헌법개정안을 1962년 국민투표를 통해 확정하였다. 이에 반발하여 의회는 행정부 불신임안을 가결하고 의회를 해산하여 총선을 시행하였는데, 드골 대통령의 승리가 확정되며 프랑스 제5공화국의 '준대통령제'가 성립하였던 것이다.

제5공화국의 준대통령제는 대통령 직선제가 채택된 1962년에 비로소 확정되었다 할 수 있다. 1958년의 헌법에서는 시·읍·면 의원 및 도의원으로 주로 구성되는 8000여 명의 선거인단이 대통령을 선출하였다. 그런데 1962년의 개헌에 의하여 국민 직선에 의해 대통령을 선출함으로써 대통령은 국민의 대표기관으로서 한층 더 강화된 정통성을 확보하게 되었던 것이다. 이 당시 대통령이 누렸던 7년의 임기는 2000년 9월의 개헌 국민투표에 의해 5년으로 단축되었지만, 준대통령제로서의 제5공화국은 1962년에 확립되었다는 점에 많은 전문가의 의견이 일치하고 있다.

## 프랑스의 권력구조

### 권력구조 개요[83]

〈그림 1〉은 1962년 헌법개정 이후 확립된 준대통령제로서의 제5공화국 헌법의 핵심을 설명하고 있다. 유권자, 국민의회, 총리와 행정부, 대통령을 중심으로 가장 중요한 관계들을 정리하였다. 우선, 유권자들은 정기적으로 대통령 선거와 의원 선거를 통해 국가 지도자를 선택하는 2번의 기회를 갖는다. 대통령의 임기를 7년에서 5년으로 단축한 2000년의 헌법개정으로 이들 선거의 주기는 일치하게 되었지만, 의회해산 및 대통령 사임 또는 사망이 있는 경우 새로운 임기가

---

83 본 절의 내용은 Knapp and Wright(2006), pp. 56-59 참조.

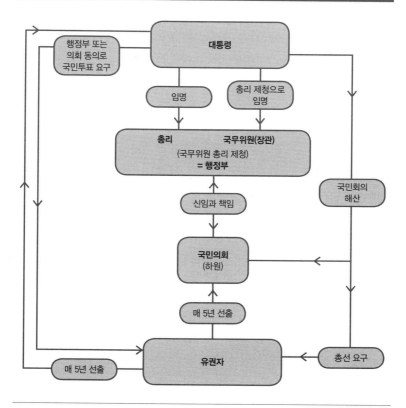

그림 1 · 프랑스의 준대통령제 권력구조

| | |
|---|---|
| 행정부 또는 의회 동의로 국민투표 요구 | 대통령 |

임명

총리 제정으로 임명

총리 　 국무위원(장관)
(국무위원 총리 제청)
= 행정부

국민회의 해산

신임과 책임

국민의회
(하원)

매 5년 선출

매 5년 선출 　 유권자 　 총선 요구

자료: Knapp and Wright(2006), p. 57 참조

시작하기 때문에 이들이 일치하지 않을 가능성은 충분히 존재한다. 또한 유권자들은 대통령의 요구로 광범한 정책적인 이슈에 대해 국민투표를 시행하기도 한다. 국민투표는 1958년 6월 이후로 9차례(이들 중 5번은 드골 대통령하에서) 있었다.

다음으로, 하원으로서 국민의회National Assembly가 있는데, 이의 다수당은 대통령을 지지할 수도 있고(여대야소) 또는 적대적일 수도 있다

(여소야대 또는 동거정부). 여기서도 몇 가지 경우를 구분할 수 있다. 국민의회가 여대야소인 경우 여당이 단일의 대규모 정당이 될 수도 있고(1968~1973년, 1981~1986년), 심각하게 분리되어 있는 경우도 있으며(1973~1981년), 다수를 차지하는 집단이 없는 경우(1988~1993년)도 존재하였다. 반면 여소야대 또는 동거정부로 불리며 대통령과 국민의회가 적대적인 관계를 유지하는 경우에도 그 적대성이 작을 수도 있고(1986~1988년), 매우 클 수도(1993~1995년) 있다.

총리와 행정부는 국민의회에 대해 책임을 지기 때문에 국민의회의 다수를 차지하는(또는 반대파의 불신임안을 방지할 수 있을 만큼 충분한) 집단에 의해 선출된다고 할 수 있다. 국민의회에서 여대與大인 경우 대통령은 자신의 정당에서 총리를 지명할 수 있는 기회를 누릴 것이다. 따라서 이러한 총리는 지명과정 때문에 대통령에 신세를 질 것이다. 그런데 의회 다수당이 대통령과 적대적이라면 대통령은 이들 다수가 지지하는 총리 — 통상 야당의 실질적 지도자 — 를 지명할 수밖에 없다. 1986년, 1993년, 1997년의 의원선거에서는 대통령과 총리의 불편한 동거가 나타났다. 즉, 좌파 대통령(미테랑Mitterrand)과 우파 총리(1986년의 자크 시락Jacques Chirac, 1993년의 에두아르 발라뒤르Édouard Balladur처럼) 또는 1997년부터의 우파 대통령(시락)과 좌파 총리(리오넬 조스팽Lionel Jospin)가 여기에 해당된다.

의회 다수당의 지지를 받아 선출된 이러한 여소야대 또는 동거정부의 총리는 여대야소에서 대통령의 선택에 따라 수상직에 선출되는 평상시의 총리에 비해 훨씬 더 강력하였다. 그러나 대통령과 총리의 '일치성coincidence'과 '동거성cohabitation'이라는 두 가지 형태 사이에서 다양한 변형적 내용이 가능할 것이다. 동일한 정당의 대통령과 총리가 시락과 알랭 쥐페Alain Juppé 사이처럼 매우 가까울 수도 있고, 또는 미테랑이 미셸 로카르Michel Rocard를 대했던 것처럼 개인적으로 불편한 정치적 관계를 감내해야 할 수도 있다. 반면 미테랑과 발라뒤르 사이의 동거정부에서 나타난 것처럼 성숙한 협상modus vivendi이 나타날 수도 있다.

일반적으로 프랑스의 대통령은 정치 그리고 대내 및 대외 정책 모두에서 최고의 지위를 갖는다. 대통령은 국민들의 직접 선택으로 유일한 정당성을 가지며, 심각한 범죄에 의한 기소를 제외하고는 임기가 유지되며, 총리를 지명할 수 있고 총선(1년에 1번 이상은 불가능)과 국민투표(일정한 조건하에서)를 요구할 수 있다. 그런데 적대적인 의회 다수당에 직면하면 대통령은 불가피하게 그의 권력 대부분(총리에 대한 선택의 자유와 국내정책에 대한 통제를 포함하여)을 잃고, 또 대통령은 제3, 제4공화국의 대통령과 같은 무력함에 빠지지 않고 권력을 유지하기 위해 투쟁을 해야 한다. 이와 같이 프랑스에서는 동일한 헌법의 명문상 내용에 따라 다양한 시나리오가 가능하며, 또한 헌법 그 자체가 서로 달리 해석될 수도 있다.

### 의회 권한의 변천[84]

제5공화국의 가장 중요한 특징 중 하나는 상대적으로 취약한 의회의 지위를 들 수 있다. 의회가 제3공화국과 제4공화국의 만능적인 지위로부터 완전히 무력한 지위로 전락했다는 것은 이미 잘 알려져 있다. 그러나 이러한 견해는 잘못된 것이다. 첫째, 프랑스 의회의 쇠퇴는

---

84 본 절의 내용은 Knapp and Wright(2006), pp. 141-142의 내용을 정리한 것임.

1958년부터가 아니라 40년 이전부터 시작되었다. 둘째, 프랑스 의회의 쇠퇴를 부정할 수는 없지만 이의 부정적 측면이 과장되어서는 안된다. 어떤 측면에서는 이러한 쇠퇴가 유럽의 일반적인 의회 모형으로 수렴하는 것이라 할 수 있다. 셋째, 제5공화국 출범 초기 이러한 쇠퇴가 있었으나 이후 제도개혁과 정치관행의 변화를 통해 의회의 영향력은 부분적으로 회복되는 과정을 밟았다.

대부분의 역사학자는 프랑스의 의회권력 진화를 네 가지 단계로 구분한다. 첫 번째 단계는 1814년의 왕정복고로 시작하는데, 의회 권력의 간헐적 그러나 거침없는 확장으로 특징 지워진다. 1877년 10월 선거 이후 '공화론자의 공화국Republican Republic' 확립 때 최고조에 달하였다. 두 번째 단계는 1877년부터 1914년까지로 의회의 우위가 공화론자의 전통적 핵심요소가 되면서 확고하게 자리 잡았다. 행정부의 주된 임무는 의회 결정의 집행으로서 행정부는 단순히 위원회의 역할로 축소되었다. 의회 내에서도 개별 의원들은 막강한 권력을 행사하였다. 정당의 규율이 약함으로써 행정부에 대해 많은 혼란을 초래하고, 또 선거구의 이해에 따라 예산을 편성하도록 불안정한 행정부를 압박하였다. 의회가 주도하였기 때문에 예산의 의결은 미뤄지고, 또 수입과 지출의 균형이 너무 자주 붕괴되곤 하였다.

1918년에서 1958년 사이의 세 번째 단계는 의회의 점진적인 쇠퇴로 특징 지워진다. 해외와 식민지 전쟁, 군대 점령, 입법의 중요성과 전문성 증가, 조직화된 압력집단의 등장 등이 모두 상당한 영향을 끼쳤는데, 이는 입법을 주도하고 이를 효과적으로 통제할 수 있는 의회의 역량을 감소시켰다. 제1차 세계대전 이후에는 외교, 국방, 경제계획 등 중요한 정책들이 의회의 심의에서 완전히 벗어나 있었다. 이러한 상황은 1924년 의회가 행정부에게 공포령décret을 통해 특정 영역의 입법권을 공식적으로 부여하면서 이후 가속화되었다. 그런데 행정부의 입법권한을 용인하면서도 의회는 여전히 행정부의 정치적 책임에 의문을 품고 있었다. 강력하고 전문화된 의회의 위원회들은 정무위원들ministers을 괴롭히고 행정부를 대체할 수 있는 정도의 지위를 누렸다.[85] 제4공화국 수립자들이 1946년에 좋은 의도로 도입한 헌법적 제도들 중 그 어떤 것도 이전 세대의 관행을 종식시킬 수 없었다.

정책수립에 대한 의회의 긍정적인 능력은 점차 무력하게 되었지만, 1918~1958년 기간 중 의회는 행정부의 활동을 논박하고 방해하는 능력을 가졌는데 이는 의회의 중요한 권한으로 계속 인식되었다. 의회는 자체 규칙과 의안을 완벽하게 통제하였으며, 모든 영역에서 배타적인(가끔 위임하기도 하였지만) 입법권을 보유하였으며, 정무위원을 배출하는 준독점적인 지위를 누렸으며, 지역구에서는 의원들이 권력과 특권을 누렸다. 의회는 종종 반대입장을 표명함으로써 행정부를 마비시켰다. 다시 말해, 의회는 쇠퇴하였지만 여전히 막강한 기관이었고, 반면 행정부는 경우에 따라 권한이 있었지만 대개의 경우 단기간에 한정되었다. 이러한 상황하에서는 의회도 행정부도 실질적인 권한을 갖지 못했다.

프랑스 의회의 발전과정에서 네 번째 마지막 단계는 1958년에 시작하였다. 이때 의회는 새로운 헌법의 기초자에 의해 처음으로 종속적 지위로 전락하였으며, 이후 연속적으로 행정부를 장악한 드골주의자

---

85 '정무위원'이란 행정부에서 중요한 공직을 수행하는 정치인으로 정의되는데, 고위 정무위원은 내각의 일원으로서 장관 또는 국무위원이 된다(Wikipedia 참조).

들이 취한 정치적 관행 때문에 종속적인 지위가 지속되었다. 그럼에도 제5공화국의 핵심 설계자인 미셸 드브레는 제5공화국을 '의원내각제Parliamentary Regime'라 불렀다. 그는 의회가 행정권을 통제하지만 파괴하거나 대신하지 않는 영국식 제도란 의미에서 진정한 의원내각제라고 생각하였다. 영국에서는 정당의 규율이 강하여 의원내각제로서의 균형상태를 위해 일정한 제약이 부과된다. 드골주의자로서 드브레는 사회적으로 깊은 갈등이 불안정한 다당제로 표출되는 프랑스와 같은 국가에서는 이러한 균형이 불가능하다고 생각하였다. 따라서 합리적인 의회주의제Rationalised Parliamentarianism의 개념을 위해서는 전통적으로 의회 내 다수당이 존재하지 않는 상황을 새로운 제도적 절차가 보완해야만 한다고 생각한 것이다. 어떠한 행정부도 지속되기 위해서는 하원인 국민의회의 지원을 필요로 한다는 점에서 제5공화국은 의원내각제가 된다. 그러나 헌법은 의회의 권한, 특혜, 특권을 약화시키기 위한 일련의 조문들 또한 포함하고 있다.

1958년 이래로 의회는 드브레의 관찰과 달리 다소간 종속적인 지위가 되었다. 헌법상의 제약이 부과됨과 동시에 안정적인 다수당이 예기치 않게 등장함으로써 더욱더 종속적으로 되었다. 그런데 1970년대 이후에는 종속성이 약화되었는데, 왜냐하면 의회를 강화하는 반작용이 나타남으로써 과거의 제도적 권한과 정치적 입지를 전부는 아니지만 부분적으로 회복할 수 있었기 때문이다.

## 재정 민주주의와 헌법

제5공화국 헌법에서 가장 모호하지 않은 내용은 의회의 권한을 제한하는 것이다. 여기서는 헌법상의 규정과 제도를 중심으로 의회의 권한이 행정부와의 관계에서 어떻게 규정되고 있는지를 자세히 살펴보기로 한다.

### 비非의원의 정무위원 선임

제5공화국 헌법의 기초자들은 행정권과 입법권의 명확한 분립을 추구하였다. 이러한 분립은 드골 자신에 의해 추진되었는데, 드브레의 권고와 달리 이는 헌법(제23조)에 반영되었다. 드골은 "행정권은 의회로부터 파생되지 않아야 하는데 …(중략)… 만약 그렇다면 행정부는 많은 위임들의 단순한 총합으로 전락하고 마는 권력의 혼합이 나

---

**표 5 · 정무위원의 겸직 제한 규정**

**제23조**
① 행정부의 직책은 의회의원직, 전국적인 직능 대표, 공직, 직업 활동을 겸할 수 없다.
② 전항의 직무, 기능, 직위의 대리에 관한 요건은 조직법으로 정한다.
③ 의회의원직의 충원은 제25조에서 정하는 바에 따른다.

**제25조**
① 각 원의 임기, 의원의 정수, 세비, 피선거 자격요건, 피선거권 상실, 겸직 금지에 대하여서는 조직법으로 정한다.
② 상원 또는 국민의회에 결원이 발생할 경우 해당 의원이 소속된 원의 개선 또는 총선이 실시될 때까지 그 직을 대리하거나, 의원이 정부 직책을 수락할 경우 임시로 그 직을 대리할 의원을 선출하는 요건에 대하여서도 조직법으로 정한다.

---

| 연도 | 총리 | 비(非)의원 비율(%) | 연도 | 총리 | 비(非)의원 비율(%) |
|------|------|------|------|------|------|
| 1958 | 드브레(Debré) | 37 | 1986 | 시락(Chirac) | 27 |
| 1962 | 퐁피두(Pompidou) | 27 | 1988 | 로카르(Rocard) | 39 |
| 1968 | 쿠브 드뮈르빌르 (Couve de Murville) | 3 | 1991 | 크레송(Cresson) | 29 |
| 1969 | 샤방델마스(Chaban-Delmas) | 2 | 1992 | 베레고브와 (Bérégovoy) | 28 |
| 1972 | 메스머(Messmer) | 6 | 1993 | 발라뒤르(Balladur) | 3 |
| 1974 | 시락(Chirac) | 33 | 1995 | 쥐페(Juppé) | 14 |
| 1976 | 바르(Barre) | 29 | 1997 | 조스팽(Jospin) | 17 |
| 1981 | 모루아(Mauroy) | 23 | 2002 | 라파랭(Raffarin) | 31 |
| 1984 | 파비위스(Fabius) | 31 | 2005 | 빌팽(Villepin) | 34 |

표 6 · 비의원의 정무위원 선임: 1958~2005년

자료: Knapp and Wright(2006), p. 130 참조

타날 것이다"라고 설명하였다. 법과 행정의 분립은 의회 외부에서 정무위원들을 정기적으로 지명함으로써 강화된다. 경우에 따라 행정부의 3분의 1 이상이 지명되었다.

더욱이 헌법 제23조는 정무위원이 되는 국민의회 의원은 모두 의원직을 포기해야 한다고 규정하고 있다. 그리고 이러한 의원직은 의회선거에서 완벽한 자격을 가지고 선출되는 대리원Suppléant에게 돌아간다. 이러한 '겸직금지 원칙'은 이전의 하원의원Republics들이 일반적으로 가졌던 욕망, 즉 그 직책을 차지하기 위해 행정부를 전복시키려던 욕망을 억제할 것으로 생각되었다(이제 이들은 국무위원인 각료 지위를 얻기 위해 의원직을 포기해야 했다). 또한 정무위원으로 임명된 이후에 사임하는 것을 신중하게 생각하도록 만들었다(이들이 의회로 돌아가기 위해서는 다음 총선까지 오랫동안 대기해야 할 것이다).

## 의회 회기의 제한

프랑스 제5공화국 헌법은 의회의 회기를 획기적으로 감축시켰다. 이전의 공화국 헌법에서는 의회 회기의 최대 기간을 보장하였으나, 제5공화국 헌법에서는 최대 기간을 제한하였다. 즉, 가을에 한 차례, 봄에 한 차례 개의되는 2번의 정기회ordinary sessions는 그 전체가 5개

### 표 7 · 의회 회기에 대한 규정

**제28조**

① 의회의 정기회는 10월 첫 번째 평일에 개회하고, 6월 마지막 평일에 폐회한다.

② 각 원의 정기회기 중 개의 일수는 각각 120일을 초과할 수 없다. 그 기간은 각 원에서 정한다.

③ 총리는 해당 원의 의장과 협의한 후 추가 회의를 소집할 수 있다. 해당 원의 과반수 의원의 요구에 의해서도 추가 회의를 소집할 수 있다.

④ 개의 일수 및 개의 시간은 각 원의 의사규칙으로 정한다.

**제29조**

① 총리 또는 국민의회 재적의원 과반수의 요구에 따라 특정한 의사일정을 처리하기 위한 의회의 임시회가 소집된다.

② 국민의회의 요구에 의해 임시회가 소집된 경우 당해 회의를 소집한 의사일정이 종료하면 개회일로부터 최대 12일 이내에 폐회 명령을 발한다.

③ 폐회 명령이 발하여진 후 총리만이 1개월이 지나기 전에 새로운 회기를 요구할 수 있다.

**제30조**

의회가 당연 소집되는 경우 이외의 임시회는 대통령의 공포령에 의해 개회 및 폐회된다.

월 반을 초과할 수 없다(제4공화국에서는 의회가 평균 10개월 개최되었다).

임시회special sessions는 2주일로 제한되었고 또 특정한 의안에 한정되었다. 이러한 임시회는 폐회된 후 총리만이 1개월이 지나기 전에 새로운 임시회를 요구할 수 있다. 또한 임시회는 대통령의 공포령decree에 의해 개회 및 폐회되도록 하였다. 1960년 국민의회의 과반수가 임시회를 요구하였으나, 드골 대통령은 이를 거부하였다. 1979년에도 유사한 요구가 있었는데, 지스카르Giscard 대통령은 이를 수용하였지만 그는 이를 거절할 수 있었다고 강조하였다.

일반적으로 임시회는 정기회에서 자신의 계획을 입법하지 못했던 행정부에 의해 요구된다. 사회당 행정부에서 특히 이러한 성향이 강하였다. 1958년에서 1980년 사이에 19차례의 임시회가 있었는데, 1981년과 1986년 사이의 모루아Mauroy 총리와 파비우스Fabius 총리의 행정부에서는 17차례, 그리고 1988년과 1993년 사이의 로카르Rocard 총리, 크레송Cresson 총리와 베레고부아Bérégovoy 총리의 행정부에서는 13차례 있었다.

### 의회 입법권의 제한

제5공화국 헌법은 법률제정에 대한 의회의 독점권을 제한하고 있다. 의회의 입법영역에 대한 제한은 헌법에서 명시적으로 규정하고 있는데, 이들 외의 분야는 행정부의 시행령 또는 규정의 영역이 되는 것이다. 헌법 제34조는 법률(의회를 통과해야만 하는 입법)의 범위를 두 가지 방법으로 규정하였다.

첫째, 의회는 일정한 범위의 특정 주제에 대해 법률적 규칙을 제정하는데, 여기에는 기본적인 자유, 시민의 지위와 시민권, 조세의무,

표 8 · 의회 입법권의 제한에 대한 규정

**제34조**

① 법률은 다음 사항을 규정한다.

- 시민권, 공적 자유와 언론의 자유·다원주의 및 독립의 행사를 위하여 시민에게 부여된 기본적 보장. 국방을 위해 시민에게 과하여진 신체 및 재산상 의무
- 국적. 개인의 신분 및 법적 능력. 부부재산제. 상속 및 증여
- 중죄 및 경죄 및 위법행위의 결정과 그에 대한 형벌. 형사소송절차. 사면. 새로운 심급의 법원 설치와 사법관(magistrats)의 지위에 관한 규정
- 모든 조세의 과세기준·세율·징수방식. 화폐발행제도

② 법률은 다음 사항에 대해서도 규정한다.

- 의회, 지방의회, 재외 프랑스인 대표기관들의 선거제도 및 지방자치단체 심의기관 위원의 선거직 및 선출직의 직무수행 조건
- 공공기관의 설립
- 국가의 일반공무원 및 군공무원의 신분보장
- 기업의 국유화 및 공기업의 민영화

③ 법률은 다음 사항의 기본원칙을 정한다.

- 국방조직
- 지방자치단체의 자유행정·권한·재원
- 교육
- 환경보존
- 재산권·물권·민간채권·상업채권
- 노동권. 노동조합권. 사회보장권

④ 예산법(lois de finances)은 조직법에서 정한 요건과 그 유보조항에 따라 국가의 재원과 부담을 정한다.

⑤ 사회보장기금법(lois de financement de la sécurité sociale)은 조직법에서 정한 요건과 그 유보조항에 따라 균형재정에 대한 일반적인 요건을 정하고, 예상수입을 감안하여 지출의 용도를 정한다.

⑥ 국가계획법(lois de programmation)이 국가 행위의 목적을 정한다.
⑦ 중기 공공재정 운용방향은 국가계획법에 의해 규정되며, 예산균형목표를 지향한다.
⑧ 본 조항은 조직법으로 구체화되고 보완될 수 있다.

**제37조**
① 법률의 소관사항 이외의 사항은 규정(réglementaire)의 영역에 속한다.
② 규정의 소관에 속하는 사항에 대한 법률은 국사원의 의견 청취 후 공포령(décret)에 의하여 개정될 수 있다. 헌법위원회가 본 헌법의 발효 이후에 제정된 법률이 전 항의 규정에 의해 규정의 소관사항에 속한다고 선언하는 경우에 한해 공포령에 의해 개정할 수 있다.

징집, 형사절차, 선거법 등이 포함된다. 헌법 제34조 제1항과 제2항은 여기에 해당하는 내용들을 규정하고 있다.

둘째, 의회는 이들 외의 다른 주제들에 대해서는 법률의 일반적인 원칙과 구조를 규정하는데, 여기에는 지방정부, 교육, 재산권, 노동조합법, 사회보장 및 재정법안이 포함된다. 특히 재정운용과 관련되는 법률들, 즉 예산법, 사회보장기금법, 국가계획법 등은 의회가 그 기본적인 원칙만을 정하고 있음을 유의할 필요가 있다. 헌법 제34조 제3항, 제4항, 제5항, 제6항, 제7항 등은 여기에 해당된다.

이들 두 가지 범주에 포함되지 않는 주제들은 행정부의 재량에 맡겨지는데, 이는 헌법 제37조에서 규정된다. 행정부의 재량에 맡겨지는 규칙은 프랑스어로 Caractère Réglementaire인데, 영어 번역으로 Regulation이다. 따라서 이는 우리나라에서는 시행령 또는 규정으로 번역될 수 있을 것이다. 이들에 대해서는 의회에서 법안 또는 개정안

표 9 · 국민투표와 공식화에 대한 규정

**제11조**

① 의회의 회기 중에 정부가 제안하거나 양원이 합동으로 제안하여 관보에 게재하는 경우 대통령은 공권력의 조직, 경제·사회·환경정책개혁 및 공공 서비스, 헌법에 위배되지는 않으나 제도의 운영에 영향이 있을 조약의 비준동의에 대한 정부제출 법안에 대한 국민투표를 시행할 수 있다.

**제38조**

① 정부는 국정수행을 위하여 법률의 소관사항에 속하는 조치를 일정한 기간 동안 명령으로써 행할 수 있도록 승인해줄 것을 의회에 요구할 수 있다.

② 명령은 국사원의 의견청취 후 국무회의에서 발한다. 명령은 관보 즉시 발효된다. 그러나 수권법률(loi d'habilitation)에서 정한 기한 내에 이를 승인하는 법안이 의회에 제출되지 아니하면 폐기된다. 명령은 기간을 명시해야만 추인될 수 있다.

③ 본 조의 제1항의 기한이 만료되면 명령의 법률 소관사항은 법률에 의해서만 개정될 수 있다.

이 논의될 수 없는데, 만약 그것이 '시행령의 영역'에 포함되는지 여부에 대해 의문이 제기된다면 헌법위원회Constitutional Council의 판단에 따른다.

헌법 제34조와 제37조 이외에도 의회의 입법 독점권은 헌법 제11조의 국민투표 조항과 제38조의 공식화formalisation 조항에 의해 제한된다. 제3공화국과 제4공화국의 관행에 의한 공식화는 행정부가 공포령décrets과 명령ordonnance을 통해 의회에 대해 입법권을 요구하는 것을 말한다. 헌법 제38조는 행정부가 법률의 소관사항에 대해 명령을 발하는 것인데, 행정부는 국사원Conseil d'Etat의 의견을 청취하여 명령을 발하는데 이후 의회에 승인을 요청한다.

## 의회 운영의 행정부 우위

제5공화국 헌법에서 행정부는 자신이 중시하는 의제 또는 사업을 의회에서 조속히 통과시킬 수 있는 수단을 확보하였다. 제3공화국과 제4공화국의 의회는 행정부 요청법안을 의안 순서에서 나중으로 미루거나, 상임위원회에 묻어두거나, 보지도 않고 개정하거나 또는 이도저도 안 되면 기각시켰다. 반면 제5공화국은 행정부가 원하는 형태로 입법될 수 있도록 최선의 방법인 절차적 수단을 행정부에 제공하였다. 이들은 의안에 대한 지배, 의회 위원회 권한의 제한, 개정사항을 기각하고 무시할 수 있는 권한, 모든 법률안에 신임의 문제를 제기할 수 있는 권한, 양원을 통과하는 '셔틀shuttle' 절차에 대한 통제, 그리고 재정법안의 특수 조항 등을 포함한다. 이제 이들을 하나하나 살펴보기로 한다.

첫째, 행정부의 의안Agenda에 대한 지배는 제5공화국 헌법의 제48조를 의미하는데, 이를 통해 행정부는 의회의 의안 순위를 좌우하는 수단을 갖게 되었다. 개별 의원이 제안하는 법안propositions de loi은 행정부가 제안하는 법안projet de loi과 구분되는데, 그 심의절차가 서로 다른 것이다. '의원제안 법안'은 시간이 있을 때에만 논의하는 '보충적 의안'으로 간주되었다. 일반적으로 이들은 토의되지도 않았는데, 제5공화국 초기 25년 동안 '보충적 의안'에 대한 토의는 연평균 겨우 4일에 불과하였다. 의원제안 법안의 비중이 제4공화국의 3분의 1 수

표 10 · 행정부의 의회의안 지배

**제48조**

① 의회의 의사일정은 제28조의 마지막 3개항(제2항·제3항·제4항)과 별도로 양원이 각각 결정한다.

② 4주의 본회의 중 2주는 정부가 정하는 의사일정에 따라 우선적으로 정부가 요청한 의안을 심의하고 토의하여야 한다.

③ 이외에 예산법안과 사회보장기금 법안의 심의, 동 조 다음 항의 규정이 정하는 바에 따라 타원에서 이송된 지 최소한 6주가 경과된 법안들, 국가 위기상황에 관련된 정부제출 법안 및 제35조와 관련된 동의 요청은 정부의 요청에 따라 우선적으로 의사일정에 반영된다.

④ 4주의 본회의 중 1주는 각 원이 정한 의사일정에 따라 우선적으로 정부 정책감독 및 공공정책 평가를 한다.

⑤ 1개월의 본회의 중 1일은 각 원의 결정하에 원내 제1야당 교섭단체 및 소수 교섭단체가 요구하는 의사일정을 진행한다.

⑥ 제29조에 규정된 임시회를 포함하여 최소한 일주일의 본회의 중 1회는 우선적으로 대정부 질의·답변시간으로 할당한다.

준에서 1958년과 1981년 사이에 약 13%로 하락하였다. 영국의 의회와 달리 프랑스의 야당은 의회의 업무를 결정하는 시간에 대하여 기술적으로 전혀 권한이 없다.

둘째, 헌법 제43조는 위원회Committee 수를 제한하고 있다. 제4공화국에서는 19개의 전문화된 위원회들이 행정부의 법안을 심하게 훼손하곤 하였다. 또 위원회가 소관하는 부처의 장관 지위를 탐내는 위원회 의장은 소관 '정무위원'의 활동을 지나치게 조사하도록 부추겼다. 그런데 헌법 제43조는 이러한 위원회를 각 원에서 오직 6개만

**표 11 · 의회의 위원회 수 제한**

**제43조**

① 정부제출 법안 및 의원발의 법안은 각 원마다 8개로 그 수가 제한된 상임위원회 중 1개의 상임위원회에 회부된다.

② 정부 또는 당해 원의 요구가 있을 경우 정부제출 법안 및 의원발의 법안은 특별히 지정된 위원회에 회부된다.

승인하고 있다. 현재 국민의회는 72명으로 구성된 4개의 위원회(국방, 재정, 외교, 법무와 행정)와 '의회 활동 중 가장 가치 없는 영역이 내버려진 큰 쓰레기통 2개'로 불리는 144명으로 구성된 2개의 위원회(생산과 무역위원회, 문화·사회·가족위원회)가 있다. 이들 위원회는 제4공화국의 위원회에 비해 전문성이 낮고 중구난방이므로 입법과정에서 방해작업을 하기 어렵게 되었다. 더욱이 행정부가 의안을 주도한다는 것은

**표 12 · 패키지 투표**

**제44조**

① 의회의원과 총리는 수정권을 가진다. 이 권한은 조직법이 정한 범위 내에서 양원의 내부규정이 정하는 조건에 따라 본회의 또는 위원회에서 행사된다.

② 일단 토론이 개시되면 정부는 사전에 위원회에 제출되지 아니한 모든 수정안의 심사를 거부할 수 있다.

③ 수정안을 심의 중인 원은 정부의 요구에 따라 정부에서 제출하거나 수락한 수정안에 한해 그 전문 또는 일부에 대해 패키지로 투표한다.

위원회의 법안 토의시간을 제한한다는 것을 의미한다. 많은 의원들은 그 수가 너무 작은 위원회에 너무 많은 입법부담이 있다고 생각하고 있다.

셋째, 헌법 제44조에 따라 행정부는 언제든지 제안되거나 채택된 개정사항만을 포함한 전체 법안에 대하여 단 한 번의 투표를 주장할 수 있다. 이러한 '패키지 투표vote bloqué' 절차는 1958년 이후 국민의회에서 평균적으로 연 7회 이상 제기되곤 하였다. 드골 대통령(10년간 114회), 1986~1988년의 시락 행정부(2년간 43회), 1988~93년 여소의 사회당 행정부(5년간 82회)에서 최고조에 달하였다.

| 표 13 · 제44조 제3항과 제49조 제3항의 활용(1958~2004년) | | | |
|---|---|---|---|
| 기간 | 제44조 제3항 | 제49조 제3항 | |
| | 사용횟수 | 사용횟수 | 관련 법안수 |
| 1958~1962 | 23 | 7 | 4 |
| 1962~1967 | 68 | 0 | 0 |
| 1967~1968 | 17 | 3 | 1 |
| 1968~1973 | 13 | 0 | 0 |
| 1973~1978 | 17 | 2 | 2 |
| 1978~1981 | 18 | 6 | 2 |
| 1981~1986 | 3 | 13 | 9 |
| 1986~1988 | 43 | 8 | 7 |
| 1988~1993 | 82 | 38 | 19 |
| 1993~1997 | 24 | 3 | 3 |
| 1997~2002 | 13 | 0 | 0 |
| 2002~2004 | 6 | 1 | 1 |
| 합계 | 327 | 81 | 48 |

자료: Knapp and Wright(2006), p. 146 참조

넷째, 신임투표question of confidence를 연계하여 행정부 제안 법안의 통과를 용이하게 할 수 있다. 헌법 제49조 제3항에 의하면 행정부는 어떠한 법안에 대해서도 의회의 토의를 정지시키며 국민의회에 신임 여부를 제기할 수 있다. 법안 반대자들이 이를 돌파하기 위해서는 행정부에 대항하여 24시간 이내에 불신임 동의안을 제출하고 국민의회의 재적의원 과반수(현재 577명 중 289명)로 의결해야 한다. 이 마지막 조문은 기권이 결과적으로 행정부를 신임하는 것으로 간주하는 결

### 표 14 · 신임투표 연계 행정부 의안 처리

**제49조**

① 총리는 국정운용계획 또는 시정방침과 관련하여 국무회의의 심의를 거친 후 국민의회에 대해 신임투표를 제기할 수 있다.

② 국민의회는 불신임 동의안 표결을 통해 정부의 책임을 추궁한다. 불신임 동의안은 국민의회 재적의원의 10분의 1이 서명하여야만 수리할 수 있다. 불신임 동의안이 제출되면 그로부터 48시간이 경과한 후에만 표결할 수 있다. 불신임 동의안에 찬성하는 투표만 집계되며, 국민의회 재적의원의 과반수 이상의 찬성이 있을 경우에만 가결된다. 다음 항에서 정하는 경우를 제외하고 각 의원은 동일한 정기회기 중에 3개 이상, 동일한 임시회기 중에 1개 이상의 불신임 동의안에 서명할 수 없다.

③ 총리는 정부제출 예산법안 또는 사회보장기금 법안의 표결과 관련하여 국무회의의 심의를 거친 후 국민의회에 대해 책임을 진다. 정부제출 법안 제출 후 24시간 이내에 전항에서 정하는 요건에 따라 이에 대한 불신임 동의안이 가결되지 아니하는 한 그 의안은 채택된 것으로 간주한다. 또한 총리는 회기당 1회에 한하여 여타 정부제출 법안 또는 의원발의 법안에 대해 동일한 절차를 적용할 수 있다.

④ 총리는 상원에 대하여 시정방침에 대한 승인을 요구할 권한을 가진다.

과를 낳는다. 만약 불신임 동의안이 투표되지 않는다면 당해 법안은 통과된 것으로 간주하는 결과를 낳는다. 반대로 이러한 동의안이 채택되면 행정부는 사임해야 하고, 의회의 해산이 이어질 것이다.

결과적으로 제49조 제3항의 사용으로 하원의원들은 명시적이건 암묵적이건 행정부의 정책을 지지하거나, 또는 행정부를 전복시키고 총선이라는 불확실성에 직면하게 된다. 안정적인 다수를 확보하지 못한 의회에서 이는 행정부가 보유하는 가장 궁극적인 대對의회 무기가 된다. 제5공화국에서 안정적인 다수가 없었던 의회는 1958~1962년과 1988~1993년 두 차례 존재하였다. 이 기간 중 모두 45회가 제기되었는데, 제49조 제3항이 활용된 것은 2005년까지 모두 81차례였다. 가끔은 매우 중요한 이슈가 이를 통해 제기되기도 하였다. 프랑스의 핵무기 프로그램(드브레하에서)의 재원, 사회보장제도를 지지하는 데 필요한 정책으로서 사회보장부담Contribution Sociale Généralisée은(인기가 없었던 로카르하에서) 제49조 제3항의 사용으로 통과되었다.

로카르 총리, 그레송 총리, 베레고부아 총리는 모두 예산을 통과시킬 때 이를 사용하였다. 그러나 제49조 제3항은 과반의 지지를 받는 행정부가 절차를 가속화하기 위해 사용하기도 하였다. 즉, 1981년 이후 모루아 총리가 국유화를 위해, 그리고 5년 후 시락 총리가 민영화를 위해 각각 사용하였다. 제49조 제3항에서 제기된 불신임안은 성공된 적이 없었는데, 1986년 시락 총리와 1990년 로카르 총리가 발의한 두 번의 경우에는 과반수에 겨우 다섯 표가 부족한 상황까지 갔다.

다섯째, 헌법 제45조에 따라 양원의 의안 심의절차를 행정부가 주도적으로 결정할 수 있다. 모든 법안은 국민의회National Assembly와 간접적으로 선출된 상원Senate을 모두 통과해야 한다. 만약 양원 중의

표 15 · 의회 심의절차에 대한 행정부 개입

**제45조**

① 동일한 법률을 채택하기 위해 모든 정부제출 법안 및 의원발의 법안은 양원에서 차례로 심의한다. 제40조나 제41조의 적용과 상관없이 모든 수정안은 제출된 법안이나 다른 원에서 회부된 법안과 직간접적인 관계가 있을 경우 1차 독회(lecture)에서 수리될 수 있다.

② 양원 간의 이견으로 인하여 정부제출 법안 또는 의원발의 법안이 각 원에서 2차 독회를 거친 후에도 채택되지 아니하거나, 또는 각 원의 1차 독회 후 양원 의장단의 공동 반대 없이 정부가 신속 진행절차를 사용하기로 결정하였을 때 총리 또는 의원발의 법안일 경우 공동으로 행동하는 양원 의장은 토의 중인 조항에 대한 법안제출을 담당할 양원동수위원회(兩院同數委員會, Commission Mixte Paritaire)를 소집할 권한을 갖는다.

③ 정부는 각 원에 양원동수위원회에서 작성된 의안을 채택하도록 부의할 수 있다. 정부의 동의 없이 어떠한 수정안도 접수될 수 없다.

④ 양원동수위원회가 공동의안을 채택하지 못하거나 그 의안이 전항에서 정하는 바에 따라 가결되지 아니하면 정부는 상원과 국민의회에서 각기 다시 독회를 한 후 국민의회에서 최종적으로 의결할 것을 요구할 수 있다. 이 경우에 국민의회는 양원동수위원회에서 작성한 의안 또는 국민의회에서 의결한 의안을 경우에 따라서는 상원에서 채택된 1개 또는 수 개의 수정안으로 수정하여 재심의할 수 있다.

하나라도 반대하여 법률로서 채택되지 못하면 행정부가 상하원 합동회의를 요구하지 않는 한 끊임없이 양원이 차례로 심의하는 일이 반복된다. 따라서 헌법에서는 헌법 제44조 제3항의 패키지 투표와 제49조 제3항의 신임투표 연계 표결을 규정하고 있다. 그리고 마지막 수단으로서 행정부는 헌법 제45조의 규정에 따라 국민의회에 대해 상원의 결정과 무관하게 최종안을 가결해줄 것을 요구할 수 있다.

그런데 이러한 요구 이전에 법안은 최소한 1독회를 위해 양원을 왕복해야 한다. 갈등이 있는 경우에는 하원과 상원의 합동위원회가 타협하도록 노력하고 이를 다시 양원에서 토의한다. 행정부는 이 복잡한 절차를 주도적으로 결정할 수 있다. 행정부는 상원 또는 하원에 법안을 제출할지(재정법안은 하원에 먼저 제출되어야 하지만), 법안을 긴급으로 처리할지, 그리고 개정 법안에 상원의 개정사항을 포함시킬 것인지 아니면 국민의회가 최종 결정할 것인지를 판단한다.

---

**표 16 · 의회의 예산안 의결에 대한 제한**

**제40조**
공공재원의 감소 또는 공공부담의 신설 내지 증가를 수반하는 의원발의 법안·개정안은 접수될 수 없다.

**제47조**
① 의회는 조직법에서 정하는 바에 따라 예산법안을 의결한다.
② 국민의회에 정부제출 법안이 제출된 날로부터 40일 이내에 제1차 독회를 통해 의결하지 아니하면 정부는 이를 상원에 부의하고, 상원은 이를 15일 이내에 의결하여야 한다. 그다음은 제45조에 따른다.
③ 의회가 70일 이내에 의결하지 않으면 정부제출 법안은 법률명령으로써 발효될 수 있다.
④ 한 회계연도의 재원 및 부담을 정하는 예산법이 당해 회계연도가 개시되기 전에 공표될 수 있는 기한 내에 제출되지 아니한 경우에 정부는 의회에 대하여 조세징수의 승인을 긴급 요구하고, 명령으로써 의결된 항목에 대한 지출을 개시한다.
⑤ 의회가 회기 중이 아닌 때에는 본 조에서 정하는 기간이 중단된다.

---

여섯째, 일반 법안에 비해 예산안에 대해서는 행정부의 우위가 더 확고하게 규정되어 있다. 헌법 제40조는 정부의 지출을 증가시키거나 수입을 감소시키는 개별 의원의 제안을 금지한다. 이 조문 때문에 1958년과 1981년 사이에 전체 415건의 개별 의원의 법안이 의사일정에서 제거되었다. 또한 헌법 제47조하에서 의회는 70일간 예산에 대해 토의하고 투표해야 한다. 이를 준수하지 못하면 행정부는 예산을 명령ordinance에 의해 확정할 권한을 가진다. 그런데 정부는 이 조문을 사용하지 않고도 원하는 바를 달성하였다. 왜냐하면 패키지 투표 조항 때문에 이것이 필요하지 않기 때문이다. '패키지 투표vote bloqué'는 1961년을 제외하고 1959년부터 1970년 사이에 매년도의 예산에서 사용되었다. 또한 예산토의를 종식시키기 위해 제49조 제3항이 1958년과 2004년 사이에 27회 사용되었다.

### 행정부의 책임성 완화

제5공화국 헌법은 행정부의 해명책임을 추궁하는 의회의 요구를 제한하였다. 우선, 행정부의 실질적인 사실상 수반은 (동거기간을 제외하면) 대통령으로서 더 이상 의회에 책임을 지지 않는다. 미테랑 대통령 또는 시락 대통령이 그렇게 오랫동안 의회의 지속적인 해명요구를 견디어왔다는 것을 의아스럽게 생각할 수 있다. 미테랑은 그의 전쟁 기록에 대하여, 시락은 파리 타운홀의 관리권에 대하여 해명요구를 받아왔다. 그러나 제5공화국 헌법에서는 행정부가 이론적으로는 의회에 책임을 지지만, 행정부가 해명하도록 요구하는 의회의 능력도 명시적으로 제한하고 있다. 행정부를 전복하기도 어려울 뿐만 아니라 해명요구를 하고 조사위원회committees of enquiry를 통해 그 성과를 점검하기도 어렵다. 이와 같이 행정부의 책임성이 완화되는 이유는 크게 세 가지 측면에서 설명될 수 있다.

첫째, 일반적인 의원내각제와 달리 내각의 수반인 총리가 불신임을 받게 되는 상황이 쉽게 초래되지 않는다. 제5공화국에서 행정부가 교체되는 방법은 세 가지가 있다. 제49조 제3항에서 규정하고 있는 행정부가 스스로 제기하는 '신임투표 연계 행정부 의안 처리', 제49조 제2항에서 규정하고 있는 국민의회가 자발적으로 발의하는 불신임 투표의 방법, 그리고 제49조 제1항에서 규정하는 행정부 시정방침에 대한 신임투표 방법을 들 수 있다. 제49조 제3항의 방법은 그 요건이 엄격하여 행정부를 교체하기 어렵고, 또 제49조 제2항의 방법에서도 그 발의에 국민의회 재적의원의 10분의 1의 서명이 있어야 하고, 그 의결에는 재적 과반수를 요한다. 더구나 발의자들은 의회의 동일 회기 내에 또 다른 불신임 투표를 발의할 수 없어 투표발의를 반대하는 의원이 적을 때 이러한 요건은 심각한 제한이 된다.

이에 반해 제49조 제1항의 방법에서는 불신임 동의안이 투표자의 단순 과반에 의해 결정된다. 제1항에 의하면 총리는 국민의회에서 행정부의 책임에 대해 신임투표를 발의할 수 있다. 헌법 제50조에서 규정하는 것처럼 불신임 동의안이 가결되면(행정부를 보호하기 위해 마련된 제49조 제2항이나 제3항과 달리 단순 다수결로 결정됨) 행정부는 사임해야 한다.

제49조 제1항의 해석에 대해서는 프랑스 내에서 상당한 논란이 있다. 특히 행정부가 신임토표를 제기하는 책임이 의무적인 내용인가, 아니면 선택적인 내용인가에 대하여 해석상 논란이 있다. 현실적으로는 이것이 선택적으로 해석되는데 대통령이 이를 명확하게 할 수 있

표 17 · 총리의 사임 규정

제50조

국민의회가 불신임 동의안을 가결하거나 정부의 국정계획 또는 시정방침을 부결하는 경우에 총리는 대통령에게 정부의 사퇴서를 제출하여야 한다.

기 때문이다. 따라서 신임 투표안은 행정부가 자유로이 선택하는 수단이 된다. 그런데 신임 투표안으로부터 획득하는 정치적 혜택은 제한적이다. 물론 신임 투표안이 여전히 중요한 의회의 관례로서 일반 여론뿐만 아니라 의회와의 관계에서 가끔은 이득을 주지만, 의회의 과반이 지지하지 않는 행정부는 큰 고민 없이 이를 포기할 수 있다.

그런데 제49조 제1항의 프랑스어 원문, engage(일반적인 영어 번역 to commit 또는 to make something an issue)는 의무로 해석되어야 한다는 주장이 제기되기도 한다. 다시 말해, 의원내각제의 전형을 따라 이를 의무로 해석해야 한다는 것이다. 그러나 권력분립제의 특성과 대통령의 특권으로 이해되어 선택사항으로 해석되어야 한다고 주장되기도 한다.

의원내각제는 일반적으로 의회 또는 그 하원에서 수상 또는 행정부를 구성한다. 프랑스 제4공화국 헌법에서는 "국무회의 수반에 대해 국민의회의 신임이 이루어질 때까지 국무회의 수반과 국무위원들은 임명될 수 없다"(제45조)고 규정하고 있다. 프랑스 법률에서 단순한 현재 지시형(가정형이 아닌)은 단순한 선택사항이 아니라 요구를 의미하는 것이 일반적이다. 즉, 'engage'는 'must commit'

를 의미하지 'may commit'를 의미하지 않는다. 프랑스어 단어 éventuellement(possibly)가 시정방침에 대해 사용되고 또 프랑스어 숙어 peut engager(may commit)가 제3항에서 사용된 점을 감안할 때 제1항에서 이러한 숙어가 생략되었다는 것은 곧 계획(또는 프로그램)수립의 의무적 성격을 강조한다.

　제49조 제1항의 또 다른 논란은 국무회의의 심의에 대한 요구에 관한 것이다. 여기서 심의라는 용어가 국무회의의 합의를 의미하는지, 아니면 단순한 토의를 의미하는지(이 경우 총리의 단독 결정을 의미함)에 대해 의문이 제기되기도 한다. 프랑스어 'gouvernements'는 항상 국무회의의 승인 또는 합의를 의미한다. 이러한 의미에서 볼 때 행정부의 계획수립에 대한 '책임의 부담'을 선택사항으로 해석하는 것이 적절할 수 있다. 왜냐하면 총리는 국무회의의 합의 없이 신임투표에 대한 책임을 부담할 수 없을 것이기 때문이다. 헌법위원회 Constitutional Council는 국무회의의 승인이라고 언급하지 않고 "국무회의가 책임의 부담을 심의한 경우에 한하여" 행정부에 의한 책임의 부담을 인정하였다.

　이보다는 덜 중요하지만 제49조 제1항에서는 또 다른 사항에 대해서도 논란이 나타나고 있다. 즉, 계획과 시정방침의 차이에 대한 것이다. 전자를 행정부가 취임 후 이들이 확정되면 가능한 빨리 수행하고자 하는 중요한 사업들의 목록으로, 또 후자를 이들에 대한 특별하게 중요한(또는 행정부가 중요하다고 생각하는) 논리와 의도에 대한 정확한 설명으로 이해한다면 이 차이가 실질적으로 크게 중요하지는 않다. 어떤 총리들은 국민의회에서 처음 연설할 때 '시정방침'이라는 표현을 사용하곤 하였다. 그런데 헌법위원회는 제49조가 이 두 가지 용어에 대해 "유사한 의미를 부여하는 것 같다"고 지적하였다.

둘째, 제5공화국 헌법이 행정부의 책임성을 완화하는 또 다른 기반은 대정부 질문에 있다. 제49조가 공식적인 불신임 투표의 절차를 변화시켰는데 이는 행정부에 대한 질문의 기회를 축소시켰다는 점에서 중요하다. 이러한 제한들은 정량적(헌법 제48조는 질문을 일주일의 회기에 한정하였다)이기도 하고, 또 정성적(질문은 행정부를 위협하는 영향력을 갖지 못했다)이기도 하다.

제3공화국과 제4공화국에서는 '대정부 질문interpellation'의 절차를 통해 질문이 제기되었으며, 토론과 함께 행정부의 해명에 하원의원들이 불만을 표시하는 투표가 이어졌다. 행정부가 대정부 질문에서 패배하면 헌법상으로 사임해야 하는 것은 아니지만 정치적으로 상당한 부담을 느꼈다. 제4공화국에서는 316회의 대정부 질문의 토론이 있었는데, 다섯 번의 행정부를 교체하였다. 이와 같은 형태의 대정부 질문은 1959년 6월에 폐지되었다.

셋째, 청문위원회Committees of Enquiry의 역할이 축소되었다. 제3공화국과 제4공화국에서 의회는 전문적인 청문위원회를 설치함으로써 행정부를 위협할 수 있었다. 그런데 1958년 11월 행정부는 어떠한 위원회도 4개월 이상 작동할 수 없다고 공포하였다. 회의록은 비밀로 유지되었고 사법절차가 진행될 때는 정지되었는데, 이는 활발한 국민적 조사를 강력하게 저지하였다.

### 헌법위원회의 의회 감시

의회의 권한을 제한하는 또 다른 조문으로는 헌법 제7장에서 새로운 기구인 '헌법위원회'를 설치한 데 있다. 이 기구는 새로운 법률이

**표 18 · 헌법위원회의 설치**

**제60조**

헌법위원회는 제11조·제89조·제15장에서 규정하는 국민투표의 적법한 시행을 감시한다.

**제61조**

① 조직법은 공포되기 전에, 제11조에 규정된 의원발의 법안은 국민투표에 회부되기 전에, 의회 의사규정은 시행되기 전에 헌법위원회에 회부되어 그 합헌성에 대한 재결을 받아야 한다.

② 동일한 목적으로 대통령·총리·국민의회의장·상원의장·60인의 국민의회의원·60인의 상원의원은 법률을 공포하기 전에 헌법위원회에 회부할 수 있다.

**제61-1조**

① 법원에서 진행 중인 소송과 관련하여 당사자가 법률규정이 헌법에서 보장하는 권리와 자유를 침해한다고 주장하는 경우 정해진 기한 내에 국사원이나 파기원을 통해 본 문제를 헌법위원회에 제소할 수 있다.

② 본 조의 적용 조건은 조직법으로 정한다.

헌법에 부합하는지 여부를 검토하는 임무를 명확하게 부여받았다. 예컨대, 입법된 개별 의원의 법안 또는 정부 법안에 대한 개정은 총리 또는 대통령에 의해 헌법위원회에 회부되어 제37조(의회의 입법 영역 제한) 또는 제40조(의원들의 지출증가 또는 세금감소에 대한 제안 금지)에 근거하여 위헌판결을 받을 수 있다.

**6**

CHAPTER

# 한국 재정 민주주의의
# 전개와 현안

재정운용에 대한 국민적 의지를 결정하는 우리나라의 헌법적 구조는 어떠한가? 본 장에서는 이에 대한 의문을 자세히 살펴보기로 한다. 앞의 장에서 살펴본 대부분의 국가는 예산을 법률에 의해 확정하고 있지만, 법률을 제정하는 방법과 예산을 확정하는 방법은 동일하게 규정되지 않는다. 1장에서 살펴본 바와 같이 예산은 법률과 다른 특성을 가지고 있기 때문이다.

그런데 예산을 법률로써 확정하는 경우(예산 법률주의)와 그렇지 않은 경우(예산 비법률주의)는 예산의 내용과 확정방법에서 근본적인 차이를 보일 수 있다. 우리나라는 대통령제 권력구조와 예산 비법률주의를 채택하고 있는데, 이들이 가지는 의미를 본 장에서 조명할 것이다. 또한 지방자치단체의 지방재정 운용에 대한 구조도 마찬가지 방법으로 살펴보고자 한다.

## 근대적 재정제도의 수립

우리나라의 근대적 재정제도는 '조세금납제租稅金納制'를 최초로 시행한 1894년 7월 갑오경장으로부터 시작한다.[86] 조세금납제는 재화와 용역으로 수취하던 조세를 화폐의 형태로 전환한 것인데, 이때 우리나라는 은본위 화폐제도를 채택하며 1냥兩=10전錢=100분分의 화폐단위를 사용하였다.

갑오개혁으로 1895년에는 우리나라 최초의 근대적 헌법이라 할 수 있는 홍범洪範 14조가 제정·반포되었다. 홍범 14조에서 근대적 재정제도의 개혁을 위한 조항은 제6~9조에 규정되어 있었다. 제6조는 "부세賦稅(세금의 부과)는 모두 법령으로 정하고 명목을 더하여 거두지 못한다"고 하여 '조세법률주의'를 확립하였다. 제7조는 "조세 부과와 징수 및 경비 지출은 모두 탁지아문度支衙門에서 관장한다"고 하여 세입과 세출을 단일 관청으로 통합하였다. 제8조는 "왕실은 솔선하여 경비를 절약해서 각 아문과 지방관의 모범이 되게 한다"고 하였으며, 제9조는 "왕실과 각 관부官府에서 사용하는 경비는 1년간의 예산을 세워 재정의 기초를 확립한다"고 하여 회계연도를 1년으로 규정하였다.

홍범 14조에 이어 '회계법'(1895년 3월 20일, 법률 제2호)이 제정되었으며, 또 칙령勅令으로서 수입규정收入條規, 지출규정支出條規이 각각 제정되었다. 회계법 제11조에 의하면 예산은 경상 및 임시부로 대별되고

---

86 조선왕조 시대의 세수 형태는 중국의 전통적 세제에 따라 조(祖), 용(庸), 조(調)로 구분되었다. '조(祖)'는 토지를 대상으로 곡물의 징수를, '용(庸)'은 인부(人夫)를 대상으로 노동력의 징발을, '조(調)'는 가호(家戶)를 대상으로 특산물 등 공물(貢物)의 징수를 각각 의미한다.

이는 다시 관·항이 구분되도록 하였다. 당시 대한제국의 회계법은 일본제국의 회계법을 모델로 하여 제정되었는데, 이 회계법은 이후 칙령 또는 부령으로 제정된 각종의 규정 및 규칙에 의해 보완되었던 것이다. 이들 규정은 1910년 우리나라가 일본에 강점되어 일본회계법이 적용될 때까지 시행되었다.

1910년 9월 일본천황의 칙령 제406호로 '조선총독부 특별회계에 관한 건'이 공포되고, 이의 시행을 위하여 칙령 제407호로 '조선총독부 특별회계 규칙'이 전문 11조로 제정되었다. 특별회계 규칙에 따라 '조선총독부 회계사무 규정'이 제정되었는데 이는 전문 252개조로서 70종의 서식을 포함하고 있다. 결국 일제강점기 우리나라의 예산제도는 일본제국의 예산제도에 편입되어 조선에 적용할 긴급한 사항을 제외하고는 모두 일본의 회계법과 규칙을 따르게 되었다.

해방과 함께 1945년 9월 우리나라에 진주한 미군정청은 '구일본총독부의 행정제도가 대체로 논리적으로 타당하며 실제적으로 유용하며 대민행정을 운용·취급함에 있어 표준적 전략이 된다는 이유'로 구일본식 제도를 채택하였다.[87] 미군정은 일본의 행정조직과 제도를 기본으로 하고 있기 때문에 일본의 예산회계제도를 답습하면서 그때그때 필요에 따라 새로운 제도를 도입하는 형식을 택하였다. 미군정하에서도 예산제도의 법적 기초는 일본제국의 회계법이라 할 수 있다.

1945~1948년의 미군정 기간 동안 대한민국 헌법이 준비되고 있었

---

87 김인철, 「예산제도에 관한 연구」, 중앙대학교 법학과 법학박사 학위논문, 1997, p. 152 참조. 이에 의하면 내용의 원문은 E. G. Meade, *American Military Government in Korea*, Kings Crown Press, New York, 1952, pp. 53-75에 수록된 것으로 지적되고 있다.

는데, 당시 예산제도에 관한 연구조사, 그리고 특정 제도의 도입 여부에 관해서는 그 당시 헌법 기초자였던 유진오 박사의 지식과 의지에 크게 의존할 수밖에 없었다.[88] 물론 헌법의 재정관련 조항들은 권력구조와 밀접한 관련을 가지며 또 국회와 행정부 사이의 예산권한 배분을 결정하는 중요한 규정들이다. 그런데 당시 우리나라는 근대적 재정제도에 대한 충분한 이해와 연구가 이루어지지 못하였는데, 유진오 박사는 헌법의 재정관련 조항들을 대부분 일본국 헌법과 일본제국 헌법의 재정권 조항을 혼합하여 규정하였다.[89]

제헌헌법에서는 근대적 재정운용 과정을 감안하여 기획, 승인, 집행, 보고 및 검사의 네 가지 단계를 규정하였다. 제헌헌법의 재정조항은 이후 수차례 헌법개정 과정에서도 조문 배열과 몇 가지 조항(가예산, 의원내각제 개헌 등)을 제외하고는 거의 변화 없이 그대로 채택되었다. 제헌헌법에 의하면 재정의 기획단계에서 이루어지는 예산편성의 권한은 행정부에 부여하였다. 그리고 제헌헌법 제91조에서 국회의 예산의결권을 규정함으로써 예산에 대한 승인권을 국회에 부여하고 있다.[90] 제헌헌법은 국회가 예산을 의결하도록 함으로써 민주적이고도 근대적인 재정제도의 기틀을 마련하였다고 할 수 있다.

그런데 제헌헌법 제31조에서는 일반적인 법률의 "입법권은 국회에 속한다"고 따로 규정하고 있다. 다시 말해, 국회의 입법권은 예산승인권과 별도의 조항으로 규정하고 있다. 이러한 규정 형식을 이유로

---

88 유진오, 『헌법기초회고록』, 일조각, 1980, p. 23 참조.

89 유진오(1980)는 "국가재정에 관해서도 나는 나의 지식부족을 통감하였다"고 서술하고 있다.

90 1962년 헌법개정에서는 제헌헌법 제91조가 "국회는 국가의 예산안을 심의·확정한다"라고 변경되었는데 이는 국회의 예산의결권을 약화시킨 것으로 평가된다.

| 구분 | 내용 | 비고 |
|---|---|---|
| 입법권 | • 입법권은 국회가 행한다. | 제31조 |
| 예산안 의결 | • 국회는 예산안을 심의·결정한다.<br>• 정부는 국가의 총수입과 총지출을 회계연도마다 예산으로 편성하여 매년 국회의 정기회 개회 초에 국회에 제출하여 그 의결을 얻어야 한다. | 제41조,<br>제91조<br>제1항 |
| 예산증액 및<br>신비목설치 | • 국회는 정부의 동의 없이는 정부가 제출한 지출결산 각항의 금액을 증가하거나 또는 신비목을 설치할 수 없다. | 제91조<br>제3항 |
| 결산검사 | • 국가의 수입 지출의 결산은 매년 심계원에서 검사한다.<br>• 정부는 심계원의 검사보고와 함께 결산을 차년도의 국회에 제출하여야 한다.<br>• 심계원의 조직과 권한은 법률로써 정한다. | 제95조 |

표 19 · 제헌헌법의 주요 재정 관련 조항

대부분의 법학자는 우리나라의 예산이 '법률'이 아니라고 설명하고 있다.[91] 이는 거의 대부분 선진국에서 예산이 법률로 제정되는 것과 대조되는 내용이라 할 수 있다.

승인된 예산의 집행에 대해서는 명시적 규정이 없으나, 제헌헌법 제51조에서 '대통령은 행정권의 수반'으로 규정되고, 또 정부 내에 행정각부가 규정되기 때문에 예산의 집행권은 당연히 행정부에 속한다. 그리고 예산의 사후보고와 감사는 제헌헌법 제95조에 따라 심계원審計院(이후 감사원)에서 이루어지도록 하였다. 다만 심계원의 조직은 법률로써 규정되기 때문에 제헌헌법에서는 심계원을 국회 또는 행정부의 소속으로 명확하게 규정하지 않았다.[92]

---

91 예컨대, 미국의 경우에는 헌법 제1조(Article) 제9절(Section)에서 "법률로 규정된 지출 승인에 의하지 않고는 재정부(Treasury)로부터 어떠한 금전도 인출될 수 없다"고 규정되어 있는 것과는 대비된다.

92 1962년의 개정헌법부터 1997년에 개정된 현행 헌법에서는 감사원을 행정부 소속으로 명확하게 규정하고 있다.

특히 제헌헌법 제91조는 국회가 정부의 동의 없이 예산을 증액하거나 신비목新費目을 설치할 수 없도록 규정하였는데, 이 규정은 제헌헌법 이후 1997년에 개정된 현행 헌법에 이르기까지 지속적으로 유지되고 있다. 제헌헌법 제91조의 '예산증액 및 신비목설치 금지'의 조항은 제헌헌법 제정과정에서 주로 참조하였던 1889년 '일본제국헌법'과 1946년 '일본국헌법' 어디에도 규정되어 있지 않았다. 이 조항은 헌법 기초위원이었던 유진오 박사의 판단에 따라 설치되었는데, 유진오 박사의 설명에 의하면 이 조항의 논거는 크게 두 가지 측면에서 설명될 수 있다(표 21 참조). 첫째, 국회는 국민의 세부담稅負擔을 경감하는 입장에서 행정부를 견제해야 한다는 것이다. 둘째, 프랑스 제4공화정 의회의 경험으로 볼 때 예산편성에 대한 의회 권한의 제한은 당연하다는 것이다.

영국 의회는 '예산증액 및 신비목설치 금지'에 대한 규칙을 채택하고 있었는데, 만약 내각이 마련한 예산안이 의회에서 부결되면 내각 불신임으로 간주되어 의회해산, 국민투표가 이어진다. 이에 반해 프랑스 제4공화정에서는 의회의 예산편성권이 인정되어 예산증액 및 신비목설치에 아무런 제한이 없었다. 이 때문에 프랑스 제4공화정에서는 재정운용이 방만하였다는 평가가 있다는 지적을 유진오 박사는 심각하게 수용하였던 것이다.

제헌헌법은 예산의 편성, 승인, 집행, 사후보고 및 감사에 관한 규정과 함께 여타의 재정관련 규정들을 포함하고 있다. 우선, '가예산'은 국회의 예산안 의결이 지체되는 경우를 대비하여 그 해결방안을 제시하는 것이다. 그리고 '계속비'에 대한 헌법의 규정은 우리나라 예산이 기본적으로 단년도주의를 채택하고 있기 때문에 이를 보완하

표 20 · '증액 및 신비목설치 금지'에 관한 유진오 박사의 설명

**전문위원(유진오)**

제90조에 관해서 이원홍 의원으로부터 '제3항 중 감액의 시(時)는 정부의 동의가 필요치 않은가' 하였습니다. 즉, '국회는 정부의 동의 없이는 정부가 제출한 지출예산 각항의 금액을 증가하거나 또는 신비목을 설치할 수 없다'에 대해서 감액할 때에는 정부의 동의가 필요치 않은가 하는데, 물론 필요치 않습니다.

김도연 의원으로부터 이 제3항에 대해서 '국회는 정부의 동의 없이는 예산각항에 대하여 증가할 수 없게 되었는데', 그 이유가 무엇이냐 하는 질의가 계셨는데 이것은 이러한 조문을 국회 권한에 넣는 것은 특별히 영국 국회에서 대단히 중대한 의미가 있다고 합니다.

그것은 왜 그러냐 하면 국회에 대한, 국회에 나온 대의원은 직접으로 집행하는 기관이 아닙니다. 이들은 자기가 가령 세금을 받아들이고 그 받아들이는 돈을 가지고서 지출을 해나가는 집행기관이 아닙니다. 다시 말하면, 그 집행에 대해서는 책임은 지지 아니하는 그러한 기관이올시다. 그런 고로, 직접 국가수입이 얼마나 되느냐 하는 것을 고려하지 않고서 여러 가지 이상적인 계획을 제출해서 그것을 가결하면 정부는 그것을 집행해나갈 수가 없습니다. 그러므로 국회에 모인 여러분은 정부가 제출한 지출을 감액할 것은 감액해서 국민의 부담을 경(輕)하게 하는 그곳에만 치중하는 것이지, 정부가 제출한 예산을 도리어 우리가 증가시켜 놓고 국민의 부담을 증가시키는 그러한 것을 하는 것이 아니라는 그런 취지에서 예산각항을 증가시키지 못한다고 이렇게 한 것입니다.

제가 본 어떤 책에서는 그 사람은 말하기를 불란서 의회는 영국 의회의 껍데기만 배워가지고 정말 영국 의회의 중심이 되어 있는 이 예산각항을 증가시키지 못하는 그 제도를 배워가지 않았기 때문에 불란서의 의회제도는 대단히 곤란을 당하고 폐해가 많다. 의회제도에는 반드시 제한이 있어야 한다는 말을 유력한 학자가 한 것을 보았습니다. 역시 그취지를 초안에서 그렇게 규정이 된 것으로 생각합니다.

자료: 제1대 국회 제1회 제19차 국회 본회의(헌법안 제1독회, 1948년 6월 28일)

기 위해 채택되었다. '단년도주의'에 의하면 예산의 국회 의결은 단년도의 회계연도만을 대상으로 해야 하는데, 계속비는 이에 대한 예외로 인정되었다. 또한 예비비제도는 '예산의 목적외 사용금지'에 대한 예외이기 때문에 헌법에 규정되었으며, 제92조의 국채모집 등의 의결권, 제42조의 조약체결 비준동의권은 예산 이외에 재정적 부담이 발생하는 경우 이를 국회 의결을 거치도록 규정하는 것이다.

제헌헌법의 재정 관련 조항들은 그 이후의 헌법개정 과정에서도 큰 변화 없이 그대로 채택되었다. 다만 1960년 6월에 개정된 헌법은 의원내각제를 채택하였기 때문에 개정헌법 제71조에서 "신년도 총예산안을 그 법정기일 내에 의결하지 아니한 때에는 이를 국무원에 대한 불신임결의로 간주할 수 있다"는 규정이 포함되었다. 그리고 "국회가 기간 내에 예산을 의결하지 아니한 때에는 몇 가지 경비를 전년도 예산에 준하여 지출할 수 있다"는 '준예산제도'가 도입되었다.[93] 가예산 제도를 대신하여 도입된 준예산제도는 이후 계속 채택되어 1987년에 개정된 현행 헌법에까지 이르고 있다.

제헌헌법의 10개 장章 중에서 1개의 장으로 구분된 재정財政에 대해 1950년도까지 하위 법률이 마련되지 않았다. 제헌헌법이 제정 공포된 이후에도 헌법 제100조의 "기존 법령 중 신헌법에 저촉되지 아니하는 것은 계속하여 그 효력을 가진다"는 조항에 근거하여 재정에 관

---

93 1960년 6월 개정된 헌법 제94조 2항에는 다음과 같이 규정되어 있다. "국회가 전항의 기간 내에 예산을 의결하지 아니한 때에는 정부는 국회에서 예산이 의결될 때까지 다음 각 호의 경비를 전년도 예산에 준하여 세입의 범위 내에서 지출할 수 있다: ① 공무원의 봉급과 사무 처리에 필요한 기본적 경비, ② 법률에 의하여 설치된 기관과 시설의 유지비와 법률상 지출의 의무 있는 경비, ③ 전년도 예산에서 승인된 계속 사업비" 등.

| 구분 | 내용 | 비고 |
|---|---|---|
| 가예산 | • 국회는 회계연도가 개시되기까지에 예산을 의결하여야 한다.<br>• 부득이한 사유로 인하여 예산이 의결되지 못한 때에는 국회는 1개월 이내에 가예산을 의결하고, 그 기간 내에 예산을 의결하여야 한다. | 제94조 |
| 계속비 | • 특별히 계속지출의 필요가 있을 때에는 연한을 정하여 계속비로서 국회의 의결을 얻어야 한다. | 제91조<br>제2항 |
| 예비비 | • 예측할 수 없는 예산외의 지출 또는 예산초과지출에 충당하기 위한 예비비는 미리 국회의 의결을 얻어야 한다.<br>• 예비비의 지출은 차기 국회의 승인을 얻어야 한다. | 제93조 |
| 국채모집 등의 의결권 | • 국채를 모집하거나 예산외의 국가의 부담이 될 계약을 함에는 국회의 의결을 얻어야 한다. | 제92조 |
| 조세법률 주의 | • 조세의 종목과 세율은 법률로 정한다. | 제90조 |
| 조약체결 비준 동의권 | • 국회는 국제조직에 관한 조약, 상호 원조에 관한 조약, 강화조약, 통상조약, 국가 또는 국민에게 재정적 부담을 지우는 조약, 입법사항에 관한 조약의 비준과 선전포고에 대하여 동의권을 가진다. | 제42조 |

표 21 • 제헌헌법의 기타 재정 관련 조항

한 일제강점기, 미군정기, 과도정부의 각종 법령·훈령·통첩 등이 병용되었던 것이다.

이러한 상황을 인식하여 정부는 국가 활동의 기본이 되는 재정법의 제정이 긴급한 과제임을 인식하여 정부수립 이후 이를 제정하고자 준비하였다. 그러나 이를 준비하는 과정에서 발발된 1950년의 한국전쟁으로 인하여 같은 해 9월 24일 임시수도 부산에서 '재정법'을 제정하기에 이르렀다. 이어 1950년 12월 1일에 재정법 시행령이 대통령령으로 제정·공포되었으며, 그 후 지출관 사무규정, 출납공무원 사무규정, 한국은행 국고금 취급규정 등이 제정됨으로써 대략적인 회계 처리절차가 우리의 법령으로 확립되었던 것이다.

## 예산 법률주의에 대한 논의[94]

### 예산 비법률주의의 배경

우리나라의 헌법 제40조는 법률을 제정하는 국회의 '입법권'을 규정하고, 제54조는 국회의 '예산안 심의·확정권'을 규정하고 있다. 헌법에서 국회의 예산안 심의·확정권이 입법권을 규정하는 조항과 별도로 규정되어 있고, 또 예산지출에 대해서는 조세와 달리 법률로 규정한다는 내용이 없다. 대부분의 법학자는 우리나라 헌법의 이러한 규정 형식을 이유로 우리나라 지출예산은 법률이 아니라고 설명하고 있다.

예산이 법률이 아니라면 예산의 법적 성격은 무엇인가? 이에 대한 국내 헌법학자들의 견해는 훈령설, 승인설, 법규범설, 예산법률설로 나뉘고 있다.[95] '훈령설'에 의하면 예산은 국가원수가 행정청에 내리는 훈령이다. '승인설'에 의하면 예산은 미래에 발생하는 수입과 지출에 대한 단순한 수치적 표현에 불과하고 형식적으로 국회에서 입법과정과 유사한 절차를 밟아 승인되지만 법규범으로서의 성격을 전혀 갖지 않는다. '법규범설'은 예산이 법률은 아니지만 행정부의 재정활동에 대한 상당한 준칙이라는 입장이다. 마지막으로 '예산법률설'은 예산도 법률의 형식으로 의결되기 때문에 당연히 법률의 효력을 가진

---

94 본 절의 내용은 옥동석(2011)을 참조하여 정리하였다.
95 김철수(2003), pp. 751-752 참조.

다는 입장이다.

예산의 법적 성격에 대해 헌법학자들 사이에 다양한 견해가 있지만, 전반적으로 볼 때 우리나라의 헌법이 예산법률설 또는 예산 법률주의와는 일정한 거리가 있다는 점에서 이론의 여지가 없는 것으로 보인다. 헌법학자들의 일반적 견해에 의하면 영국, 미국, 독일, 프랑스 등이 예산을 법률의 형식으로 제정하는 '예산 법률주의'를 채택하는 데 반해, 우리나라는 일본과 같이 예산을 법률과 다른 특수한 형식으로 성립시킨다는 것이다. 이를 두고 우리나라 예산의 존재 형식을 예산 법률주의에 대비하여 '예산 비非법률주의'라고 부르고 있다. 예산의 비법률주의는 1948년의 제헌헌법 이후 현행 헌법까지 지속적으로 유지되어 온 원칙이다. 우리나라에서 예산 비법률주의가 채택된 가장 중요한 배경은 헌법의 제정과정에서 일본의 헌법을 주로 참조하였기 때문이다. 이제 일본에서 예산 비법률주의가 채택된 배경을 살펴보기로 한다.

일본 최초의 근대적 의미의 헌법은 1889년에 제정된 '대일본제국헌법'으로서, 명치정부의 관료들에 의해 주도되었다. 이들은 부국강병富國强兵을 기치로 새로운 근대국가를 건설하려는 목표를 위해 '관료적 법치주의'를 적극적으로 도입하면서도, 천황주권주의를 확립하기 위해 영국식 입헌군주제보다 독일식 군권주의君權主義를 헌법사상으로 수용하였다. 일본제국헌법은 절대적 가치로서 '천황=국체=국가'라는 전통적 사상을 유지하고자 하였기 때문에 국가 재정권은 천황을 정점으로 하는 행정부가 장악하도록 하였으며 제국의회는 예산에 대해 승인권이 아닌 협찬의 형식으로 그 정당성을 부여하였다.

표 22 · 일본제국헌법의 재정 관련 조문들

### 제3장 제국의회

**제37조** 무릇 법률은 제국의회의 협찬(協贊)을 거칠 것을 요한다.

**제38조** 양의원(兩議院)은 정부가 제출하는 법률안을 의결하고, 또 각각 법률안을 제출할 수 있다.

### 제6장 회계

**제62조** 새로운 조세의 부과와 세율의 변경은 법률로 이를 정해야 한다. 단, 보상에 속하는 행정상의 수수료 및 기타의 수납금은 그렇지 않다.

국채의 기채와 예산에서 정하는 것을 제외한 국고의 부담이 될 계약의 체결은 제국의회의 협찬을 거쳐야 한다.

**제63조** 현행의 조세는 새로 법률로 이를 개정하지 않는 한은 기존의 법률에 따라 이를 징수한다.

**제64조** 국가의 세출·세입은 매년 예산으로 제국의회의 협찬을 거쳐야 한다.

예산의 관항을 초과하거나 예산 외에 생긴 지출이 있을 때는 나중에 제국의회의 승낙을 구할 것을 요한다.

**제65조** 예산은 미리 중의원에 제출해야 한다.

**제66조** 황실경비는 현재의 정액에 따라 매년 국고로부터 이를 지출하며 장래 증액을 요하는 경우를 제외하고는 제국의회의 협찬을 요하지 않는다.

**제67조** 헌법상의 대권에 기초한 기정(既定)의 세출 및 법률의 결과에 의해 또는 법률상 정부의 의무에 속하는 세출은 정부의 동의 없이 제국의회가 이를 폐제(廢除)하거나 삭감할 수 없다.

**제68조** 특별한 수요(須要)가 있을 경우 정부는 미리 연한을 정해 계속 비로서 제국의회의 협찬을 구할 수 있다.

**제69조** 피할 수 없는 예산의 부족을 보충하기 위해, 또는 예산외에 생긴 필요경비에 충당하기 위해 예비비를 둘 수 있다.

**제70조** 공공의 안전을 보지(保持)하기 위해 긴급의 수용(需用)이 있는 경우, 정부는 내외의 정형(情形)으로 인해 제국의회를 소집할 수 없을

때는 칙령으로 재정상 필요한 처분을 할 수 있다.

전항의 경우에는 다음 회기에 제국의회에 제출하여 그 승낙을 구할 것을 요한다.

**제71조** 제국의회에서 예산을 의정(議政)하지 않거나 또는 예산성립에 이르지 못한 때는 정부는 전년도의 예산을 시행할 수 있다.

**제72조** 국가의 세입·세출의 결산은 회계검사원이 검사확정하며, 정부는 그 검사보고와 함께 이를 제국의회에 제출해야 한다.

회계검사원의 조직과 직권은 법률로 정한다.

이 당시 근대국가를 형성하였던 유럽제국의 헌법에 비해 일본제국의 헌법은 천황을 중심으로 하는 행정부의 권한이 거의 막강하였는데, 이들의 특징은 구체적으로 다음과 같이 정리될 수 있다.[96] 천황에게 광범위한 통치권을 부여하였고, 일반적으로 의회에 부여하였던 선전·강화·조약체결권을 천황에게 부여하였으며, 헌법개정의 발의는 오직 천황만이 할 수 있도록 하였으며, 천황의 직속인 참모본부와 군령부를 내각에서 분리하였으며, 천황은 국회를 임의로 연기하거나 정지시킬 수 있었으며, 예산에 대해서는 비법률주의를 채택하였고, 그나마 의회가 보유하였던 예산협찬권도 천황의 대권(군사대권 및 관료조직 대권 등) 등에 의한 세출예산에 대해서는 삭감을 금지하였으며, 예산불성립 시에는 전년도 예산을 시행하도록 하였다.

명치정부 하의 일본 관료들은 영국식 입헌군주제보다 독일식 군권주의가 일본에 적합하다는 판단을 함에 따라 '대일본제국헌법'에서

---

96 김인철(1997), p. 116 참조

행정부의 막강한 우위를 규정하였다.

　이 당시 최고권력자였던 이토 히로부미伊藤博文는 각국의 헌법제도를 조사하기 위해 유럽을 방문했을 때, 독일 프로이센의 군주정君主政 체제를 선호하여 대부분의 시간을 독일에서 보냈던 것이다. 또한 일본제국 헌법기초안을 마련할 때에는 독일인 법률고문들을 채용하여 '재정권을 행정부가 장악하는 방법'을 연구하며 '예산 비법률주의'를 제국헌법에서 확정하였다.

　물론 당시에도 예산은 법률의 형식으로 의결되어야 한다는 이론은 있었다. 그러나 군주정에 의한 예산론을 보편적으로 받아들였기 때문에 이에 대한 견해는 주류를 형성하지 못하였다. 그 당시 학계에 많은 영향력을 행사하였던 미노베美濃部達吉, 사사에佐佐木惣一 등의 학자들은 예산에 대하여 각각 다음과 같이 주장하였다.[97]

　예산은 의회와 정부와의 관계에 있어서 효력을 갖는 것이고, 의회가 정부에 대하여 지출을 승인하는 수단의 것으로서 예산은 법률(법규인 법률)과는 전혀 성질이 다르다. 예산은 국가와 인민의 사이에 법적 규율을 정한 것이 아니다.

　예산은 국가의 의지이다. …(중략)… 제국의회의 의결도 제국의회의 기관의지가 아니다. 예산이라는 국가의 의지는 …(중략)… 국가의 행위 규정을 정한 것이다. 따라서 그 규범은 국가와 국민 간의 활동의 한계를 정하는 것이 아니고, 오로지 국가 자신, 즉 국가기관의 행위를 규정하는 것 …(중략)… 따라서 예산의 재정은 입법이 아니고 행정이다. 단 예산이라는 국가

---

97 권해호(1995), pp. 201-2에서 재인용.

의 행정상 의지표시는 특히 예산이라는 형식으로 발표된다. 제국의회의 의결을 거쳐도 법률의 형식을 갖는 것은 아니다.

그렇다면 당시 일본 학계의 이러한 견해의 근원은 어디에서 비롯되었는가? 일본 헌법이 프로이센의 군주정을 좇았기 때문에 여기서부터 그 근원을 찾아야 할 것이다. 그런데 1850년의 프로이센 헌법에서도 예산을 법률로서 규정하고 있다.[98] 다만 1861년에 즉위한 프로이센의 국왕 빌헬름 1세Wilhelm I가 육군 강화를 추진하기 위해 편성한 예산안을 의회가 빈번하게 부결하자, 재상 비스마르크Bismarck가 의회에서 거부된 예산의 집행을 강행하면서 이에 대한 논리적 근거를 마련할 필요가 있었다. 이 과정에서 정부와 의회 사이에 '예산논쟁Budgetkonfikt'이 촉발되었다.

예산논쟁의 과정에서 비스마르크의 예산관을 변호한 대표적 학자였던 라반트Paul Laband가 1871년에 『프로이센 헌법상의 예산권-북독일 연방헌법을 고려하여Das Budgetrecht nach den Bestimmungen der Preussischen Verfassungs-Urkunde unter Berucksichtigung der Verfassung des Norddeutschen Bundes』를 저술하였다. 그는 비록 헌법에서 예산이 법률로 명시되어 있다 하더라도 법률은 형식적 의미의 법률과 실질적 의미의 법률로 구분되기 때문에 "예산표에 게재되어 있지 않은 지출을 정부가 하더라도 이것은 위법이나 무권한으로 되지는 않고, 다만 양원의 사후승인을 받을 의무가 헌법 제104조에 의하여 정부에게 발생

---

[98] 프로이센 헌법 제99조에는 "국가의 수입과 지출은 모두 매년 미리 예측하여 예산표 (Staatshaushats-Etat)에 게재한다. 그것은 매년 법률(Gesetz)에 의하여 확정되어진다"고 규정되어 있다.

하는 것에 지나지 않는다."[99]

결국 예산 비법률주의는 헌법의 명시적 규정에도 불구하고 의회의 재정권을 억제하고 싶었던 프로이센의 예산논쟁에서 그 근원을 찾을 수 있다. 일본의 제국헌법은 프로이센 헌법을 모방하였는데, 의회의 재정권을 더욱 분명하게 억제하기 위하여 제국헌법에서는 예산에 법률이라는 명칭조차 부여하지 않았다. 다만 예산이 의회에 제출되고 협찬을 받아야 한다는 명문상의 규정을 어떻게 해석할 것인지에 대해 일본의 법학자들은 예산 비법률주의라는 입장을 취했다고 볼 수 있다.

그러면 제2차 세계대전 종전 이후에 채택된 일본국헌법은 어떤 과정을 거쳐 '예산 비법률주의'를 택하게 되었는가? 1945년 연합국이 일본에 점령군으로서 진주하였지만, 독일 점령과는 달리 '간접점령'의 방식을 취했다. 즉 전쟁을 수행한 천황과 그 정부를 그대로 존속하게 하여 이들이 총사령부의 지령하에서 일본을 실질적으로 지배하도록 하였다. '대일본제국헌법'의 개정작업도 맥아더 총사령관의 시사에 의해 시작되었으나 기본적으로 일본 정부에 의해 추진되었다.[100] 물론 다양한 정당들이 결성되면서 이들에 의한 헌법개정안도 속속 발표되었다.

일본의 다양한 헌법개정안들은 급진적 입장을 취하는 개정안까지도 모두 예산에 대해서는 법률이라는 용어를 사용하지 않았다. 그러나 점령군은 예산 비법률주의를 강하게 비판하였는데, 점령군 민

---

99 김인철(1997), p.108 참조. 프로이센 헌법 제104조에서는 "예산의 유월(踰越)에는 양원 (兩院)의 사후승인이 요구되며…"로 규정되어 있다.
100 1945년 10월 4일 무임소장관의 자격으로 맥아더 사령관을 방문한 고노에 후미마로 (近衞文麿)에게 맥아더는 "(결연한 어조로) 첫째, 헌법은 개정할 필요가 있다. 개정해서 자유주의적인 요소를 충분히 넣지 않으면 안 된다"라고 말했다.

정국民政局이 미국무부에 보고한 「일본의 정치적 재편성」이라는 보고서에서 '대일본제국헌법'에는 국회의 재정권한에서 "행정부의 권력에 실질적인 견제나 제한을 과할 수 있는 제도적인 장치는 아무것도 존재하지 않았다"고 지적하면서 그 한 예로 예산 비법률주의를 비판하였다.[101]

1946년 1월 7일 '국무·전쟁·해군부 조정위원회State-War-Navy Coordinating Committee'에 의해 승인되어 맥아더 장군에게 송부되었던 '일본의 통치체제의 개혁'이라는 제목의 문서에 헌법개정안에 대한 점령군의 의도가 표시되어 있다.[102] 이는 '대일본제국헌법'에서 내각이 의회에 책임을 지지 않고 예산에 관한 의회의 권한을 제한하고 있다는 것을 지적하였다. 따라서 총사령부는 일본 정부당국에 다음과 같은 3개 항의 지시를 내릴 것을 요구하였다. 입법부는 선거민을 완전히 대표하는 기관으로서 예산항목을 삭감, 증가, 삭제 또는 신항목을 설치하는 완전한 권한을 가져야 하며, 예산은 입법부의 명시적인 의사 없이는 성립할 수 없으며, 입법부는 재정상의 조치에 대해 전권을 가져야 한다는 것 등이다.

1946년 2월 점령군은 일본정부에 의한 개헌작업이 '국체호지國體護持'의 입장에서 '대일본제국헌법'의 부분적인 개정만을 고려하는 극히 소극적인 것임을 확인하였다. 맥아더 총사령관은 '일본의 통치체제의 개혁'이라는 SWNCC 228에 기초한 미국 정부의 지령을 근거로 하여

---

101 聯合國最高司令部民政局, "日本の新憲法", 國家學會雜誌, 제65권 제1호에 수록된 내용으로서 김인철(1997), p. 128 참조.

102 SWNCC 228로 분류되는 문서를 의미한다. SWNCC는 1944년 12월에 설치되었는데, 국무차관보를 의장으로 하고 국무부, 전쟁부, 해군부의 대표자들로 구성되어 점령정책의 구체적인 계획을 입안하고 상세한 점령국 지배계획을 수립하는 기관이었다.

헌법개정안에 관해 3개 항을 일본 정부당국에 지령하고, 또한 그는 헌법에 대한 '총사령부안'을 작성하도록 민정국장에 지시하였다. 총사령부 안은 2월 12일에 확정하여 2월 13일 일본 정부당국에 통보하였다. 민정국장이 '총사령부안'을 통보할 때 한 설명은 다음과 같다.

> 본안은 내용과 형식 모두 결코 귀측에 강요할 생각이 없지만 실은 이것은 맥아더 원수가 미국 내부의 강렬한 반대를 뿌리치고 천황을 옹호하기 위해 비상한 고심과 신중한 고려를 하여, 이것이라면 괜찮겠다고 생각하는 안을 작성한 것이며, 또 최근의 일본의 정세를 보면 본안은 일본 인민의 요망에도 합치되는 것이라고 믿는다.[103]

일본 정부당국은 천황제 유지를 위해서는 총사령부안을 받아들일 수밖에 없다는 것을 인식하여 이를 근간으로 하여 일본어로 작성된 개헌안을 3월 4일 총사령부에 제출하였다. 총사령부는 3월 4일 오후 9시부터 3월 5일 오후 4시경까지 일본 측 인사가 영문으로 번역하도록 하면서 총사령부안과의 차이점을 추궁하고 또 수정하였다. 총사령부는 이와 같은 방법으로 축조심의를 끝낸 안을 일본 정부당국에 통보하며, 일본 정부의 수락 여부와 관계없이 3월 5일 밤에 발표하겠다는 의지를 밝혔다. 일본 정부는 여기에 복종할 수밖에 없다는 결정을 내리고, 너무 노골적인 직역체인 점을 고려하여 원안에 가까운 요강要綱임을 명시하는, '헌법개정초안요강'으로 발표하였다.

---

103 '二十一年二月十三日／日米會談錄', 江藤淳 편(주35), pp. 179-180에 수록된 내용으로 김창록(1994), p. 226에서 재인용.

표 23 · 일본국헌법의 재정 관련 조문들

### 제4장 국회

**제41조** 국회는 국권의 최고기관이며, 국가의 유일한 입법기관이다.

**제59조** 법률안은 이 헌법에 특별한 규정이 있는 경우를 제외하고는 양 의원(兩議院)에서 가결되었을 때 법률로 된다.

**제60조** 예산은 미리 중의원에 제출하지 않으면 안 된다.

### 제7장 재정

**제83조** 국가의 재정을 처리하는 권한은 국회의 의결에 기하여 이를 행사하지 않으면 안 된다.

**제84조** 새로이 조세를 부과하거나, 또는 현행의 조세를 변경하는 데는 법률 또는 법률이 정하는 조건에 따르는 것이 필요하다.

**제85조** 국비를 지출하거나, 또는 국가가 채무를 부담하는 데는 국회의 의결에 기초하는 것이 필요하다.

**제86조** 내각은 매 회계연도의 예산을 작성하고, 국회에 제출하여 그 심의를 받고 의결을 거치지 않으면 안 된다.

**제87조** 예견하기 어려운 예산의 부족에 충당하기 위해 국회의 의결에 기초하여 예비비를 두어 내각의 책임 아래 이를 지출할 수 있다.

(2) 모든 예비비의 지출에 대해서는, 내각은 사후에 국회의 승낙을 받지 않으면 안 된다.

**제88조** 모든 황실재산은 국가에 속한다. 모든 황실의 비용은 예산에 계상하여 국회의 의결을 거치지 않으면 안 된다.

**제89조** 공금 기타의 공공의 재산은 종교상의 조직 혹은 단체의 사용, 편익 혹은 유지를 위해, 또는 공공의 지배에 속하지 않는 자선, 교육 혹은 박애의 사업에 대해 이를 지출하거나, 또는 그 이용에 공여해서는 안 된다.

**제90조** 국가의 수입지출의 결산은 모두 매년 회계검사원이 이를 검사하여 내각은 다음 연도에 그 검사보고와 함께 이를 국회에 제출하지 않으면 안 된다.

(2) 회계검사원의 조직 및 권한은, 법률로 이를 정한다.

> **제91조** 내각은 국회 및 국민에 대해 정기적으로 적어도 매년 1회, 국가의 재정상황에 대해 보고하지 않으면 안 된다.

의회의 재정권과 관련하여 원래 총사령부안에는 'Budget'과 'Appropriation'을 구분하여 규정되어 있었다. 그러나 영문으로 작성된 3월 5일 안에는 'Appropriation'이 포함되지 않았는데, 예산이 의회에서 의결되기 때문에 굳이 'Appropriation'에 대한 조문이 포함될 필요가 없다는 일본 측 설명에 총사령부가 양해한 것으로 보인다. 또한 '대일본제국헌법'의 예산제도에 익숙하였던 관련 전문가들이 미국의 예산제도를 잘 알지 못하였고 예산 법률주의에 대해 막연한 두려움을 가지고 있었기 때문으로 보인다.

일본에서 채택된 예산 비법률주의는 우리나라의 헌법 제정과정에 많은 영향을 끼쳤던 것으로 보인다. 미군정이 끝난 후 대한민국 헌법이 제정·공포되었지만 헌법의 재정 관련 조항들은 대부분 일본국헌법과 일본제국헌법의 재정권 조항을 혼합하여 규정하는 방식으로 제정되었다. 제헌헌법을 기초한 유진오 박사는 국가재정제도에 대한 지식의 한계로 구미 선진국들이 예산에 법적 효력을 부여하는 방법으로 지출 각항을 법률로 규정하는 '지출승인법Appropriaton Act'을 제정한다는 사실을 간과한 것으로 보인다. 유진오 박사는 「헌법해의憲法解義」에서 다음과 같이 설명하고 있다.

구미 각국에 있어서도 예산은 여러 가지 점에 있어서 법률과 구별되므로 이를 실질적 법률로는 취급하지 아니하나, 형식에 있어서는 법률이라는 명칭을 부여하여 이를 형식적 법률로 취급하는 것이 보통인데, 우리나라에 있어서는 형식에 있어서도 이를 법률과 구별하는 것이다.[104]

### 예산 법률주의의 의의: 규범력 강화와 갈등해결장치

우리나라에서 예산 법률주의의 당위성에 대한 논의는 권해호(1993)에 의해 처음 제기되었다. 이는 예산 법률주의를 논의한 우리나라 최초의 연구로서, 1993년에 발간된 박사학위 논문을 다시 정리하여 편찬한 단행본(권해호(1995))에서는 예산 법률주의의 필요성을 다음과 같이 설명하고 있다. 김인철(1997) 또한 유사한 논의를 통하여 예산 법률주의의 중요성을 법학적으로 주장하였다. 예산 법률주의의 필요성을 적극 제기한 권해호(1995)는 예산에 대한 행정부의 권한이 과도한 경우 강력한 행정국가가 형성되어 민주적 재정운영과 거리가 있을 수밖에 없다는 점을 지적하였다.

법률의 형식은 모두를 구속하는 반면 모두의 권리를 인정해주는 것이다. 예산이 법률이 아니라고 구별하는 이유는, 예산에 대한 국민의 직접적 간섭을 배제하고 국회의 형식적 의결을 거쳐 정부의 '예산처분의 자유'라는 관행을 유지하려는 사상에서 비롯된 것이다. 실제로 제1차 세계대전과 제2차 세계대전을 일으킨 독일과 태평양전쟁을 도발한 일본의 군국주의 등 강력한 행정국가들은 모두 예산제도에 있어서 비법률주의를 취하는 국가였다는 사실은 시사하는 바가 크다. 우리나라의 군사정권과 부정부패도 마찬가지이다. 법 제도상 국가기관만의 재정운영은 국민이라는 거대한 제

---

**104** 유진오(1957) 참조.

어력을 배제하고 있기 때문에 언제든지 합헌이라는 미명 아래 변칙적인 재정운영의 위험성이 상존하고 있다.

우리나라에서 예산 법률주의의 현실적이고도 실질적 의의와 필요성을 지적한 연구는 경제학자인 옥동석(2004)에 의해 제기되었다. 예산에 대한 법률주의와 비법률주의의 가장 중요한 차이점은 예산집행의 규범력이 확보될 수 있는가, 그리고 특히 대통령제하에서 국회와 행정부 사이의 예산갈등이 어떻게 해소될 것인가의 방법에 있다.

예산 법률주의의 현실적 의미는 두 가지 측면에서 조명될 수 있다. 첫째, 예산 법률주의는 예산 비법률주의와 달리 예산항목의 내용에 대하여 법률적인 효력을 부여한다. 구미 선진국들은 통계표 형식의 예산Budget에 법률적 권한과 의무 등을 부여하기 위하여 '지출승인법 Appropriation Act'을 제정하고 있다. 따라서 예산 법률주의는 예산의 법적 규범력을 제고하는 중요한 제도적 기반이 되는 것이다.

둘째, 예산 법률주의는 예산 비법률주의와 달리 법률이 결정되는 과정과 동일한 방법으로 예산을 결정하는 것을 말한다. 우리나라에서는 예산을 법률과 다른 방법과 절차로 결정하는데, 과연 이것이 '재정운용에 대한 국민적 의지'를 적절히 반영하는 합리적 제도인지 다양한 측면에서의 검토가 필요하다. 다시 말해, 예산을 법률과 다른 방법으로 결정하는 우리나라의 현행 헌법 제도가 '국민적 의지'를 표출하는 데 문제가 없는지 조명할 필요가 있는 것이다.

### 예산집행의 규범력

국가재정법 제19조에 의하면 우리나라의 예산은 예산총칙, 세입세출예산, 계속비, 명시이월비, 국고채무부담행위로 구성된다. 여기서 예산총칙을 제외한 나머지 항목들은 모두 통계표의 형식을 취하고 있다. 다시 말해, 이들은 특정 프로그램에 대한 금액만을 규정할 뿐 당해 프로그램에 대한 권한과 책임 등을 기술하지는 않는다. 그리고 예산총칙도 대부분의 내용이 국채 및 차입금의 한도액 등과 같은 금액을 표시할 뿐 예산 프로그램의 집행에 관한 실질적 권한과 제한을 규정하고 있지는 않다.

예산 법률주의가 채택되면 예산의 내용은 법률의 형식으로 규정된다. 통계표 형식으로 규정되는 세입세출예산 등이 모두 법률의 형식으로 전환될 수 있기 때문에 예산 법률주의는 예산항목에 대해 그 지출방법과 예산권한Budget Authority을 실질적으로 규율하는 수단을 제공하게 된다. 예산을 법률의 형태로 제정한다면 예산항목은 법률 용어로 설명될 것인데, 이 과정에서 지출용도와 목적, 내용, 제약, 권한과 책임 등 다양한 내용을 서술·규정할 수 있는 것이다.

영·미 선진국에서도 통계표 형식의 예산을 의미하는 'Budget'과 예산항목의 세부 내용을 규정하는 법률로서 'Appropriation Act'는 명확하게 구분되고 있다. Budget은 미래를 향한 정부활동의 포괄적 계획으로서 정부의 모든 재정적 요구를 추정 총지출과 추정 총수입을 대비하는 '요약표'라 할 수 있다. 이러한 예산은 법적 지위를 갖고 있지 않는 데 반해, 'Appropriation Act'는 예산에 포함되는 재정계획을 실행하는 데 필요로 하는 제반 사항을 법률로 규정한다. 따라서 예산에 포함된 내용이 실질적으로 집행될 수 있도록 제정하는 법률이 곧 'Appropriation Act'인 것이다. 예산Budget은 그 자체로서 법률이 되는 것이 아니라 예산을 뒷받침하는 지출승인법Appropriation Act이 제정됨으로써 법률적 효력을 갖는 것이다. 따라서 예산은 법률제정을 위한 중요한 정보서류에 불과하다고 할 수 있다.

그런데 우리나라에서는 예산의 비법률주의 원칙이 준수되면서 지출승인법이 제정되지 않고 통계표 형식의 예산만 존재한다. 이 때문에 우리나라 예산의 핵심인 세입세출예산은 장·관·항으로 구분되는 예산항목을 나열하고 예산항목별 금액만 명시할 뿐 각각의 내용을 서술적으로 설명하지 않고 있다. 여기서 예산집행을 실질적으로 규율하는 것은 예산항목의 명칭과 금액뿐이기 때문에 개별 예산사업의 집행자는 예산항목의 금액을 예산항목의 명칭에 부합하도록 지출하면 의무가 면해진다고 해도 과언이 아닐 것이다.

예산 법률주의가 채택되면 행정부는 예산과 함께 지출승인법을 제정하여 국회에 제출할 것이다. 지출승인법은 예산항목별 '지출용도와 목적, 내용, 제약, 권한과 책임 등 다양한 내용'을 서술적으로 규정할 것이다. 그리고 국회는 지출승인법을 개정할 수 있기 때문에 예산 법률주의는 국회가 예산항목을 규율 통제하는 수단을 제공한다. 사실 지금까지 우리나라 국회는 이러한 법적 수단이 없어 '부대의견'이라는 결의문적 형식을 활용해왔다. 그러나 부대의견은 "법적 근거 없이 사실상의 강제력을 가지므로 오·남용, 책임소재 불분명, 부대의견 불이행에 대한 해결 절차 및 기준의 부재 등이 문제점으로 지적되고 있다."[105]

예산 법률주의는 예산내용에 대한 국회의 규율수단을 제공하지만, 또 한편으로 예산내용의 효력을 크게 강화시킨다. 지금까지 우리

---

[105] 안일환 외(2009), p. 130 참조.

나라는 예산의 비법률주의 때문에 예산의 효력이 국가기관의 내부적 관계에 한정되는 것으로 해석되었다. 그런데 예산집행 공무원의 중대한 과실에 대한 책임추궁은 예산에 법적 효력이 인정되는 경우와 그렇지 않은 경우에 상당한 차이가 있을 것이다.[106] 예산의 비법률주의 하에서는 이러한 책임추궁이 행정부 내부에서만 이루어질 수 있겠지만, 예산 법률주의하에서는 입법부 또는 감사원 그리고 사법부의 판단과 결정에 의해서도 영향을 받게 될 것이다.

또한 예산 법률주의를 통해 법적 효력을 갖는 다양한 서술적 내용이 규정될 수 있기 때문에 매년도 예산에서 기존 법률에 대한 예외 및 유예 적용을 인정할 수도 있다. 이는 개별 예산사업의 목적을 더욱 효과적으로 달성할 수 있도록 당해 사업에 고유한 그리고 다양한 내용을 법적으로 규율할 수 있다는 것을 의미한다. 예산의 비법률주의하에서는 국가재정법 등과 같은 일반적 법률의 적용만이 유효하기 때문에 모든 정부사업과 정부기관에 획일적인 예산집행절차가 강요될 수밖에 없다.

그러나 다른 한편으로 예산 법률주의가 채택되었을 때 예산에 대해 사법부가 판단해야 하는가, 만약 그렇다면 사법부의 판단영역은 어떤 방법으로 이루어져야 하는가, 그리고 매년도의 예산과정에 수반되는 제반 지출승인법(또는 예산법)이 기존 법률과 상충할 때 이를 어떻게 조정할 것인가 등등의 의문이 제기되기도 한다. 또 다른 한편에서는 예산집행의 규범력을 제고하는 행정적 수단이 마련된다면 굳이 예산 법률주의를 채택하여 예산과 법질서의 불확실성을 높일 필요가

---

106 이에 대한 법학적 측면의 논문은 황도수(2011) 참조.

있을 것인가에 대한 의문도 제기되는 실정이다.

### 행정부와 국회의 관계

우리나라에서는 예산을 법률로서 인정하지 않기 때문에 국회가 의결한 예산에 대하여 대통령의 거부권이 인정되지 않는다. 또한 우리나라 헌법은 '국회의 예산안 조정범위'에 일정한 제한을 두고 있다. '국회의 지출예산 증액 및 신비목설치 제한'을 규정한 헌법 제57조는 예산의 감액(및 삭제)을 예산의 증액(및 신설)보다 용이하게 함으로써 납세자의 세금을 절약하겠다는 제헌헌법의 의지를 반영하고 있다. 이 조항을 제안한 유진오 박사는 1948년 국회 본회의에서 "국회의원은 정부가 제출한 지출을 감액하여 국민의 부담을 경(輕)하게 하는 것에 치중해야 하며, 정부가 제출한 예산을 증가시켜 국민의 부담을 증가시키는 그러한 것을 하는 것이 아니다"라고 설명하였다.

국회가 '지출예산 증액 및 신비목설치 제한'에 따라 행정부가 제출한 예산안을 심의·확정하였다고 하자. 만약 행정부가 국회가 의결한 예산에 대해 반발하는 경우 이에 대한 조정방법은 무엇인가? 다시 말해, 예산을 법률로 간주하지 않는 예산 비법률주의하에서 행정부의 예산의지와 입법부의 예산의지가 충돌하는 경우 무엇이 우선해야 하는가? 우리나라 헌법은 이에 대해 합리적인 해결책을 규정하고 있지 않기 때문에 만약 이러한 상황이 실제로 발생한다면 소모적인 사회적 논쟁, 그리고 사회적 갈등이 매우 증폭될 수 있다.

우리나라 헌법에서는 행정부의 예산편성권과 국회의 심의·확정권 사이의 경계가 모호하기 때문에 예산운용에 대한 정치적 대립이 첨예할 때 행정부와 국회 사이에 '예산전쟁'이 촉발될 가능성은 매우 높다. 만약 예산 법률주의가 채택되었다면 입법부와 행정부 사이의 갈등과 충돌은 일반적인 법률처럼 대통령의 거부권과 국회의 재의결을 통해 해소될 것이다. 그러나 우리나라에서는 예산을 법률로 인정하지 않기 때문에 국회가 의결한 예산에 대해 대통령의 거부권이 인정되지 않는다. 이 때문에 국회와 행정부 사이의 '예산갈등'은 경우에 따라 국정을 마비시킬 정도로 증폭될 수 있는 것이다.

현행 헌법에 의하면 행정부가 편성한 예산안에서 국회가 특정 항목을 증액하거나 신비목을 설치하고자 할 때에는 행정부의 동의를 구해야 한다. 반면 국회가 예산을 감액하거나 삭제할 때에는 행정부의 동의 없이 결정할 수 있다. 만약 예산안에 대하여 국회와 행정부의 충돌이 심각한 상황으로 치닫는 경우(예컨대, 국회 내 의석분포가 여소야대인 경우), 우리나라 현행 헌법의 제도적 틀은 매우 심각한 결과를 낳을 수 있다. 국회가 예산안을 대폭 삭감하여 확정하는 경우 행정부가 이에 대항할 방법이 '전혀' 없기 때문이다.

여당이 국회 내에서 과반을 확보하지 못한다고 하여 일방적 예산삭감으로 대통령의 정책의지를 무산시키는 것은 가혹하다고 생각된다. 반면 예산 법률주의가 채택된다면 여당이 비록 과반을 확보하지 못하더라도 3분의 1만 넘는다면 대통령의 예산의지가 보호될 수 있을 것이다. 결국 우리나라처럼 '예산의 비법률주의'와 '예산증액 및 신비목설치 제한'이 동시에 구비되면 국회와 대통령의 갈등이 극한으로 치닫는 경우를 방지하지 못할 것이다.

예산안에 대하여 국회와 행정부의 충돌이 심각한 상황으로 치닫는 경우(예컨대, 국회 내 의석분포가 여소야대인 경우)는 게임이론에서 주로 활용하는 보수행렬표를 이용하여 표현될 수 있다. 국회는 행정부

| 행정부 \ 국회 | 양보 | 고집(일방 삭감) |
|---|---|---|
| 양보 | (무승부, 무승부) | (패배, 승리), |
| 고집(증액 부동의) | (승리, 패배) | (파국, 파국) |

**표 24 · 우리나라 국회와 행정부의 예산전쟁 보수행렬표**

주: 괄호 안의 첫 번째 보수는 행정부, 두 번째 보수는 국회의 것임

가 편성한 예산안을 제한 없이 삭감할 수 있고, 행정부는 국회의 증액 요구를 일방적으로 거부할 수 있다. 국회가 일방적으로 예산을 삭감하고 행정부도 일방적으로 예산증액을 동의하지 않는 상황에 대한 정치적인 보수행렬payoff matrix은 위의 〈표 24〉와 같이 표현된다. 이는 '죄수의 딜레마prisoner's dilemma'가 극명하게 표현된 '치킨게임chicken game'의 상황과 같다.[107]

〈표 24〉의 상황을 회피하기 위해서는 여당이 국회 내에서 과반을 확보하지 못한다고 하여 일방적 예산삭감으로 대통령의 정책의지를 무산시키는 일이 없도록 해야 한다. 또한 국회가 거의 만장일치로 요구하는 예산증액을 대통령이 거부할 수 있도록 하는 제도도 회피해야 한다. 예산 법률주의가 채택되면 〈표 24〉의 상황은 발생하지 않고, 원칙적으로 국회의 의결과정을 통해 예산전쟁이 해결될 수 있는 것이다. 다시 말해, 여당이 비록 과반을 확보하지 못하더라도 3분의 1만 넘는다면 대통령의 예산의지가 보호될 수 있고, 국회가 3분의 2

---

107 '치킨게임'은 1950년대 미국 젊은이들 사이에서 유행하던 자동차 게임의 이름이었다. 도로의 양쪽에서 2명의 경쟁자가 자신의 차를 몰고 정면으로 돌진하다가 충돌 직전에 핸들을 꺾는 사람이 지는 경기다. 핸들을 꺾은 사람은 '겁쟁이', 즉 '치킨'으로 몰려 명예롭지 못한 사람으로 취급받는다. 그러나 어느 한쪽도 핸들을 꺾지 않을 경우 게임에서는 둘 다 승자가 되지만, 결국 충돌함으로써 양쪽 모두 자멸하게 된다.

이상으로 의결할 수 있다면 국회의 증액이 관철될 수 있는 것이다.

물론 행정부와 국회의 예산권 배분은 예산 법률주의 이외에도 '의회의 예산안 조정범위', '대통령의 거부권 내용' 그리고 '입법부 예산심사의 합리성 정도' 등과 함께 종합적으로 검토되어야 한다. 미국의 예산제도 발전과정에서 알 수 있듯이 행정부와 입법부의 예산권력 관계는 각 부의 합리적 예산운용에 대한 강력한 실천의지에 따라 서로 변화하게 된다. 특히 국회의 예산심사가 국민적 신뢰를 얻지 못한다면 국회의 재정통제권 강화는 오히려 국가재정의 방만한 운용을 초래하여 국가발전에 재앙이 될 수도 있다. 대통령과 국회가 국민적 신뢰를 더 많이 확보하기 위해 경쟁적인 노력을 기울인다면 예산권력의 분립은 견제와 균형이라는 이상적 결과를 낳을 것이다.

## 재정 권력구조의 현안

### 대통령제의 재정 권력구조

'예산권력구조'란 예산권력에 대한 행정부와 입법부의 관계를 결정하는 것이다. 의원내각제에서는 예산불승인이 의회해산으로 연결될 수 있기 때문에 내각과 행정부는 상당한 예산권한을 행사할 수 있다. 그런데 양당제가 확립되어 있는 영국식 의원내각제와 달리, 연립정부가 보편화되어 있는 의원내각제 국가에서는 의회 내에서 소수 정파의 가치를 반영할 필요성이 크다. 이 때문에 이들 국가에서는 소수 정파의 가치를 반영할 수 있도록 영국식 의원내각제와 달리 의회의 예산권한이 상대적으로 높다고 할 수 있다.

그러면 권력분립을 채택하는 대통령제에서는 예산단계별로 의회와 행정부의 '예산권력구조'를 어떻게 규정하는 것이 바람직할 것인가?

우선, '예산편성'은 권력구조와 상관없이 반드시 행정부의 고유 기능으로 간주되어야 할 것이다. 달리 말한다면, 예산편성은 입법기능이 아니라 행정기능으로 간주되는 것이 바람직하다. 예산편성에 대한 권한을 전적으로 행정부에 부여하는 이유는 예산에 대한 책임의 경계를 명확하게 함으로써 해명책임을 제고하는 데 도움이 되기 때문이다. 만약 예산편성 과정에 권한 분산을 기본으로 하는 의회가 참여한다면 행정부의 책임성은 크게 훼손될 수 있을 것이다.

예산편성권을 행정권으로 간주해야 한다는 원칙은 권력분립을 채택하면서도 예산권을 의회의 고유 권한으로 규정한 미국에서도 채택되고 있다. 앞의 장에서 조명한 바와 같이 미국은 1921년 이전만 하여도 예산편성권을 의회에서 행사하였는데, 의회의 권한 분산 원칙에 따라 예산편성권이 분산되고 그에 따라 재정규율이 크게 훼손되었던 것이다. 이러한 사실을 감안할 때 예산편성권을 행정부에 부여하는 것은 어떠한 경우에도 필수불가결한 원칙이 되어야 할 것이다.

예산편성권을 행정권으로 간주해야 한다는 원칙은 미국뿐만 아니라 프랑스의 대통령제에서도 확인되고 있다. 의회가 예산편성권을 주도적으로 행사하던 제3공화국과 제4공화국과 달리, 제5공화국에서는 예산편성이 내각과 행정부에 의해 편성되고 있는 것이다. 대통령제 국가에서 예산편성권의 이와 같은 변천 경험은 반드시 유의해야 할 것이다.

그런데 예산운용에 관한 행정부의 책임의식을 훼손하지 않으면서 정치적 합의과정을 거쳐 의회가 예산편성에 참여할 수 있다면 이는 오히려 바람직한 결과를 낳을 수 있을 것이다. 예산편성을 행정부가 독단적으로 결정하는 것보다 의회가 일정 범위 참여하도록 한다면 예산을 통한 갈등조정은 훨씬 더 원활하게 이루어질 수 있을 것이다. 이와 같은 이유로 스웨덴 등 의원내각제 국가에서는 '사전예산Pre-Budget'을 통하여, 그리고 미국 의회는 '예산결의안Budget Resolution'을 통하여 재정총량과 분야별 총량배분에 대해 의회에 일정한 역할을 부여하고 있다.

예산편성의 다음 단계인 '예산승인'은 당연히 의회의 기능이 되지만, 의회가 행정부 편성 예산안을 어느 정도로 수정할 수 있을 것인가에 대해서는 논란의 여지가 있다. 의회의 예산 수정범위는 행정부에 대한 신임의 문제와 직접적으로 연계된다. 의원내각제에서는 행정부의 예산안이 의회에서 원안으로 통과되지 않을 때 행정부의 통치에 문제가 있는 것으로 인식되어 행정부를 불신임하는 것으로 간주되는 경우가 많다. 반면 대통령제에서는 대통령의 임기가 안정적으로 보장되기 때문에 예산안의 수정 자체가 행정부에 대한 불신임으로 간주되지 않는다. 따라서 의원내각제와 달리 대통령제에서는 의회의 예산안 수정범위가 상대적으로 더 크다고 할 수 있다.

일반적으로 예산에 대한 의사결정은 '총량수준', '분야별 배분', '분야내 사업' 등 세 가지 단계로 구분되는데, 행정부의 통치가 훼손되는 정도는 총량수준에서 가장 높고 분야내 세부사업에서 가장 낮다고 할 수 있다. 그런데 행정부는 경우에 따라 예산의 특정 세부사업에 정권의 명운을 걸 수도 있을 것이다. 또한 총량수준에 대해서는 의회의 합의를 행정부가 준수하도록 하는 것이 정치적 관행이 될 수도 있다. 따라서 의회의 예산 수정범위는 모두 정치적인 상황과 판단에 따라 다르다고 보는 것이 타당할 것이다.

의회의 예산 수정범위가 가장 크다고 볼 수 있는 국가로는 미국을 들 수 있다. 이론적으로 보면, 미국에서는 의회가 행정부의 예산안 전체를 완전히 무시하고 새롭게 예산을 편성하여 승인할 수도 있기 때문이다. 만약 행정부가 예산에 대한 중앙집중적 조정기능을 강하게 발휘하지 않아 재정의 공유지公有地적 특성에 따른 외부성이 심각하게 나타난다면 의회의 이러한 기능은 오히려 바람직할 것이다. 다시 말해, 포퓰리즘적 예산운용이 반드시 의회에서만 비롯되는 것이라 할 수는 없기 때문에 의회에 상당한 권한을 부여하는 것이 바람직할 수도 있을 것이다. 그러나 의회 내에 합리적 예산절차가 구축되어 있지 않다면 인기영합적 예산운용은 행정부보다 의회에서 더 심각하게 나타날 수 있을 것이다.

예산에 대한 정치적 합의가 원활하게 이루어지기 위해서는 무엇보다도 의회 내에서 합리적인 예산절차가 마련되어 있어야 한다. 의회 내에서 예산에 대한 의사결정을 '총량수준, 분야별 배분, 분야내 사업' 등으로 구분하여 이들에 대한 권한을 각 상임위원회별로 적절히 배분할 때 재정운용에 대한 총괄적인 시각이 견지될 수 있다. 만약 의회 내에서 이와 같은 절차가 확립되어 있지 않다면 의회의 예산심사에 대한 국민의 신뢰가 높지 않기 때문에 행정부의 예산권한이 더욱 강화되는 것이 바람직할 것이다. 반면 의회에 대한 국민의 신뢰가 높다면 의회의 예산권한을 제한하는 것이 오히려 불합리한 결과를 낳을 것이다.

예산과정의 세 번째 단계인 '집행단계'는 원칙적으로 행정부의 소관이다. 여기서 의회의 권한과 관련하여 제기되는 쟁점으로는 의회에서 승인된 예산은 행정부가 반드시 집행해야 하는가의 문제이다.

비록 행정부가 편성하였던 예산사업이라 하더라도 그사이 상황의 변동으로 집행이 오히려 비효율적으로 되는 경우도 있을 것이다. 이러한 경우에는 예산의 집행을 강제하는 것이 오히려 부적절할 것이다. 그런데 만약 의회가 강력하게 원하는 예산사업인데 행정부가 집행을 거부하는 상황도 나타날 수 있다. 이에 대한 해결책은 행정부와 의회의 관계에 따라 각각 다르게 나타날 것이다. 미국에서는 이를 '지출유보impoundment'라 하는데 닉슨 대통령 시절 의회는 행정부의 집행거부를 금지하는 법률을 제정한 바 있다.

예산과정의 마지막 단계인 '사후평가와 감사'는 의회의 역할이 특별히 강조되어야 한다. 회계관리와 재무적 증빙의 적법성에 대해서는 행정부 내부의 감사와 행정부로부터 독립된 지위를 갖는 감사원에 의해 확인되고, 의회는 예산사업의 광범한 성과평가에 관심을 갖는다. 특히 의회의 특정 상임위원회가 정부의 계획, 예산 및 성과에 대해 지속적으로 감사해야 할 것이다. 의회의 감사에서는 이미 당해 정책을 결정한 행정부의 결정에 대해서는 의문을 제기하지 않아야 할 것이다. 다만, 정책의 집행에 대하여 그 적법성, 효율성 그리고 효과성을 검증해야 할 것이다.

### 재정 권력구조의 요소들

의원내각제와 달리 권력분립을 택하는 대통령제에서는 행정부와 의회의 관계를 규정하는 예산권력구조가 각국의 정치적 관습과 전통에 따라, 또는 시대적 상황에 따라 다양하게 설계될 수 있다. 대통령제에서 '예산권력구조'에 영향을 주는 요소들을 열거하면 대략 다음과 같이 정리할 수 있을 것이다.

첫째, 의원내각제와 달리 대통령제에서는 '예산 법률주의'를 채택하는 것이 더욱 합리적인 제도로 생각된다. 의원내각제에서는 의회의 예산승인이 내각에 대한 신임 여부와 긴밀히 연결되어 있기 때문에 예산 법률주의와 무관하게 예산의 결정은 사실상 법률과 동일한 방법으로 결정된다고 할 수 있다.[108] 그러나 대통령제에서는 예산 비법률주의가 채택되면 예산은 법률과 다른 방법으로 확정되기 때문에 권력구조의 취약점이 나타날 수 있다. 만약 이러한 취약점을 해결할 수 있는 적절한 방안을 구비하지 못한다면 예산 법률주의의 채택을 진지하게 고민해야 할 것이다.

미국의 대통령제에서는 대통령이 법률안에 대한 거부권을 갖고 있기 때문에 '의회 의결 → 대통령 거부권 → 의회 재의결'의 형태로 확정된다. 그리고 프랑스의 준대통령제에서는 의원내각제적 요소가 가미되어 있기 때문에 예산이 의회에서 의결되지 않으면 '내각불신임 → 의회해산 → 총선'의 절차가 진행된다. 따라서 미국과 같은 순수한 대통령제하에서는 '예산 비법률주의'가 매우 취약한 예산권력구조를 만들어내기 때문에 대통령제는 '예산 법률주의'의 채택을 적극 고려하여야 할 것이다.

둘째, 예산 법률주의가 채택되었다고 할 때 의회의 예산의결에 대한 '대통령 거부권'의 형태는 예산권력구조의 중요한 요소가 된다. 예산에 대한 '대통령 거부권'을 '총체적 거부권veto in toto'으로 할 것인가, 아니면 '선택적 항목 거부권line-item veto'으로 할 것인가? 일반적으로

---

[108] 의원내각제라 하더라도 예산 비법률주의가 채택되면 예산의 규범력은 크게 약화될 것이다. 이의 대표적인 국가로는 일본을 들 수 있다.

예산항목에 대한 법률, 즉 지출승인법을 대통령이 총체적으로 거부해야 한다면 의회에서 재再의결될 가능성이 높아질 것이다. 반면 법률내용에 대해 항목별로 거부권을 행사할 수 있다면 의회는 재의결 요건을 충족시키기 어려울 것이다. 따라서 항목별 거부권이 대통령에게 더 큰 예산권력을 부여하는 수단이 될 것이다.

미국 연방정부에서는 매년 13개의 지출승인법이 제정되는데 대통령은 개별 예산항목을 거부할 수 없으며 각각의 지출승인법을 거부하는 '총체적 거부권'이 인정되고 있다. 미국의 대부분 주에서는 개별 예산항목에 대한 '항목별 거부권'을 주지사에게 인정하고 있는데, 연방정부에서도 '항목별 거부권'을 인정해야 한다는 논의가 활발하게 이루어진 적이 있다. 클린턴 대통령 시절 연방정부에서 항목별 거부권에 대한 법률이 제정된 바 있으나 위헌판결을 받아 폐기되었다.

셋째, 대통령의 '의회해산권'을 들 수 있다. 미국의 대통령은 의회를 해산할 수 있는 권한을 갖고 있지 않으나, 프랑스의 대통령은 의회를 해산할 수 있는 권한을 보유하고 있다. 프랑스에서는 의회에서 예산이 가결되지 않거나 대폭적인 수정이 이루어진다면 내각불신임과 함께 대통령의 의회해산이 이어질 수 있는 것이다. 이와 같은 대통령의 강력한 권한 때문에 프랑스의 준대통령제에서는 의원내각제와 동일하게 행정부의 예산권한이 강력하게 행사될 수 있는 것이다.

넷째, 행정부가 편성한 예산안에 대한 의회 수정권의 제한을 들 수 있다. 의회의 예산승인이 내각의 신임 여부와 연계되지 않는 대통령제에서는 의회의 예산수정권이 비교적 광범위하게 인정된다. 미국식 대통령제에서는 '의회의 예산 수정범위'는 무제한이지만, 우리나라와 칠레 등에서는 제한이 가해진다. 준대통령제를 채택하는 프랑스에서

표 25 · 대통령제의 의회 예산수정권에 대한 제한

**칠레 헌법**
- 의회는 감액하는 경우에만 각 지출항목을 수정할 수 있으며 특정 항목의 삭감액을 여타의 예산부문으로 이전할 수 없음.
- 오직 행정부만 지출 또는 조세에 관한 법률을 제안할 수 있으며, 따라서 의회는 추가적인 지출법안을 발의하고 통과하여 행정부 예산을 무력화하는 것을 금지함.

**프랑스 헌법 제40조**
- 재정수입의 감소를 초래하거나 공공지출의 신설 내지 증가를 수반하는 의원발의 법률안 및 개정안은 접수될 수 없음.

도 의회가 예산에 영향을 주는 법률안의 채택에 엄격한 제한을 가하고 있다.

다섯째, '예산불성립 시 예산'의 형태를 생각할 수 있다. 의회가 회계연도 개시 전 일정한 기한까지 예산을 의결하지 못하는 경우, 행정부가 회계연도 개시 이후에 집행할 수 있는 예산의 범위는 무엇인가? 미국 연방정부는 '가예산제도'를 채택하는데, 'Continuing Resolution'으로 불리는 '가예산'은 한 달 또는 두 달 정도의 기한으로 전년도 예산에 준하는 예산으로 의회의 의결과 대통령의 서명으로 확정된다. 반면 '준예산'은 회계연도 개시일까지 의회의 명시적 의결이 이루어지지 않더라도 회계연도 전체 또는 일정 기한의 예산이 자동적으로 승인되는 예산제도를 말한다. 가예산과 달리 준예산의 내용과 범위는 행정부와 의회의 예산권력구조에 상당한 영향을 주게 될 것이다.

여섯째, 대통령의 '긴급명령권'을 들 수 있다. 일반적으로 대통령제에서는 대통령이 긴급한 경우에 부분적으로 입법권을 부여하고 있다. 물론 이러한 긴급명령을 통한 입법권은 차후 의회의 승인을 받아야 한다. 만약 예산에 대해서도 긴급명령권이 인정된다면 이러한 긴급명령권은 예산권력구조에도 상당한 영향을 미칠 것이다. 그러나 우리나라에서는 매년도의 예산과 관련한 긴급명령이 인정되지 않는다.

우리나라의 헌법 제76조 제1항에서는 "대통령은 내우·외환·천재·지변 또는 중대한 재정·경제상의 위기에 있어서 국가의 안전보장 또는 공공의 안녕질서를 유지하기 위하여 긴급한 조치가 필요하고 국회의 집회를 기다릴 여유가 없을 때에 한하여 최소한으로 필요한 재정·경제상의 처분을 하거나 이에 관하여 법률의 효력을 가지는 명령을 발할 수 있다"고 규정하고 있다. 또한 헌법 제76조 제3항 및 제4항에서는 대통령이 명령을 한 때에는 지체 없이 국회에 보고하여 그 승인을 얻어야 한다. 국회의 승인을 얻지 못할 때 그 명령은 그때부터 효력을 상실한다.

일곱째, 대통령이 '국민투표 요구권'을 가질 수 있는데, 만약 예산과 관련하여 국민투표를 요구할 수 있다면 이 또한 예산권력구조에 영향을 미칠 것이다. 우리나라 헌법 제72조에서는 "대통령은 필요하다고 인정할 때에는 외교·국방·통일 기타 국가안위에 관한 중요정책을 국민투표에 붙일 수 있다"고 규정한다. 국가재정의 건전성과 지속가능성에 관련된 중요한 정책을 '국가안위에 관한 중요정책'으로 해석될 수 있는지에 대해서는 헌법학자들의 논의가 필요할 것이다.

여덟째, 프랑스의 준대통령제에서 시행되는 '행정부와 의회의 관계에 대한 다양한 제도들' 또한 예산권력구조에 영향을 미칠 것이다.

이들은 매우 특수한 제도들이라 할 수 있는데, 제5장 제3절에서 논의된 비非의원의 정무위원 선임, 의회 회기의 제한, 의회 입법권의 제한, 의회 운영의 행정부 우위(행정부의 의회 의안 지배, 위원회 수 제한, 패키지 투표, 신임투표 연계 행정부 의안 처리, 의회 심의절차에 대한 행정부 개입, 예산안 의결에 대한 제한), 행정부의 책임성 완화, 헌법위원회의 의회 감시 등을 들 수 있다.

그리고 마지막 요소로는, 가장 중요한 요소로 볼 수 있는데 의회의 '예산심사'가 얼마나 합리적으로 이루어지고 있는가를 들 수 있다. 의회의 예산심사가 합리적으로 이루어질 수 있는 예산제도와 예산관습을 구축하고 있다면 의회의 예산권한을 강화하는 것이 오히려 바람직할 수 있다. 만약 그렇지 않다면 의회보다는 행정부의 통합예산 조정 및 통제권한을 강화하는 것이 바람직하다.

## 지방정부의 재정 권력구조

중앙정부의 예산 권력구조가 재정운용에 대한 국민적 의지를 확정하는 방법이라면, 지방자치단체에서도 예산에 대한 주민의 의지를 확정하는 결정체제가 정비되어 있어야 한다. 지방자치단체에서 주민의 의지는 조례와 지방예산으로 표현되는데, 중앙정부의 예산 비법률주의 원칙은 지방정부에서도 그대로 활용되어 예산 비조례주의 원칙이 적용되고 있다. 이제 우리나라 지방정부의 재정 권력구조를 자세히 살펴보기로 한다.[109]

---

109 이 내용은 옥동석·구경남(2012)을 참조하여 정리하였다.

## 조례의 의결

'조례'는 지방자치단체의 자치법규인데, 헌법 제117조에서는 지방자치단체가 법령의 범위 안에서 자치에 관한 규정을 제정할 수 있도록 규정하고 있다. 이러한 조례는 지방의회에서 제정·개정·폐지되는데, 조례는 곧 주민들의 의지를 반영하는 것이다. 일반적으로 조례안이 지방의회에서 의결되면 의장은 이를 지방자치단체의 장長에게 이송하는데, 지방자치단체의 장은 그 조례안에 대하여 재의再議를 요구하거나 공포하여야 한다. 만약 지방자치단체의 장이 20일 이내에 공포하지 않고 또 재의요구도 하지 않는다면 이 조례안은 조례로서 확정된다(지방자치법 제26조).

지방자치법의 '재의再議 요구권'은 중앙정부처럼 '총체적 거부권veto in toto'의 형태로 인정된다. 지방자치법 제26조 제3항의 단서조항인 "지방자치단체의 장은 조례안의 일부에 대하여 또는 조례안을 수정하여 재의를 요구할 수 없다"는 규정은 바로 이를 의미한다. 일반적으로 거부권은 '총체적 거부권' 이외에 '선택적 항목 거부권line-item veto'도 있는데, 우리나라의 중앙정부와 지방자치단체에서는 총체적 거부권이 인정되는 것이다.[110]

조례안에 대한 지방자치단체장의 재의요구는 '지방의회의 의결이 월권이거나 법령에 위반되거나 공익을 현저히 해칠 때 인정된다'(지방자치법 제107조). 그러나 '지방의회의 의결이 법령에 위반되거나 공익을 현저히 해칠 때'에는 당해 지방자치단체의 장뿐만 아니라 중앙정부

---

[110] 우리나라의 헌법 제53조 제3항에서는 "대통령은 법률안의 일부에 대하여 또는 법률안을 수정하여 재의를 요구할 수 없다"고 규정하는데, 이는 '총체적 거부권'을 의미한다.

(시·도에 대해)와 시·도지사(시·군·구에 대해)의 재의요구권도 인정된다(지방자치법 제172조 제1항).

단체장의 재의요구가 있으면 지방의회는 재적의원 과반수의 출석과 출석의원 3분의 2 이상의 찬성으로 재의결의 절차를 밟는다. 만약 지방의회가 단체장이 재의요구한 조례안을 동일하게 의결하면 이 조례안은 조례로 확정된다. 확정된 조례에 대해서는 지방의회의 의장이 이를 직접 공포할 수 있도록 규정하고 있다(지방자치법 제26조). 그런데 지방의회가 재적의원 과반수 출석과 출석의원 3분의 2 이상의 찬성으로 조례를 확정하더라도 지방자치단체의 장은 여기에 두 가지 방법으로 대항할 수 있다.

첫째, 사법부에 소訴를 제기하는 것이다. 지방자치단체의 장은 재의결된 사항이 법령에 위반된다고 생각하면 재의결된 날부터 20일 이내에 대법원에 소를 제기할 수 있다. 또한 조례의 집행을 정지하게 하는 집행정지 결정을 신청할 수도 있다(지방자치법 제107조, 제172조).

둘째, 직접민주주의의 방식으로 '주민투표'를 시행하는 것이다. 지방자치단체의 장은 '주민에게 과도한 부담을 주거나 중대한 영향을 미치는 주요 결정사항' 등에 대하여 주민투표에 부칠 수 있기 때문에 주민투표를 활용하여 지방의회의 재의결에 대항할 수 있을 것이다(지방자치법 제14조). 주민투표를 통해 결정된 내용에 대해서는 단체장과 지방의회가 필요한 행정 및 재정상의 조치를 취해야 한다(주민투표법 제24조 제5항).

### 지방예산의 심의·확정

지방자치단체의 조례가 의결, 재의요구, 재의결이라는 단체장과 의회의 상호작용, 그리고 소의 제기, 주민투표 등과 같은 절차를 통해 확정되는데, 예산은 조례로 의결되지 않기 때문에 그 확정절차가 조례와 다르다. 지방정부에서 예산 비법률주의의 해석을 가능하게 하는 우리나라 헌법의 규정 형식은 지방자치법에서도 그대로 채택되고 있다.

지방자치단체에서도 예산안의 편성권은 지방자치단체의 장에게 귀속된다는 사실이 명확하게 규정되어 있다(지방자치법 제127조). 그런데 지방자치법 제39조에서는 지방의회의 권한을 규정할 때 '조례의 제정·개정 및 폐지'를 '예산의 심의·확정'과 구분하고 있다. 또한 지방자치단체는 법률로 정하는 바에 따라 지방세를 부과·징수하고, 사용료·수수료 또는 분담금의 징수에 관한 사항은 조례로 정하도록 하였다(지방자치법 제135조, 제139조). 그런데 지방세 등과 달리 예산지출에 대해서는 조례로 규정한다는 내용이 없다.

더구나 지방자치단체는 법령의 범위 안에서 그 사무에 관하여 조례를 제정할 수 있도록 규정하기 때문에 중앙정부의 예산 비법률주의는 지방정부에서 '예산의 비조례주의'를 규정하는 것으로 생각되어야 할 것이다. 또한 지방의회는 중앙정부의 국회와 마찬가지로 지방자치단체의 장이 편성한 예산안에 대하여 지출예산 각항의 금액을 증가하거나 새로운 비용항목을 설치할 수 없다(지방자치법 제127조 제3항). 만약 지방의회가 증액 및 신비목설치를 하고자 한다면 지방자치단체의 장의 동의를 얻어야 하지만, 감액의 경우에는 지방의회가 지방자치단체의 장의 동의를 구하지 않아도 된다.

'예산의 비법률주의'와 '예산증액 및 신비목설치 제한'이 동시에 구비되면 행정부와 의회의 예산갈등이 증폭될 수 있다는 사실은 지방자치단체에서도 그대로 적용된다. 예산안에 대하여 지방자치단체의 집행부와 지방의회 사이에 심각한 갈등이 있는 경우(지방의회 내 의석 분포가 여소야대일 때), 예산의 비법률주의는 앞에서 설명한 〈표 24〉의 치킨게임 상황을 초래한다. 집행부는 지방의회의 예산증액에 동의하지 않고 지방의회는 집행부가 편성한 예산안을 대폭 삭감하며 대립할 때 어느 한쪽이 양보하지 않으면 양쪽이 모두 파국으로 치닫는 극단적 상황이 초래되는 것이다.

만약 예산의 조례주의가 채택된다면 예산안에 대해서도 조례안처럼 의회의 의결, 단체장의 재의요구, 의회의 재의결 절차에 따라 예산갈등이 수습될 수 있다. 물론 의회의 예산심사 역량이 부족하거나 비합리적인 경우에는 의회의 예산심의권을 제한할 수 있을 것이다. 또한 지방자치단체의 장에게 더욱 포괄적인 형태의 재의요구권을 부여하는 것도 가능할 것이다. 예컨대, 미국의 주정부처럼 지방정부의 장에게 '항목별 거부권'을 인정하는 것은 재의요구권을 더욱 포괄적으로 인정하는 방법이다.

그런데 우리나라의 지방자치법에서는 중앙정부와 달리 지방자치단체의 장이 예산에 대해 재의를 요구할 수 있다. 이러한 재의요구는 조례에 비하여 매우 제한적으로 이루어지는데, 지방자치법 제108조 제2항에서는 지방의회가 '법령에 따라 지방자치단체에서 의무적으로 부담하여야 할 경비' 또는 '비상재해로 인한 시설의 응급 복구를 위하여 필요한 경비'를 감액할 때 재의를 요구할 수 있도록 규정하고 있다.

물론 지방자치단체의 장은 지방의회가 '예산상 집행할 수 없는 경비'를 의결할 때에도 재의를 요구할 수 있다(지방자치법 제108조 제1항). 그러나 '예산상 집행할 수 없는 경비'는 지방자치단체의 장이 편성 제출한 예산안에 포함되지 않았을 것이고, 또 지방의회가 지방자치단체의 장의 동의 없이 이를 증액 포함시킬 수도 없다. 따라서 지방자치법 제108조 제1항의 '예산상 집행할 수 없는 경비'는 예산안에 대한 것이 아니라 지방의회의 의원들이 발의한 조례안을 대상으로 보는 것이 타당할 것이다.

그런데 앞서 언급했듯이 '지방의회의 의결이 법령에 위반되거나 공익을 현저히 해칠 때'에는 당해 지방자치단체의 장뿐만 아니라 중앙정부(시·도에 대해)와 시·도지사(시·군·구에 대해)의 재의요구권도 인정된다(지방자치법 제172조 제1항).[111]

또한 조례가 확정되더라도 단체장은 사법부에 소를 제기하거나 주민투표를 시행할 수 있는 것처럼 예산의 경우에도 단체장은 소를 제기하고 '주민투표'를 시행할 수 있다. 지방의회가 심의 확정한 예산이 법령에 위반된다고 생각하면 단체장은 대법원에 소를 제기하고 예산의 집행정지 결정을 신청할 수 있다. 또한 단체장은 '주민에게 과도한 부담을 주거나 중대한 영향을 미치는 주요 결정사항' 등을 주민투표

---

[111] 2007년도 서울시 예산에 대하여 행정자치부는 지방자치법 제159조 제1항의 규정에 따라 재의를 요구하였다. 이에 따라 서울시장은 2007년 1월 3일 재의요구안을 서울시 의회에 제출하였다('2007년도 서울특별시 성과주의 예산안에 대한 재의요구안', 서울시 의안번호: 관련 99, 제출자: 서울특별시장, 제출년월일: 2007. 1. 3). 당시 서울시의회는 지방의원 직무를 위해 인턴 보좌 인력에 대한 예산을 편성하였다. 서울시 예산안에서는 사업명으로서 '행정사무감사지원 인턴 운영'을 설정하고 관련 비목으로서 '일시사역인부임'을 책정하였다. 행정자치부는 '지방재정법 시행령 제42조에 의하면 지방자치단체의 예산은 지방재정법 제41조의 규정에 의한 지방자치단체 예산의 과목구분에 따라 편성'되어야 한다고 전제하며 '행정사무감사지원 인턴'은 '일시사역인부'의 성격을 갖지 않는다고 지적하였다. 일시사역인부는 지방자치단체장이 특정 행정목적 수행을 위하여 일정 기간 한시적으로 고용하는 비상근 인력으로서 사무보조원 채용 및 편법적인 상시 고용을 금지한다고 지적하였다. 따라서 본 예산과목이 지방의회 의원 개인별로 행정사무감사지원 인력을 장기간 채용하는 점을 고려할 때 이는 상시적인 사무보조 인력이므로 '일시사역인부임' 편성목적에 위배된다고 지적하였다.

에 부칠 수 있다. 주민투표를 통해 결정된 내용에 대해서는 단체장과 지방의회가 필요한 행정 및 재정상의 조치를 취해야 한다(주민투표법 제24조 제5항).

지방자치단체의 장이 심의 확정된 예산에 대해 재의를 요구할 수 있다는 지방자치법 제108조의 규정은 예산의 효력발생 시점에 대한 논란을 야기할 수 있다. 중앙정부의 경우에는 행정부가 제출한 예산안이 국회에서 심의 확정되는 데 반해, 지방정부의 경우에는 단체장에게 재의요구권을 인정하기 때문이다. 더구나 지방자치단체의 장은 지방의회로부터 심의 확정된 예산을 이송 받으면 지체 없이 고시해야 하지만, 재의요구를 할 때에는 고시할 필요가 없도록 하고 있다(지방자치법 제133조). 그렇다면 지방의회에서는 예산이 심의·확정됨으로써 곧바로 예산의 효력이 발생하는가, 아니면 지방자치단체의 장이 고시할 때 비로소 예산의 효력이 발생하는가?

예산의 효력발생 시점에 대한 행정안전부 질의회신에 의하면 예산은 지방의회에서 의결됨으로써 확정되고 효력을 발생하는 것으로 해석하고 있다. 의결, 재의요구, 재의결의 절차를 밟아야 하는 조례와 달리 예산에서는 재의요구가 매우 제한적으로 인정되기 때문에 단체장이 예산을 고시하는 것은 확정된 예산을 단순 통보·열람케 하는 사실행위에 불과한 것으로 보는 것이다. 따라서 조례와 달리 지방자치단체의 장이 예산을 고시하는 것은 그 효력을 발생시키는 요건으로 보기 어렵다고 해석하고 있다. 그러나 예산에 대해 재의요구가 인정되고, 또 재의요구 시에는 곧바로 고시할 필요가 없기 때문에 이러한 법적 해석에 의문이 제기될 수도 있을 것이다.

〈표 26〉에서 정리한 행정안전부의 질의회신 내용에는 또 다른 중

표 26 · 예산의 효력 발생시점 등에 대한 행정안전부 질의회신

**〈질의〉**

- 회계연도 개시일 이후 예산안이 의결된 경우 효력발생 시점은 본회의 의결 직후인지, 의장이 지방자치단체장에게 예산안을 이송한 시점인지, 아니면 지방자치법 제133조 제2항에 따라 지방자치단체장이 예산안의 내용을 고시한 시점인지?

**〈회신〉**

- 지방자치법 제39조 제1항 제1호는 '예산안의 심의·확정'을 지방의회의 의결사항으로 규정하고 있으므로 예산안은 지방의회의 의결로 '확정'되게 됩니다.
  - 동법 제133조 제1항은 "지방의회의 의장은 예산안이 의결되면 3일 이내에 지방자치단체의 장에게 이송하여야 한다"고 하고 있고, 동조 제2항에는 "지방자치단체의 장은 제1항에 따라 예산을 이송받으면 지체 없이 시·도에서는 행정안전부장관에게, 시·군 및 자치구에서는 시·도지사에게 각각 보고하고, 그 내용을 고시하여야 한다"고 규정하고 있으나,
  - 단체장에게 이송과 이송 받은 내용을 단체장이 고시하는 것은 확정된 예산을 단순 통보·열람케 하는 사실행위에 불과하므로 이러한 사실행위가 의회가 확정한 예산의 효력을 발생시키는 행위라고 판단하기는 어렵습니다.
  - 따라서 의결된 예산의 효력발생 시점은 지방의회가 예산안을 의결하여 확정한 때라고 보는 것이 타당하다고 판단됩니다.

**〈질의〉**

- 2011년도 예산안을 심사할 때 단체장이 일부만 동의하고 특정한 사업의 지출예산 증가에 있어 부동의 의사를 표명한 수정발의 예산안을 의회가 가결하였을 경우 동예산안의 법적 효력

〈회신〉

- 지방자치법 제127조 제3항에는 "지방의회는 지방자치단체의 장의 동의 없이 지출예산 각항의 금액을 증가하거나 새로운 비목을 설치할 수 없다"고 규정하고 있습니다.
  - 따라서 지방의회가 지방자치단체의 장의 동의 없이 특정한 사업의 지출예산을 증액함으로써 지출예산 특정 항의 금액을 증가하여 예산안을 의결하였을 경우 동 예산은 지방자치법 제127조 제3항 규정을 위반한 예산이며, 동 예산은 지방자치법 제107조 제1항 규정에 따라 예산안을 이송 받은 날부터 20일 이내에 이유를 붙여 재의를 요구할 수 있습니다.

자료: 행정안전부, 「지방예산 질의회신 사례집」, 2011. 3, pp. 13-14

요한 사항이 포함되어 있다. 행정안전부는 지방자치단체의 장의 동의 없이 이루어진 증액 예산이 지방자치법을 위반한 것이기에 재의를 요구할 수 있다고 해석하고 있다. 그런데 이와 같이 법률을 위반한 예산에 대하여 재의요구가 없다면, 또한 재의요구가 있더라도 의회가 재의결하지 않을 때의 효과에 대해서는 명확한 해석을 하지 않고 있다.

그리고 지방의회가 지방자치법 제127조 제3항에 따라 단체장의 동의를 받아 증액 및 신비목을 설치할 수 있는 예산과목은 무엇을 의미하는가? 장·관·항에 해당하는 입법과목이 여기에 해당할 것이다.[112] 단체장이 편성 제출한 '항' 상위의 분류과목인 입법과목에 대

---

[112] '예산과목'은 의회가 심의하는 장·관·항으로서의 '입법과목'과 행정부의 재량에 속하는 세항·목으로서의 '행정과목'으로 구분된다. 입법과목 상호 간의 금액 이전은 '이용(移用)', 행정과목 상호 간의 금액 이전은 '전용(轉用)'이라 하는데(지방재정법 제47조,

한 예산의 순증액, 그리고 새로운 '항' 상위의 입법과목 설치 등을 의미한다. 물론 지방의회가 세출예산을 심의하는 과정에서 행정과목인 '세항'과 '목'의 내역과 타당성을 검토하는 과정에서 '항' 과목의 예산 금액이 증액될 수 있는데, 이때에도 단체장의 동의를 얻어야 할 것이다. 그러나 동일한 '항' 내에서 예산을 조정하여 당해 '항' 예산이 증액되지 않을 때에는 단체장의 동의를 받을 필요가 없을 것이다.

---

제49조 참조), 전용에 대해서는 단체장이 의회의 승인을 요하지 않기 때문에 세항·목 등 행정과목에 대한 의회의 결정은 법적 구속력을 갖지 않을 것이다.

# 참고문헌

1. 권해호(1995), 『예산 법률주의』, 세경사.
2. 김배원(2004), 「예·결산 제도상 국회와 정부 간의 권한 조정에 관한 연구」, 현안 분석 2004-15, 한국법제연구원.
3. 김병규 역(1979), 『정치제도와 헌법: 제2권 프랑스 정치체계』, 삼영사(원저: Duverger, Maurice, *Institutions Politiques et Droit Constitutionnel: 2/Le système politique français*, 14 édition, 1976).
4. 김인철(1997), 「豫算制度에 관한 研究」, 중앙대학교 법학과 법학박사 학위 논문.
5. 김창록(1994), 「일본에서의 서양 헌법사상의 수용에 관한 연구: 대일본제국헌법 의 제정에서 일본국헌법의 출현까지」, 서울대학교 대학원 박사학위 논문.
6. 김철수(2003), 『헌법학신론』, 박영사.
7. 문광삼·김수현 역(2003), 『프랑스 헌법과 정치사상』, 해성(원저: Duverger, Maurice, *Les constitution de la France*).
8. 박재완(2004), 「예결특위의 상임위 전환, 왜 시급한가?」 국회 예결특위 개편을 위한 공청회, 2004. 6. 11, 국회.
9. 박찬표(2002), 「한국의회정치와 민주주의: 비교의회론의 시각」, 도서출판오름.
10. 성낙인(1995), 『프랑스 헌법학』, 법문사.
11. 안일환(2009), 『2010, 한국의 재정』, 기획재정부 예산실편, 대표집필 안일환, 매일경제신문사.
12. 오연천(2008), 「국회와 정부 간 재정권한 배분의 합리적 조정방안」, 제헌 60주년 기념 학술대회, 2008년 7월 21일, 국회도서관 대강당.
13. 옥동석(2004), 「재정 민주주의와 지출승인법」, 한국조세연구원.
14. 옥동석(2005), 「국회 예산심사제도에 관한 연구」, 여연리서치 0503, 여의도연 구소.

15. 옥동석(2010), 「헌법 재정조항의 개정방향: 헌법연구자문위원회(안)을 중심으로」, 『제도와 경제』, 제4권 제2호.

16. 옥동석(2011), 「예산 법률주의의 두 가지 의의」, 『예산춘추』, 2011년도 가을호, 통권 제24호, 국회예산정책처, pp. 83-89.

17. 옥동석·구경남(2012), 「예산법률주의와 지방정부 예산전쟁: 서울시 무상급식 사례를 중심으로」, 『재정학연구』, 제5권 제1호, 한국재정학회.

18. 유진오(1957), 『(新稿) 憲法解義』, 1957, 일조각.

19. 유진오(1980), 『헌법기초 회고록』, 일조각.

20. 이덕만·최종덕·윤용중(2004), 「사전예산제도(Pre-budget)와 국회의 예산 심의: 해외 사례를 중심으로」, 『예산현안분석』, 제3호, 2004. 12, 국회예산정책처.

21. 이덕연(2005), 「재정헌법의 흠결에 대한 헌법정책적 평가」, 현안분석 2005-10, 한국법제연구원.

22. 임도빈(2001), 『프랑스의 정치행정체제』, 행정학총서, 법문사.

23. 장선희 외(2006), 『행정부와 의회 간 재정권한의 배분에 관한 외국 입법례연구』, 한국법제연구원.

24. 장용근(2005), 「예산의 법적 성격 및 예산통제에 관한 연구」, 현안분석 2005-16, 한국법제연구원.

25. 장원석 역(1998), 『현대 프랑스 정치론』, 제주대학교 출판부(원저: Morris, Peter, *French Politics Today*, Manchester University Press, 1994).

26. 정종섭·황승흠·황성기(2005), "국가재정에 관한 국회의 기능강화방안에 관한 연구", 국회예산결산별위원회 용역보고서.

27. 정종섭·황승흠·황성기(2005), 「국가재정에 관한 국회의 기능강화방안에 관한 연구」, 국회예산결산별위원회 용역보고서.

28. 최광(2007), 「헌법의 경제 및 재정관련 조항 개정과 국가재정법의 개정에 관한 연구」, 국회예산결산특별위원회 용역보고서.

29. 최철영(2002), 「미국의 line item veto act 연구」, 『미국헌법연구』, 제13호, 미국헌법학회.

30. 한명수(1992), 「프랑스 제4공화국 정치체제에 관한 연구」, 『사회과학연구』, 제10집, pp. 1-16, 숭실대학교 논문집, 제10집.

31. 한명수(2004), 「프랑스 제5공화국 정치체제의 특성과 역사적 인과성에 관한 연구」, 『유럽연구』, 제20호, 2004년 겨울, pp. 1-24.

32. 헌법연구 자문위원회(2009), 「결과보고서」, 국회의장 자문기구.

33. 헌법연구 자문위원회(2009), 「참고자료 Ⅰ」, 국회의장 자문기구.

34. 헌법연구 자문위원회(2009), 「참고자료 Ⅱ」, 국회의장 자문기구.

35. 황도수(2011), 「예산에 대한 사법적 통제제도로서의 항고쟁송에 관한 검토」, 건국대학교 법과대학(미발간 원고).

36. Buck, Arthur Eugene(1929), *Public Budgeting: A Discussion of Budgetary Practice in the National, State and Local Governments of the United States*, Harper & Brothers Publishers, New York and London.

37. Burkhead, Jesse(1956), *Government Budgeting*, John Wiley & Sons, Inc., New York.

38. Carey, John M.(2005), "Presidential versus Parliamentary Government", *Handbook of New Institutional Economics*, 2005, Springer, pp. 91-122.

39. Collender, Stanley E.(1999), "The Guide to the Federal Budget: Fiscal 2000", *A Century Foundation Report*, The Century Foundation Press, New York.

40. Hallerberg, M., R. Strauch and J. von Hagen(2009), *Fiscal Governance in Europe*, Cambridge University Press, New York.

41. Harris, Joseph P.(1964), *Congressional Control of Administration*, Washington, D.C., Brookings Institution.

42. Knapp, Andrew and Vincent Wright(2006), *The Government and Politics of France*, 5th edition, Routledge.

43. Linz, Juan J.(1994), "Presidentialism or Parliamentarism: Does It Make a Difference", in Linz, Juan J. and Arturo Valenzuela, (eds.), *The Failure of Presidential Democracy*, Baltimore, Johns Hopkins University Press, pp. 3-90.

44. Maitland, Frederic William(1920), *The Constitutional History of England*, Reprints from the collection of the University of Michigan Library.

45. McGee, David G.(2007), *The Budget Process: A Parliamentary Imperative*, Commonwealth Parliamentary Association.

46. McKenzie, Richard B. ed.(1984), *Constitutional Economics: Containing the Economic Powers of Government*, LexingtonBooks, Lexington, Massachusetts, Toronto.

47. Mosher, Frederick C.(1979), *The GAO: The Quest for Accountability in American Government*, Westview Press, Boulder, Colorado.

48. Oleszek, Walter J.(1996), *Congressional Procedures and the Policy Process*, Fourth Edition, Congressional Quarterly Inc.(한국어 번역본, 『미국의회 의사절차』, 국회사무처 의사국 발간, 2000년)

49. Pfiffner, James P.(1979), *The President, the Budget, and Congress*, Westview Press, Inc.

50. Schiavo-Campo, Salvatore and Daniel Tommasi(1999), *Managing Government Expenditure*, Asian Development Bank.

51. Schick, Allen(1974), "The Budget Bureau that Was: Thoughts on the Rise, Decline, and Future of a Presidential Agency", Law and Contemporary Problems.

52. Schick, Allen(1980), *Congress and Money; Budgeting, Spending and Taxing*, The Urban Institute.

53. Schick, Allen(2000), *The Federal Budget*, Brookings Institution Press, Washington, D.C.

54. Schick, Allen(2000), "Can National Legislatures Regain an Effective Voice in Budget Policy?", *OECD Journal on Budgeting*, Vol.1, No.3.

55. Tierney, Cornelius E.(2000), *Federal Accounting Handbook*, John Wiley & Sons, Inc.

56. Willoughby, William F., Westel W. Willoughby and Samuel McCune Lindsay(1922), *The System of Financial Administration of Great Britain*, D. Appleton & Company, New York.

57. Wilmerding, Jr., Lucius(1943), *The Spending Power*, Yale University Press.

# 찾아보기

KI신서 5889

# 권력구조와 예산제도
## 한국의 재정 민주주의를 위하여

**1판 1쇄 인쇄** 2015년 2월 6일
**1판 1쇄 발행** 2015년 2월 12일

**지은이** 옥동석
**펴낸이** 김영곤 **펴낸곳** (주)북이십일 21세기북스
**부사장** 이유남 **출판개발1실장** 신주영
**국내기획팀** 최지연 남연정 김소정
**디자인** 네오북
**영업본부장** 안형태 **영업** 권장규 정병철
**마케팅본부장** 이희정 **마케팅** 민안기 김홍선 김한성 강서영 최소라 백세희
**출판등록** 2000년 5월 6일 제10-1965호
**주소** (우 413-120) 경기도 파주시 회동길 201(문발동)
**대표전화** 031-955-2100 **팩스** 031-955-2151 **이메일** book21@book21.co.kr
**홈페이지** www.book21.com **트위터** @21cbook **블로그** b.book21.com

© 옥동석, 2015

ISBN 978-89-509-5778-0 03300
책값은 뒤표지에 있습니다.

이 책 내용의 일부 또는 전부를 재사용하려면 반드시 (주)북이십일의 동의를 얻어야 합니다.
잘못 만들어진 책은 구입하신 서점에서 교환해 드립니다.